# Wie der Weltkrieg entstand

Dargestellt nach dem Aktenmaterial
des Deutschen Auswärtigen Amts von

Karl Kautsky

Neu herausgegeben von Günter Regneri

Regenbrecht Verlag

Bibliografische Information der Deutschen Bibliothek
Die Deutsche Bibliothek verzeichnet diese Publikation in der Deutschen Nationalbibliografie; detaillierte bibliografische Daten sind im Internet über http://dnb.ddb.de abrufbar.


www.regenbrecht-verlag.de

Herstellung: BoD – Books on Demand, Norderstedt

ISBN: 978-3-943889-33-8

Textgrundlage: Karl Kautsky: Wie der Weltkrieg entstand. Dargestellt nach dem Aktenmaterial des Deutschen Auswärtigen Amts von Karl Kautsky. Verlegt bei Paul Cassirer, Berlin 1919.
Die Rechtschreibung wurde modernisiert.

Umschlagbild: Das Attentat von Sarajewo

# Inhalt

## Einführung des Herausgebers

»Die Fahrt von Batumi nach Tiflis glich einem Triumphzug«, berichtet Luise Kautsky 1921 über ihre kurz zuvor beendete Studienreise in den damals noch unabhängigen Kaukasusstaat Georgien. »Alle Stationsgebäude waren festlich geschmückt, neben der georgischen Fahne flatterten rote Fahnen mit den Bildnissen von Marx und Engels und mit Staunen und Rührung gewahrte ich auch überall große gerahmte und bekränzte Jugendporträts von meinem Mann, was mir bewies, dass die im Ausland lebenden Georgier wahrgesprochen hatten, die uns früher schon immer berichteten, dass Kautsky in ihrem Heimatland ebenso populär wie Marx, Engels und Plechanow sei.« Luises Darstellung gibt eine Anmutung davon, welche Bedeutung ihr Ehemann Karl Kautsky (1854–1938) in der internationalen Arbeiterbewegung besaß.

Geboren wurde Karl Kautsky am 16. Oktober 1854 in Prag als Sohn eines tschechischen Theatermalers und einer deutsch-österreichischen Schauspielerin und Romanschriftstellerin. In Wien studierte er Ökonomie, Geschichte und Philosophie und schloss sich noch während seines Studiums der Sozialdemokratie an. Seit 1880 lebte Kautsky in Zürich, wo er als Redakteur arbeitete. Wenig später lernte er Karl Marx und Friedrich Engels kennen. Auch weil Kautsky seit 1883 »Die Neue Zeit« herausgab und als Chefredakteur leitete, die sich bald zur wichtigsten Theoriezeitschrift der deutschsprachigen Arbeiterbewegung entwickelte, avancierte er quasi zum Gralshüter der marxistischen Theorie.

1883 ging Kautsky die Ehe mit Louise Strasser ein, ließ sich jedoch sechs Jahre später wieder von ihr scheiden. Am 23. April 1890 heiratete er Luise Ronsperger, mit der er drei Söhne hatte, Felix, Karl und Benedikt. Das Paar zog nach Stuttgart, später nach Berlin. Seit 1924 lebten die Kautskys in Wien, mussten von dort jedoch 1938 vor den Nationalsozialisten fliehen. Nur wenige Wochen später, am 17. Oktober 1938, starb Karl Kautsky im Exil in Amsterdam.

Am 3. August 1914 zog die sozialdemokratische Reichstagsfraktion Karl Kautsky zu ihrer Sitzung hinzu, in der sie über die von der kaiserlichen Regierung beantragten Kriegskredite beriet. Kautsky sprach sich gegen eine Bewilligung bzw. für eine Stimmenthaltung der Fraktion aus. Da die große Mehrheit jedoch zustimmen wollte, unterbreitete er den Vorschlag, die sozialdemokratische Fraktion solle ihre Bewilligung davon abhängig machen, dass kein Angriffskrieg von der deutschen Armee geführt werde. Für keinen seiner Vorschläge fand Kautsky nennenswerten Rückhalt in der Reichstagsfraktion.

Der verbrecherische Überfall auf das neutrale Belgien vom 4. August 1914 durch das Deutsche Reich bestätigte Kautsky in seiner Haltung gegen den Krieg. Die belgische Regierung hatte abgelehnt, Truppen durch ihr Land gen Frankreich marschieren zu lassen. Daraufhin besetzte die deutsche Armee kurzerhand das Nachbarland. Was Kautsky damals gar nicht wissen konnte: Die Militärführung hatte diesen Schritt bereits Jahre zuvor geplant, als Grundvoraussetzung des von Moltke modifizierten Schlieffen-Plans.

Nach Ende des Ersten Weltkriegs wurde Kautsky von der Revolutionsregierung, dem Rat der Volksbeauftragten, als Unterstaatssekretär ins Außenministerium berufen. Dort sollte er die Dokumente sammeln, sichten und herausgeben, die den Ausbruch des Weltkrieges betrafen. Trotz einer enormen Materialmenge konnte Karl Kautsky der Mitte-Links-Regierung Scheidemann bereits im März 1919 mitteilen, die Arbeiten seien im wesentlichen abgeschlossen und die Dokumentensammlung könne in Satz gegeben werden. In der Zwischenzeit hatte die interalliierte Vorkonferenz in Versailles begonnen. Die eigentlichen Friedensverhandlungen sollten im Mai 1919 beginnen. Kautsky hoffte, mit einer schonungslosen Veröffentlichung der diplomatischen Akten »noch vor Beginn der Friedensverhandlungen der Welt die offenbarste Bekundung dafür vorlegen [zu können], dass die deutsche Regierung, von der diese Verhandlungen geführt wurden, nicht das Mindeste gemein habe mit jener, die den Krieg erklärt« hatte.

Die von Kautsky zusammengestellte Dokumentensammlung bewies, dass die kaiserliche Regierung im Juli und August 1914 nichts getan hatte, um einen Krieg zu verhindern. Im Gegenteil. Sie hatte jeden Versuch einer diplomatischen Lösung der Krise hintertrieben. Trotz dieser Erkenntnisse verzögerte die Regierung der jungen deutschen Republik die Publikation der Kriegsdokumente. Statt dessen gab sie im Juni 1919 ein »Weißbuch« heraus, in dem sie trotz besseren Wissens behauptete, von Russland in einen Abwehrkampf getrieben worden zu sein. Eine positive Wirkung auf die laufenden Friedensverhandlungen konnte damit selbstverständlich nicht erzielt werden.

Parallel zur Dokumentensammlung hatte Kautsky an einer Kommentierung derselben gearbeitet, die als separates Buch im Verlag Paul Cassirer unter dem Titel »Wie der Weltkrieg entstand« erscheinen sollte. Er wollte sein Buch nicht vor der eigentlichen Dokumentensammlung publizieren. Da die Regierung die Herausgabe der Dokumentensammlung jedoch mehrfach verzögerte, gelangten »Die Deutschen Dokumente zum Kriegsausbruch 1914« und Karl Kautskys »Wie der Weltkrieg entstand« erst am 10. Dezember 1919 in die deutschen Buchhandlungen.

Kautskys präzise Darstellung zeigte deutlich die Verantwortung des Deutschen Reiches für die Auslösung des Ersten Weltkrieges. Doch nach der Niederlage wollte die deutsche Öffentlichkeit seine Arbeit gar nicht wahrnehmen. Einige wenige konservative Historiker und Publizisten verrissen »Wie der Weltkrieg entstand« in polemischster Weise, während die sozialdemokratische Presse das Buch weitgehend ignorierte. Zu schmerzhaft war für die SPD-Führung wohl die von Kautsky offen gelegte Wahrheit, dass sie sich im August 1914 vor den Kriegskarren der kaiserlichen Regierung hatte spannen lassen.

Erst nachdem Fritz Fischer 1961 »Der Griff nach der Weltmacht« veröffentlichte und damit die nach ihm benannte Kontroverse innerhalb der (west-)deutschen Geschichtswissenschaft auslöste, änderte sich die öffentliche Wahrnehmung über die Ursachen des Ersten Weltkrieges. Karl Kautsky hätte dies wohl mit einer gewissen Genugtuung erfüllt.

Im Jahr 2014 jährt sich der Beginn des Ersten Weltkrieges zum einhundertsten Mal. Das bereits jetzt erkennbare öffentliche Interesse am »Großen Krieg« zeigt sich auch in den bereits erschienenen und angekündigten Publikationen zum Thema. Kautskys Kriegsursachenbuch sollte in diesem Reigen der Veröffentlichungen nicht fehlen, weshalb wir es unter dem qualifizierenden Titel »Wie der Erste Weltkrieg entstand« neu herausgeben.

Das Buch verdeutlicht die Arroganz, Rücksichtslosigkeit und Naivität des Deutschen Kaisers, seiner Regierungsbeamten und Diplomaten in der Krisensituation im Juli und August 1914. Kautsky gelingt es nicht nur, die Aktenauszüge der diplomatischen und regierungsinternen Kommunikation in einen aussagekräftigen regionalen und zeitlichen Zusammenhang zu setzen. Seine präzisen Kommentierungen ermöglichen trotz der üblicherweise trockenen Bürokratensprache der Dokumente eine klar fassliche Gesamtlektüre. Kautskys Buch eröffnet uns heute einen Einblick in die Handlungsprämissen derer, die die Welt sehenden Auges in einen Krieg führten, der in vier Jahren mehr als 17 Millionen Todesopfer forderte.

Günter Regneri

## Vorwort

Nach der Revolution vom 9. November 1918 ersuchten mich die Volksbeauftragten, als beigeordneter Staatssekretär in das Auswärtige Amt einzutreten. Eine der ersten Aufgaben, die ich mir stellte, ging dahin, mich zu vergewissern, ob in seinem Archiv belastendes Material beiseite geschafft worden sei, wie damals vielfach befürchtet wurde. Ich konnte nichts bemerken, was diesen Verdacht bestätigt hätte. Schon die ersten Stichproben zeigten mir vielmehr, dass wichtiges Material da war. Ich schlug den Volksbeauftragten vor, die Akten zunächst über den Kriegsausbruch herauszugeben. Das seien wir dem deutschen Volke schuldig, das Anspruch darauf habe, die Wahrheit über seine bisherigen Staatslenker zu erfahren. Das sei auch notwendig, weil es dem misstrauischen Ausland gegenüber am deutlichsten den völligen Bruch des neuen Regimes mit dem alten zum Ausdruck bringe.

Die Volksbeauftragten stimmten mir zu und betrauten mich mit der Sammlung und Herausgabe der Akten. Meine bisherige Haltung werde dafür bürgen, dass ich kein unbequemes Material unterschlage. Gewünscht wurde nur, dass ich nicht die einzelnen Akten sofort, nachdem ich sie gefunden, vor die Öffentlichkeit bringe, wie es Eisner getan, sondern dass sie erst herauskommen sollten, wenn sie vollzählig gesammelt vorlägen. Das war politisch nicht ganz erwünscht, weil es die Veröffentlichung und ihre günstigen Wirkungen für das neue Regime im In- und Ausland hinausschob. Aber es schnitt die Einrede der Verfechter des alten Regimes ab, als habe man es bloß mit tendenziös ausgelesenen und aus dem Zusammenhang gerissenen Dokumenten zu tun, die keine Beweiskraft hätten.

Dem Gewicht dieser Auffassung verschloss ich mich nicht und danach verfuhr ich.

Als im Dezember meine Parteigenossen Barth, Dittmann und Haase aus der Regierung austraten, verzichtete auch ich auf meine Stellung als beigeordneter Staatssekretär, erklärte mich jedoch bereit, die Sammlung und Herausgabe der Kriegsakten auch weiterhin zu besorgen. Darauf erhielt ich die Zuschrift vom 4. Januar:

> Werter Genosse!
> Auf Ihr Schreiben vom 2. Januar erwidere ich Ihnen, dass die Reichsregierung Sie bittet, Ihre Tätigkeit als Mitherausgeber der Akten über den Kriegsausbruch auch weiterhin ausüben zu wollen.
> Die Reichsregierung
> Ebert.

Das Wort »Mitherausgeber« bezieht sich darauf, dass kurz vorher nach dem Usus jener Wochen, jede höhere Stellung doppelt mit einem Rechtssozialisten und einem Unabhängigen zu besetzen, man Quarck mir zur Seite gestellt hatte.

Der Usus hörte nach dem Ausscheiden der Unabhängigen aus der Regierung auf und damit nahm bald auch die »Mitherausgeberschaft« Quarcks ein Ende und ich stand als alleiniger Herausgeber da.

Natürlich besorgte ich nicht die ganze große Arbeit allein. Ehe ich noch andere Hilfskräfte heranzog, stand mir meine Frau getreulich zur Seite, die ja schon seit Jahrzehnten mit Rat und Tat fast an jedem meiner Werke beteiligt ist. Doch bald wurde ein eigenes Büro zur Besorgung der Herausgabe notwendig.

Sie war zu beschleunigen und ich hatte neben ihr in der Sozialisierungskommission und mit schriftstellerischen Arbeiten zu tun. Quarck und ich wendeten uns daher schon im Dezember an Dr. Gustav Mayer mit der Bitte, seine Arbeitskraft für die Zwecke der Sammlung und Ordnung der Akten in höherem Maße zur Verfügung zu stellen, als ich selbst es vermochte. Er willigte gern ein, trotzdem auch er manche ihm liebe Arbeit deshalb liegen lassen musste. Auf seine Anregung zogen wir namentlich für die archivalische Arbeit noch Dr. Hermann Meyer, Archivar beim Geheimen Staatsarchiv heran, dann Anfang Februar zur Beschleunigung des Abschlusses der Arbeit, angesichts des sich häufenden Materials noch Dr. Richard Wolff und Frl. N. Stiebel, cand. hist.

Ich empfinde es als meine Pflicht, ihnen allen, namentlich den beiden erstgenannten Herren für ihre hingebende wertvolle Arbeit an dem großen Unternehmen herzlichst zu danken.

Sie setzte mich in die Lage, dem Grafen Brockdorff-Rantzau am 26. März mitzuteilen, dass die Sammlung im Wesentlichen fertig vorliege und sofort in Satz gegeben werden könne. Wohl waren noch eine Reihe von Feststellungen zu machen, da sich z.B. nicht bei jedem Dokument die Zeit seines Einlaufens oder seiner Absendung ohne Weiteres genau konstatieren ließ. Doch konnten diese und andere Ergänzungen, wie Register u. dergl., auch während des Satzes noch eingefügt werden.

Mit der Drucklegung durfte nicht mehr gezögert werden, wenn man noch vor Beginn der Friedensverhandlungen der Welt die offenbarste Bekundung dafür vorlegen wollte, dass die deutsche Regierung, von der diese Verhandlungen geführt wurden, nicht das Mindeste gemein habe mit jener, die den Krieg erklärt.

Die Regierung fasste die Sache offenbar anders auf. Sie schob die Herausgabe hinaus und veröffentlichte statt der Dokumente einen Bericht über den Kriegsausbruch im Weißbuch von Juni 1919, auf das in dem vorliegenden Buch noch Bezug genommen wird und das alles andere eher als einen Bruch mit der Politik des gestürzten Regimes erkennen ließ.

Während meine Mitarbeiter und ich die Aufforderung erwarteten, an die Drucklegung der Sammlung heranzutreten, waren wir weiter mit der Feilung und Ergänzung des Materials beschäftigt. Aber als immer mehr die Aussichten schwanden, dass die Regierung bald die Erlaubnis zur Veröffentlichung der Akten gebe, vermochte ich meine Mitarbeiter, auf die andere, dringende Pflichten warteten, nicht länger zusammenzuhalten. Sie schlossen im Beginn des Mai ihre Arbeit an den Akten ab, doch durfte ich darauf rechnen, dass sie sich sofort wieder einfinden würden, sobald endlich der Auftrag zur Drucklegung erteilt wäre. Doch ließ dieser auch nach der Unterzeichnung des Friedens noch auf sich warten.

Endlich in der Mitte des September wurde ich eines schönen Tages in der Angelegenheit der Akten telefonisch angerufen, nicht vom Auswärtigen Amt, sondern von einer Zeitung, die mich fragte, ob es wahr sei, dass die Herren Mendelssohn, Montgelas und Schücking meine Sammlung herausgeben sollten, und nicht ich. Ich konnte darauf bloß antworten, dass ich davon weniger wisse, als die Zeitung selbst. Ich habe die Tatsache nur aus den Zeitungen erfahren.

Die Regierung war wirklich so illoyal gewesen, die Herausgabe der von mir unternommenen und unter meiner Leitung durchgeführten Sammlung von Akten anderen zu übergeben, ohne mich auch nur davon zu verständigen.

Welche Gründe man hatte, mich auszuschiffen, ist mir bis heute noch nicht klar geworden. Die Regierung hat nie welche angegeben.

Um so mehr erregte ihr Vorgehen so böses Blut, dass sie sich gezwungen sah, einzulenken. Die Herren Prof. Schücking und Graf Montgelas wendeten sich Ende September an mich, mit der Versicherung, dass das, was sie herauszugeben gedächten, ausschließlich meine Sammlung sei, an der ohne meine Zustimmung keine Zeile geändert werden solle. Auch wollte man mir jede Möglichkeit der Überwachung des Drucks geben. Sie baten mich, die Ausgabe gutzuheißen.

Die beiden Herren hatten danach im Wesentlichen nur die Aufgabe, meine Arbeit einer Kontrolle zu unterziehen, die ich nicht zu scheuen brauchte, und jene Kleinarbeit zu verrichten, die mit der Drucklegung eines Werkes dieser Art notwendigerweise verbunden ist und die ich ihnen gerne überließ.

Da mir nichts an meiner Persönlichkeit, um so mehr an der Sache liegt, sah ich also keine Veranlassung, mich in den Schmollwinkel zu stellen, und ich erklärte mich bereit, mitzuwirken unter der Bedingung, dass die Drucklegung sofort in Angriff genommen werde. Auch das wurde mir zugesagt und so erscheint jetzt endlich die schon fast sagenhaft gewordene Sammlung der Dokumente des Auswärtigen Amtes über den Kriegsausbruch.

Während der Arbeit hatte ich mich natürlich nicht damit begnügt, ein Dokument an das andere zu reihen. Es drängte mich, alle die Aufschlüsse, die mir die große Masse von fast 900 Aktenstücken bot, in einen inneren Zusammenhang zu bringen und ihren Zusammenhang mit dem übrigen, bisher schon bekannten Material über den Kriegsausbruch herzustellen. Ich tat es nicht als Ankläger, sondern als Geschichtsschreiber, der erforschen will, wie die Dinge gekommen sind.

Diese Arbeit unternahm ich zunächst bloß zu meiner Selbstverständigung. Ein Historiker kann nicht Quellen sammeln, ohne sie auch innerlich zu verarbeiten. Doch je mehr die Arbeit voranschritt, um so reger wurde in mir der Wunsch, sie nicht bloß für mich zu machen, sondern auch für das große Publikum, das weniger Zeit und meist auch Gelegenheit haben dürfte, als ich, die ungeheure Menge des Materials sorgsam durchzuarbeiten.

So entwickelte sich allmählich das vorliegende Buch. In wesentlichen Teilen ist es schon seit Monaten fertig, doch habe ich seine Herausgabe immer wieder hinausgeschoben, was auch stete Zufügungen und Umarbeitungen durch das Auftauchen neuen Materials erforderlich machte, so namentlich durch das deutsche Weißbuch vom Juni und die Publikationen des Herrn Dr. Gooß.

Es kostete mich viel Selbstverleugnung, mit meiner Schrift nicht herauszukommen angesichts der Flut von Enthüllungen über den Krieg, die in den letzten Monaten hereinbrach. Da zu schweigen, wo ich so viel zu sagen gehabt hätte, war nicht leicht. Ich hätte mich wohl berechtigt gefühlt, angesichts des steten Zauderns der Regierung, mein Buch erscheinen zu lassen, noch ehe sie sich zur Publikation der längst gesammelten Akten entschloss.

Ich hatte in dem Archiv des Auswärtigen Amtes nicht gearbeitet als sein Beamter, sondern als freier Historiker, seitdem ich aufgehört hatte, als beigeordneter Staatssekretär zu fungieren. Beweis dafür die Tatsache, dass ich seitdem kein Gehalt und auch keine sonstige Entschädigung von der Regierung bezogen habe. Ein Historiker, der ein Archiv benutzt, ist keinem Vorgesetzten Rechenschaft darüber schuldig, welchen Gebrauch er von den Früchten seiner Arbeit macht.

Wenn ich trotzdem schwieg, geschah es nicht aus einer juristischen, sondern einer politischen Erwägung. Der ganze politische Vorteil, den die Herausgabe der Akten für die Beurteilung des deutschen Volkes durch seine bisherigen Gegner haben konnte, war nur zu erwarten, wenn die Veröffentlichung durch die Regierung, nicht gegen sie erfolgte. Wohl wäre sie auch in letzterem Falle geboten gewesen, schon aus Gründen der inneren Politik. Aber solange die Möglichkeit bestand, dass die Regierung selbst die Akten erscheinen ließ, wollte ich ihr nicht mit der Publizierung meiner Verarbeitung des Materials zuvorkommen.

Nun erscheinen sie tatsächlich und damit ist für mich jeder Grund entfallen, weiter zu warten. Kein Zweifel, meine Auffassungen werden viel umstritten werden – es gibt keine Auffassung dieses Krieges, die allseitige Zustimmung gefunden hätte. Und keine Sprache ist zweideutiger und mehr auf das Lesen zwischen den Zeilen berechnet, keine mannigfacherer Deutungen fähig als die der Diplomaten, mit denen wir es hier fast ausschließlich zu tun haben. Nur der Kaiser befleißigt sich keiner diplomatischen Ausdrucksweise. Sie lässt an Deutlichkeit nichts zu wünschen übrig. Und seine Randglossen gewähren das seltene Vergnügen, dass das Volk einmal einen Kaiser in Unterhosen zu sehen bekommt.

Doch trotz aller diplomatischen Verschlagenheit haben die österreichischen Dokumente eine nahezu einmütige Auffassung von der Schuld der österreichischen Staatskunst gezeitigt. Wer dazu gelangt ist, diese richtig einzuschätzen, für den kann nach der Sprache der deutschen Dokumente auch die Entscheidung über die deutsche Staatskunst nicht schwerfallen.

Die Verführung lag nahe, angesichts der heutigen Klarheit zu zeigen, wie sehr das deutsche Volk von jenen irregeführt worden ist, die namentlich aus den Reihen der Rechtssozialisten, meine und meiner Freunde Haltung während des Krieges auf das Heftigste angegriffen und die stärkste Apologetik der Kriegspolitik der wilhelminischen Regierung geliefert hatten. Ihre Auffassung ist heute wahrhaftig nur ein Scherbenhaufen.

Aber eben deshalb hat es kaum noch einen Zweck, sich heute mit den David und Heilmann usw. darob herumzuschlagen, auch würde die Straffheit der Darstellung darunter leiden, und es war zu befürchten, dass die Schrift, die sich an alle wendet, denen die Wahrheit über die Entstehung des Krieges am Herzen liegt, durch eine derartige Polemik einen parteipolitischen, ja persönlichen Charakter bekam, den ich vermieden wissen wollte. Ich bin daher nur dort polemisch geworden, wo es im Interesse der Klarlegung der Verhältnisse lag, im übrigen aber jeder Rekrimination aus dem Wege gegangen.

Dass die vorliegende Schrift mir indes neue Polemiken einbringen wird, darauf bin ich gefasst. Wie immer man sich zu ihr stellen mag, auf jeden Fall möge man eines bei der Lesung der hier veröffentlichten Dokumente stets im Auge behalten: Sie bezeugen Gedanken und Handlungen deutscher Staatsmänner, nicht des deutschen Volkes. Soweit dieses eine Schuld trifft, kann sie nur darin liegen, dass es der äußeren Politik seiner Lenker zu wenig Beachtung schenkte. Das ist aber ein Vergehen, das das deutsche Volk mit allen andern Völkern teilt. Vergebens hat Marx schon vor mehr als einem halben Jahrhundert bei der Begründung der Ersten Internationale die »Pflicht der arbeitenden Klassen« proklamiert, »selber die Mysterien der internationalen Staatskunst zu bemeistern, die diplomatischen Streiche ihrer Regierungen zu überwachen.«

Das ist bisher nur höchst unzureichend geschehen. Der jetzige Krieg mit seinen grauenvollen Konsequenzen weist gebieterischer als je auf diese »Pflicht der arbeitenden Klassen« hin.

Als ein Teilchen unserer Pflichterfüllung betrachte ich vorliegende Arbeit.

Berlin, 1. November 1919

Karl Kautsky

# 1. Die Schuldigen

Seit dem Ausbruch des Weltkrieges beschäftigt eine Frage alle Gemüter: Wer hat dieses entsetzliche Unheil über uns gebracht? Welche Personen, welche Einrichtungen sind die Urheber?

Das ist nicht nur eine wissenschaftliche Frage für den Historiker, es ist eine eminent praktische Frage für den Politiker. In ihrer Beantwortung liegt ein Todesurteil für die als die Urheber erkannten, nicht gerade ein körperliches, auf jeden Fall aber ein politisches. Personen und Institutionen, deren Macht so Furchtbares hervorgerufen hat, sind politisch zu den Toten zu werfen, müssen aller Macht entkleidet werden.

Doch eben deswegen, weil die Frage der Urheberschaft am Weltkrieg nicht eine akademische, sondern eine höchst praktische mit den weitestgehenden Konsequenzen für die Gestaltung des Staatslebens ist, haben die wirklich Schuldigen von Anfang an versucht, ihre Spuren zu verwischen. Und sie haben dabei rührige Helfer gefunden in allen jenen, die an der Macht der schuldigen Personen und Institutionen ein Interesse haben, wenn sie auch mit der Urheberschaft am Krieg nichts zu tun hatten. Das hat lange die Aufdeckung der Urheberschaft sehr erschwert. Anderseits wurde aber durch das praktische Interesse an der Sache auch wieder der kritische Scharfblick der Gegenseite geschärft, so dass nicht wenige von Anfang an auf die richtige Spur kamen. Daher begann sich allmählich der Nebel zu lichten, bis ihn die jüngsten österreichischen und deutschen Publikationen von Akten der auswärtigen Ämter vollends zerrissen. Wir sind in der Lage, jetzt klar zu sehen.

Doch noch eine Wolke liegt da vor uns, angebliche tiefe marxistische Philosophie. Marx hat gelehrt, nicht durch einzelne Personen und Institutionen werde der Gang der Geschichte bestimmt, sondern in der letzten Linie durch die ökonomischen Verhältnisse. Der Kapitalismus erzeuge in seiner höchsten Form, der des Finanzkapitals, überall den Imperialismus, das Streben nach gewaltsamer Ausdehnung des Staatsgebietes. Dies beherrsche alle Staaten, sie seien alle kriegerischer Natur, und daraus sei der Weltkrieg hervorgegangen. Nicht einzelne Personen und Institutionen seien schuldig, sondern der Kapitalismus als Ganzes; diesen müsse man bekämpfen.

Dies klingt sehr radikal und wirkt doch sehr konservativ überall dort, wo es das praktische Arbeiten beherrscht. Denn der Kapitalismus ist nichts als eine Abstraktion, die gewonnen wird aus der Beobachtung zahlreicher Einzelerscheinungen und die ein unentbehrliches Hilfsmittel ist bei dem Streben, diese in ihren gesetzmäßigen Zusammenhängen zu erforschen.

Bekämpfen kann man aber eine Abstraktion nicht, außer theoretisch; nicht aber praktisch. Praktisch können wir nur Einzelerscheinungen bekämpfen. Die theoretische Erkenntnis des Kapitalismus enthebt uns nicht der Notwendigkeit dieses praktischen Kampfes, sie ist vielmehr dazu da, ihn zu fördern, dadurch, dass sie uns ermöglicht, einen planmäßigen Zusammenhang in seine Einzelheiten zu bringen und ihn dadurch wirksamer zu gestalten. Dabei bleibt er immer ein Kampf gegen bestimmte Institutionen und Personen als Träger bestimmter gesellschaftlicher Funktionen.

Man kann dabei vom marxistischen Standpunkt aus höchstens sagen, dass das Ziel des Kampfes nicht die Bestrafung der einzelnen Personen sein soll, gegen die er sich richtet. Jeder Mensch ist nur das Produkt der Verhältnisse, in denen er aufwächst und lebt. Selbst dem schlimmsten Verbrecher gegenüber ist es unbillig ihn zu bestrafen. Die Aufgabe der Gesellschaft besteht nur darin, zu bewirken, dass ihm die Möglichkeit genommen wird, weiterhin zu schaden, dass er wenn möglich, aus einem schädlichen in ein nützliches Mitglied der Menschheit verwandelt wird, und diejenigen Verhältnisse beseitigt werden, die ihn schufen und ihm die Möglichkeit und Macht boten, zu schaden.

Diesen Standpunkt hat man als Marxist auch den Urhebern am Weltkrieg gegenüber einzunehmen. Es ist aber keineswegs Marxismus, wenn man von der Nachforschung nach den schuldigen Personen durch den Hinweis auf die unpersönliche Schuld des Kapitalismus ablenken will.

Marx und Engels haben sich nie damit begnügt, von den verderblichen Wirkungen des Kapitalismus im Allgemeinen zu sprechen. Sie waren ebenso sehr bemüht, dem Wirken der einzelnen Institutionen, Parteien und der sie führenden Politiker, wie etwa Palmerston und Napoleon nachzuspüren. Das Gleiche mit Bezug auf diejenigen zu tun, die den Weltkrieg herbeiführten, ist nicht nur unser Recht, sondern unsere Pflicht, und nicht bloß aus Gründen der äußeren, sondern auch der inneren Politik, um den Personen und Institutionen, die das furchtbare Verderben verschuldet haben, die Wiederkehr für immer unmöglich zu machen.

## 2. Deutschlands Isolierung

Nun wird eingeworfen, die letzten Tage vor Kriegsausbruch seien für die Schuldfrage allein nicht entscheidend. Man müsse weiter zurückgehen, um zu sehen, wie die Gegensätze sich bildeten, dann werde man bei allen Großstaaten Imperialismus, Ausdehnungsstreben, finden, nicht bloß bei Deutschland allein.

Sehr richtig, aber dieses Ausdehnungsstreben erklärt noch nicht den Weltkrieg, dessen Eigenart darin besteht, dass sich alle Großmächte und mehrere kleine an ihm beteiligten und alle Welt sich gegen Deutschland verbündete. Zu zeigen, wieso es dazu kam, das ist das Problem, das zu lösen ist. Das Wörtchen Imperialismus bringt uns dabei nicht weiter.

Das Aufkommen des Imperialismus am Ende des 19. und zu Beginn des 20. Jahrhunderts zeichnet sich dadurch aus, dass die verschiedensten Großstaaten miteinander in Konflikt gerieten, Frankreich zuerst mit Italien und dann mit England, Amerika mit Spanien und auch mit England, England überdies mit den Buren, mit denen alle Welt sympathisierte, schließlich Russland mit Japan, hinter dem England stand.

Am freiesten von internationalen Konflikten, die zeitweise zu Kriegen wurden, hielt sich in jenem Zeitalter Deutschland. Es hatte allerdings 1871 den großen Fehler begangen, Elsässer und Lothringer wider ihren Willen von Frankreich gewaltsam loszureißen und dieses dadurch in die Arme Russlands zu treiben. Das französische Bedürfnis nach Revanche, nach Wiedervereinigung mit den losgerissenen geknechteten Brüdern begann mit der Zeit gelindere Formen anzunehmen, um so mehr, als die Aussichten der Franzosen in einem Krieg mit Deutschland sich zusehends verschlechterten, da Frankreichs Bevölkerungszahl kaum wuchs, indes das deutsche Volk sich rapid vermehrte und schon dadurch immer mehr das Übergewicht über Frankreich erhielt. Im Jahre 1866 zählte das Gebiet des späteren Deutschen Reiches 40 Millionen, das Frankreichs 38 Millionen Einwohner. Wäre diesem 1870, wie es erhofft, Preußen allein gegenübergestanden, dann hätte sein Gegner bloß über 24 Millionen verfügt. Im Jahre 1910 dagegen zählt Frankreich bloß 39, Deutschland über 65 Millionen Einwohner.

Daher die Furcht Frankreichs vor einem Krieg mit dem übermächtigen Deutschland, eine Furcht, die heute noch in den Bedingungen des Versailler Friedens nachwirkt. Daher auch sein Bedürfnis nach der Allianz mit Russland.

Durch die Feindschaft zwischen Deutschland und Frankreich fühlt sich Russland nach 1871 als Schiedsrichter zwischen beiden und somit als Herr des ganzen kontinentalen Europas. Im Vertrauen darauf wagt Russland 1877 den Krieg gegen die Türkei, bei dem es schließlich eine Hemmung in der Ausnutzung seines Sieges nur findet in England und Österreich. Auf dem Berliner Kongress 1878 muss sich Bismarck zwischen beiden Mächten und Russland entscheiden. Er macht sich vom Zaren selbständig und unterstützt Österreich und England.

Von da ab rückt Russland von Deutschland ab und knüpft immer enger werdende Beziehungen zu Frankreich an, so dass Bismarck trotz seiner starken russischen Sympathien immer mehr auf Österreich angewiesen wird, dem er Italien als Bundesgenossen hinzugesellt hat (1882), als die Franzosen Tunis besetzten und damit die nach diesem Land schielenden Imperialisten Italiens aufs Tiefste verletzten.

England bleibt außerhalb beider Kombinationen in »glänzender Isolierung«, aber eher auf Seite des Dreibundes, als des französisch-russischen Einvernehmens. Denn mit Frankreich gerät es in Differenzen wegen afrikanischer Aspirationen (Marokko und namentlich Ägypten mit dem Sudan). Russland gegenüber fand sein alter Gegensatz in Bezug auf die Türkei und namentlich auf Indien immer wieder neue Nahrung. Dagegen stand England in freundschaftlichem Verhältnis zu Österreich und Italien und in keinem ausgesprochenem Gegensatz zu Deutschland, dessen Lenker Bismarck bei den Konflikten Englands mit Frankreich einerseits, mit Russland anderseits die Gegensätze zwischen ihnen schürte, um dabei die Rolle des Schiedsrichters und lachenden Dritten zu spielen. Diese Politik war moralisch nicht sehr hochstehend, aber für das ökonomische Gedeihen Deutschlands ganz ersprießlich. Gerade in der Zeit des aufkommenden Imperialismus blieb Deutschland also von jedem Krieg verschont und konnte es seine Industrie, seinen Handel und auch seinen Kolonialbesitz erweitern dadurch, dass es die imperialistischen Konflikte der andern ausbeutete, ohne sich an ihnen zu beteiligen.

Man sieht, auch im Zeitalter des Imperialismus vermochte ein Großstaat noch eine andere Politik zu machen, als eine Kriegspolitik. Allerdings gehörten dazu Staatsmänner mit etwas Grütze im Kopf und mit genügender Selbständigkeit gegenüber den Interessenten an einer imperialistischen Gewaltpolitik, die in Deutschland ebenso wenig fehlten, als anderswo, ja die gerade durch das Gedeihen der Friedenspolitik besonders erstarkten. Der fabelhafte ökonomische Aufschwung Deutschlands am Ende des 19. und Beginn des 20. Jahrhunderts gab die Mittel zu starken militärischen Rüstungen, er schuf eine Klasse gewalttätiger Industriemagnaten, namentlich der

Schwerindustrie, zu denen sich als alte Gewaltpolitiker die Junker gesellten und der größte Teil der Intellektuellen, die von Berufswegen den Auftrag hatten, den Kriegsruhm der Hohenzollern zu verkünden, deutschen Größenwahn der gesamten Jugend einzuimpfen.

Bismarcks Nachfolger Caprivi verfolgte noch die alte Politik, die den Frieden inmitten aller imperialistischen Konflikte der Umwelt erhalten hatte. Aber als Fürst Bülow 1897 zuerst Minister des Äußern (später 1900 Reichskanzler) und mit ihm Tirpitz Leiter des Reichsmarineamts wurde, bedeutete das eine völlige Neuorientierung der äußeren Politik, den Übergang zu einer Weltpolitik, die, wenn sie einen Sinn hatte, nur den haben konnte: Aufrichtung der Beherrschung der Welt durch Deutschland!

In dem Maße, wie diese neuen Tendenzen klarer zutage traten, bewirkten sie nun auch eine völlige Änderung der Stellung der Welt gegenüber Deutschland. War sie bis dahin imperialistisch gespalten und gerade dadurch Deutschland in ihr der mächtigste Faktor gewesen, nach dem Spruch: divide et impera, so traten jetzt alle Gegensätze zwischen den einzelnen Staaten zurück hinter den einen großen Gegensatz gegen das Deutsche Reich, von dem sich alle bedroht fühlten.

Den Anfang dieser verhängnisvollen Wandlung der deutschen Weltpolitik machte die Flottenvorlage von 1897, die das Wettrüsten mit England einleitete und nur dann erklärlich wurde, wenn sie dem Endziel der Niederwerfung der britischen Seeherrschaft diente. Das ist auch oft genug, namentlich von alldeutschen Blättern und Politikern als die Aufgabe der deutschen Seerüstungen bezeichnet worden.

Damit erregte man die öffentliche Meinung Englands auf das Äußerste gegen Deutschland.

Im Zeitalter der napoleonischen Kriege hatte das britische Reich die Seeherrschaft errungen und keine Macht unternahm es seitdem, sie antasten zu wollen. Diese Herrschaft selbst hatte bald auch dem Wiener Frieden ihren Charakter erheblich garniert. In den ersten Jahrzehnten des 19. Jahrhunderts war Großbritannien noch ein stark agrarisches Land gewesen, das zur Not sich selbst erhalten konnte. Ganz anders später. Als das industriellste aller Länder, sah es sich bald nicht bloß in Bezug auf Rohstoffe, sondern auch auf Ernährung mehr als irgendein anderes Gebiet auf starke Zufuhren von außen angewiesen.

Noch 1850 war in England, Wales und Schottland allein (ohne Irland) die Landbevölkerung ebenso zahlreich, wie die städtische. Im Jahre 1911 dagegen machte die Bevölkerung der Städte in England mit Wales 78 Prozent, in Schottland 75 Prozent der Gesamtbevölkerung aus.

Im 18. Jahrhundert war England ein Getreide ausführendes Land gewesen. Noch in den Anfängen des 19. Jahrhunderts genügte seine Weizenproduktion fast zur Deckung des heimischen Bedarfs. Im jährlichen Durchschnitt wurden im Jahrzehnt 1811 bis 1820 nur 400 000 Quarters Weizen eingeführt. Im Jahre 1850 brauchte man schon eine Zufuhr von fast 4 Millionen, 1909 das Zehnfache, bei einer Eigenproduktion von nur 7 Millionen. Ganze 84 Prozent des in England verbrauchten Weizens stammten kurz vor dem Krieg aus dem Ausland.

Diese ganze Zufuhr erfolgte aber ausschließlich zur See. Das heißt, dass England im Falle eines Krieges dem Hungertode ausgeliefert wurde, sobald es nicht mehr die See beherrschte. Seine Seeherrschaft, die zu Beginn des 19. Jahrhunderts fast bloß ein Mittel zur Ausdehnung und Sicherung seines Kolonialreiches bildete, also um modern zu reden, imperialistischen Zwecken diente, wurde immer unerlässlicher zur Aufrechterhaltung der Selbständigkeit des Landes. Die Seeherrschaft wurde für das britische Volk neben einer imperialistischen eine demokratische Forderung, wenigstens solange, als nicht allgemeine Abrüstung und Abschaffung der Kriege möglich waren – pazifistische Ziele, die gerade wegen der durch einen Krieg gefährdeten Lage des Landes, bei der Masse der englischen Bevölkerung, nicht bloß Sozialisten, sondern auch Liberalen sehr populär wurden. Da der Gedanke der Seeherrschaft in England nicht allein von imperialistischen, sondern auch von demokratischen Schichten getragen wurde, fand diese Herrschaft auch eine sehr liberale, durchaus nicht protektionistische oder gar monopolistische, sondern eine freihändlerische Anwendung, nach dem Grundsatz der offenen Tür.

Dadurch erreichte es England, dass während des ganzen 19. Jahrhunderts kein Staat Miene machte, seine Seeherrschaft zu bedrohen. Nur Deutschland begann die Politik der Bedrohung am Ende des 19. Jahrhunderts, als Englands Lebensinteresse jene Herrschaft weit entschiedener forderte, als zur Zeit Napoleons I.

Wer England und die Engländer kennt, musste wissen, dass die deutsche Politik der Flottenrüstungen allein schon genügte, immer zahlreichere Schichten der Bevölkerung Englands dem Gedanken zugänglich zu machen, Deutschland um jeden Preis zum Einstellen dieser Rüstungen zu bringen, wenn es nicht anders ging, durch einen Krieg, der dank der früheren deutschen Politik auch Frankreich und Russland als Gegner Deutschlands auf den Plan zu bringen drohte.

Herr v. Bülow, der diese verhängnisvolle Politik inaugurierte, gesteht selbst ein, dass sie Deutschland mit dem Krieg bedrohte. In seinem 1916 erschienenen Buche über »Deutsche Politik« schreibt er:

> »Während der ersten zehn Jahre nach der Einbringung der Marinevorlage von 1897 und dem Beginn unserer Schiffsbauten wäre eine zum Äußersten entschlossene englische Politik wohl in der Lage gewesen, die Entwicklung Deutschlands zur Seemacht kurzerhand gewaltsam zu unterbinden, uns unschädlich zu machen, bevor uns die Krallen zur See gewachsen waren ... Und im achtzehnten Monat des Krieges konstatiert die ›Frankfurter Zeitung‹, England habe, als es zur kriegerischen Auseinandersetzung gekommen war, die trübe Wahrnehmung machen müssen, dass es trotz aller Einkreisungspläne den rechten Augenblick versäumt hatte, wo es den gefürchteten Mitbewerber hätte klein machen können. (S. 40)«

Also die Flottenpolitik wurde unternommen auf die Gefahr hin, dass sie England zum Krieg gegen Deutschland reize. Wenn es da zu einem solchen nicht kam, war nicht die deutsche Politik daran schuld, sondern die Zurückhaltung Englands, das der gewaltsamen Niederschlagung des drohenden Gegners durch einen Krieg seine sogenannte Einkreisung vorzog, d.h. die Förderung seiner Isolierung, die aus Deutschlands Weltpolitik hervorging.

Das unheilvolle Wirken der ebenso sinnlosen wie provozierenden Flottenpolitik Deutschlands wurde noch verstärkt durch seine hartnäckige Sabotierung aller Versuche, zu einer internationalen Verständigung über eine allgemeine Einschränkung der Kriegsrüstungen zu kommen, und internationale Konflikte auf friedlichem Wege durch Schiedsgerichte zu beseitigen.

Das zeigte sich schon bei der ersten Haager Konferenz von 1899, die diesen Zielen galt.

> »Gerade in den Tagen der Haager Konferenz hielt der Deutsche Kaiser seine Wiesbadener Rede, in der er ein ›scharf geschliffenes Schwert‹ als die beste Friedensgarantie erklärt.« (Fried, Handbuch der Friedensbewegung. S. 171)

Auf dieser Konferenz war der deutsche Delegierte nicht einmal dazu zu bewegen, der obligatorischen Schiedsgerichtsbarkeit wenigstens für Entschädigungsforderungen und juristische Streitigkeiten zuzustimmen. Selbst diese geringfügige Einschränkung der Austragung internationaler Konflikte durch Gewalt scheiterte an dem Widerstand Deutschlands, das später auch alle Versuche zurückwies, zu einer Begrenzung der Rüstungen zu kommen.

Kein Wunder, dass Deutschland in der Welt immer verhasster wurde, nicht bloß bei den mit der deutschen Macht rivalisierenden

Imperialisten, sondern auch bei den Verfechtern des Völkerfriedens und der Völkerfreiheit.

Die Rolle, die bis dahin das Zarentum gegenüber der europäischen Demokratie, als ihr schlimmster gemeinsamer Feind, gespielt, die fiel nun immer mehr der deutschen Militärmonarchie zu. Eine sinnlosere Politik war kaum möglich. Sie musste verurteilt werden, nicht bloß vom Standpunkte des internationalen Sozialismus, sondern selbst vom Standpunkte eines Imperialismus, der mit den gegebenen Machtverhältnissen rechnete. Eine vernünftige deutsche imperialistische Politik durfte auf keinen Fall derart sein, dass sie die Feindschaft der beiden, neben Deutschland in Europa entscheidenden Mächte, England und Russland, gleichzeitig hervorrief. Sie musste entweder, um ihre Ziele im Gegensatz zu Russland und dem mit diesem verbündeten Frankreich zu erreichen, Englands Unterstützung gewinnen, was vor allem Verzicht auf das Flottenwettrüsten bedeutete. Dies hätte, dem Charakter der englischen Politik entsprechend, geheißen, dass der Grundsatz der offenen Tür in der ganzen Welt zum Durchbruch kam – was für Deutschlands Industrie die glänzendsten Aussichten bot.

Freilich, eine eigentlich imperialistische Politik nach dem Herzen der Schwerindustriellen, Monopolisten und der Militaristen wäre es nicht gewesen. Denen lag vor allem an einer Ausdehnung auf Kosten Englands. Dann aber musste man darüber mit Russland zu einer Verständigung kommen. Ein mit Russland verbündetes und damit auch gegen die französische Gefahr mehr gesichertes Deutschland hätte ruhig das Flottenwettrennen mit England aufnehmen können. Im Kriegsfalle konnten ihm die Engländer nichts Erhebliches antun. Sie mochten seine Kolonien besetzen, seinen Seehandel unterbinden, nicht aber Deutschland aushungern. Dieses dagegen war imstande, auf dem Land mit Hilfe Russlands die Grundlagen von Englands Weltstellung zum Zusammenbruch zu bringen und das zu erreichen, was auf anderem Wege Napoleon I. vergeblich versucht, Ägypten zu besetzen und nach Indien vorzudringen.

Geradezu toll dagegen war es, dies Ziel der Niederwerfung Englands nicht im Verein mit Russland, sondern im Krieg mit Russland, mit Frankreich, mit der ganzen Welt, anzustreben.

## 3. Deutsche Provokationen

Zunächst freilich bedeutete die deutsche Politik noch nicht den Krieg Deutschlands gegen die ganze Welt, wohl aber die Gefahr eines solchen Krieges. Je stärker die Einkreisung, je größer die Isolierung Deutschlands, desto dringender heischte daher sein eigenes Interesse, dass es jede Provokation unterließ, die es in einen Krieg verwickeln konnte.

Ein Marxist, der da behauptet, der Imperialismus hätte auf jeden Fall den Krieg gebracht, wie immer die deutsche Politik war, erinnert an einen Verteidiger dummer Jungen, die sich damit vergnügten, brennende Zündhölzer in ein Pulverfass zu werfen. Nicht die Jungens, meint der Verteidiger entschuldigend, hätten die zerstörende Explosion verschuldet, die ihrem Treiben folgte; Schuld sei das Vorhandensein des Pulvers im Fass. Wäre Wasser drin gewesen, hätte nichts passieren können. Stimmt. Nur wussten in unserem Falle die Jünglinge, dass Pulver im Fass war, ja, sie hatten selbst einen recht erheblichen Teil davon hineingetragen.

Man kann sagen, dass die Provokationen aus Deutschland um so zahlreicher wurden, je größer seine Isolierung und je bedrohlicher die Gefahr des Weltkrieges.

Gerade die wachsende Gefahr vermehrte die Erbitterung auf beiden Seiten, im Ausland, wie in Deutschland, sie bildete einen neuen Antrieb zur Vermehrung der Rüstungen und damit zum Erstarken der kriegerischen Elemente. Sie vermehrte in verhängnisvoller Weise die Zahl derjenigen, die den Krieg für unvermeidlich hielten, und daher beinahe drängten, dass er bei günstiger Gelegenheit vom Zaun gebrochen werde als Präventivkrieg, wenn die Umstände das eigene Land begünstigten und die Gegner hemmten.

In Deutschland wuchs aber auch mit der Kriegsrüstung das Vertrauen zu ihrer Kraft, machte sich in vielen Kreisen ein wahrhafter Größenwahn geltend, der sich stützte auf die preußische Kriegsgeschichte, die seit anderthalb Jahrhunderten mit Ausnahme Jenas fast nur Siege zu verzeichnen hatte.

Namentlich die alldeutschen Kreise konnten sich in provokatorischen Äußerungen nicht genug tun. Sie erhielten ernsthafte Bedeutung dadurch, dass die Kreise des Alldeutschtums den entschiedensten Teil gerade jener gesellschaftlichen Schichten darstellten, die Deutschland beherrschten und denen seine Regierung entsprang. Das Übel wurde noch verstärkt durch die Persönlichkeit des Kaisers, der durch und durch militärisch denkend, dabei oberflächlich und maßlos eitel, auf Theatereffekte erpicht, vor den herausforderndsten

Gesten und Reden nicht zurückschreckte, wenn er glaubte, damit seiner Umgebung zu imponieren.

Wir haben schon gesehen, dass er in den Tagen der ersten Haager Friedenskonferenz im Gegensatz zu Schiedsgerichten und Abrüstung ein scharf geschliffenes Schwert für die beste Friedensgarantie erklärt.

Ein Jahr darauf proklamiert er vor den nach China ziehenden Truppen in Bremerhaven, 27. Juli 1900, folgende schönen Grundsätze der Kriegführung:

> »Pardon wird nicht gegeben. Gefangene werden nicht gemacht ... Wie vor tausend Jahren die Hunnen unter ihrem König Etzel sich einen Namen gemacht ... so möge der Name Deutscher jetzt in China auf tausend Jahre in einer Weise betätigt werden, dass es niemals ein Chinese wieder wagt, einen Deutschen auch nur scheel anzusehen.«

Wenn später im Weltkrieg die Art der deutschen Kriegführung auf ein bei kaltem Blut ersonnenes System von Grausamkeit zurückgeführt wurde, das den Deutschen den Namen von Hunnen eintrug, darf sich das deutsche Volk dafür bei seinem Kaiser bedanken.

Wurde durch solche Äußerungen der Abscheu vor dem deutschen Volke bei allen human denkenden Menschen großgezogen, so trug Wilhelm gleichzeitig keine Bedenken, auch den Imperialisten des Auslandes die Fehde anzusagen. Den Anfang machte 1896 das Telegramm an den Burenpräsidenten Krüger, in dem Wilhelm in dem beginnenden Konflikt zwischen England und den Buren offen diese seiner Freundschaft versicherte.

Bald darauf, 1898, proklamierte er sich als den Schutzpatron der 300 Millionen Mohammedaner der Erde. Das galt denen des von Frankreich beherrschten Algier ebenso wie den unter englischer Herrschaft in Ägypten und Indien lebenden, den Mohammedanern in Russland und den von diesem Staate bedrohten Mohammedanern der Türkei.

Es war nur eine Fortsetzung dieser herausfordernden Politik, wenn Wilhelm, als Frankreich begann, Interesse für Marokko zu betätigen, 1905 in Tanger dem Sultan von Marokko seinen Schutz gegen jedermann zusagte, der seine Unabhängigkeit bedrohe, und später, 1911, ebenfalls um des gleichen Streitgegenstandes willen, plötzlich ein Kriegsschiff vor den marokkanischen Hafen Agadir schickte.

Beide Male ward so der Weltfriede in Frage gestellt. Die Sache wurde nicht besser dadurch, dass Wilhelm jedes Mal, wenn es galt, die Drohung wahr zu machen, die Courage verlor und diejenigen im Stiche ließ, die er seines Schutzes versichert hatte. So den Sultan von

Marokko und besonders würdelos die Buren. Das trug nur dazu bei, dass sich zum Hass noch die Missachtung gesellte.

Bei diesen Konflikten waren es auf beiden Seiten Imperialisten, die gegeneinander standen. Bei dem Kampf des großen England gegen die kleinen Burenrepubliken hatte sich die öffentliche Meinung der ganzen zivilisierten Welt einmütig auf die Seite der Kleinen und Schwachen gestellt. In den Marokkokonflikten waren die Arbeiter Deutschlands wie Frankreichs in vollster Übereinstimmung ihren Regierungen entgegengetreten und hatten damit nicht wenig zur Erhaltung des bedrohten Weltfriedens beigetragen. Durch diese Haltung des sozialistischen Proletariats wurde das Unberechenbare, Sprunghafte, Provokatorische der deutschen Weltpolitik etwas gemildert.

## 4. Österreich

Die Regierung Deutschlands begnügte sich jedoch nicht damit, Dummheiten auf eigene Faust zu machen, Sie fühlte sich auch gedrängt, die Dummheiten der österreichischen Politik zu decken, die ebenfalls drohten, einen Weltkrieg zu entzünden, aber nicht um überseeischer Objekte, sondern um der Unabhängigkeit europäischer Staaten selbst willen, die durch Österreich direkt bedroht wurden.

Durch seine Weltpolitik hatte Deutschland es erreicht, dass es fast keinen Freund unter den selbständigen lebensfähigen Staaten Europas mehr besaß. Selbst das Verhältnis zu dem verbündeten Italien war ein recht kühles geworden. Nur zwei Staaten blieben ihm eng befreundet, zwei Staaten, die ihre Lebensfähigkeit verloren hatten, so dass sie nur durch einen starken Helfer von außen sich noch zu behaupten vermochten, Österreich und die Türkei.

Der Staat der Habsburger wie der des Sultans von Konstantinopel waren jeder ein Nationalitätenstaat, der nicht durch gemeinsame Interessen seiner Nationalitäten, nicht durch eine Überlegenheit an Wohlstand und Freiheit zusammengehalten wurde, sondern nur durch militärischen Zwang. Dieser Typus des Nationalitätenstaates wurde immer unverträglicher mit der modernen Demokratie, die unwiderstehlich unter dem Einfluss der modernen Verkehrsentwicklung wächst.

Österreich und die Türkei, wenigstens die europäische, waren also rettungslos dem Untergange verfallen. So wenig merkten das die leitenden deutschen Staatsmänner, dass sie gerade diese Staaten zu ihrer einzigen Stütze machten – aber freilich, welche andere wäre ihnen bei ihrer Weltpolitik geblieben?

Diese beiden Staaten standen in überliefertem Gegensatz zu Russland, das nach dem Zugang zum Mittelmeer, nach Konstantinopel strebte, das aber wiederholt erfahren hatte, dass es direkt dahin nicht zu gelangen vermöge. Es entschied sich daher zu dem Umweg, die Türkei in eine Reihe selbständiger kleiner Nationalstaaten aufzulösen, von denen es hoffte, dass sie, die durch die Religion und zum Teil – bei Serben und Bulgaren – auch durch die Sprache dem russischen Volke sehr nahe gebracht waren, Vasallenstaaten des Zarentums würden. Im Gegensatz zur österreichischen und türkischen Regierung begünstigte es die nationalen Selbständigkeitsbewegungen auf dem Balkan, und es arbeitete dabei auf der Linie des notwendigen historischen Fortschritts, indes jene Regierungen sich ihm widersetzten. Derselbe Monarch, den die eigenen Untertanen als Henker und Blut-Zar verfluchten, wurde auf dem Balkan als »Zar-Befreier« begrüßt. Seine Ziele hätte der russische Imperialismus bei den Balkanvölkern freilich nicht erreicht. Je mehr deren Kraft und Unabhängigkeit vom Sultan wuchs, um so selbständiger mussten sie auch dem Zaren gegenüber werden. Sie fühlten sich von ihm nur so lange angezogen, als sie seines Schutzes bedurften; solange ihre Unabhängigkeit von anderer Seite bedroht wurde.

Diese andere Seite wurde in den letzten Jahrzehnten vor dem Krieg immer mehr Österreich. Angesichts der wachsenden nationalen Bewegungen der Rumänen und Südslawen im eigenen Land, die namentlich von der magyarischen Herrenschicht schwer bedrückt wurden, erschien den Leitern der österreichisch-ungarischen Monarchie ein starkes Serbien und Rumänien an ihren Grenzen als höchst gefährlich. Nicht minder waren den Agrariern der Monarchie, auch da wieder in erster Linie den ungarischen, die agrarischen Exportgebiete Serbiens und Rumäniens ein Dorn im Auge. Und endlich waren es die Imperialisten, Militärs, Bürokraten, Kapitalisten Österreichs, die den Weg nach Saloniki beherrschen wollten, denen die Existenz eines selbständigen Serbiens als ein Hindernis erschien, dessen Beseitigung sie wünschen mussten.

Die Politik aller dieser österreichischen Elemente drängte Serbien und Rumänien in die Arme Russlands.

Wenn die österreichischen Staatsmänner glaubten, Serbien zerschmettern zu müssen, um den russischen Intrigen auf dem Balkan einen Riegel vorzuschieben, so lag die Sache in Wirklichkeit gerade umgekehrt. Eben durch ihre Feindschaft gegen Serbien stärkten die Österreicher dort erst den russischen Einfluss.

Um ihn auszuschalten, mussten die Leiter Österreichs eine Politik des Entgegenkommens gegen die Serben und Rumänen im eigenen Land und gegen die benachbarten Staatswesen Serbien und Rumänien betreiben. Ein solches Vorgehen war für die Herrschenden Österreich-Ungarns unmöglich. Sie hätten, um in dieser Weise den Staat zu retten, ihren eigenen Augenblicksinteressen zuwiderhandeln müssen.

Vermochte nicht die demokratisch-nationale und proletarische Opposition im österreichischen Staatswesen jene Herrschenden zu stürzen, dann war es verloren, ebenso wie die Türkei, und verloren derjenige, der sich mit diesem Staate auf Gedeih und Verderb verband.

Dabei aber fühlte sich Österreich noch als Großmacht, wollte sich noch selbständig gebärden, machte immer wieder Anläufe zu einer selbständigen Politik, die bei seinen wachsenden inneren und äußeren Schwierigkeiten immer verkehrter wurde.

Die Sache gestaltete sich nicht besser durch die persönlichen Regierungsverhältnisse des Staates. An seiner Spitze stand ein Herrscher, der nie über hervorragende Geisteskräfte verfügt hatte, den das Alter und eine Reihe der härtesten Schicksalsschläge aufs Äußerste ruhebedürftig machten und dessen Regime den Charakter der Senilität bekommen halte. Aber sein Unglück wollte, dass die Völker Österreichs diesem Ruhebedürfnis in keinerlei Weise Rechnung trugen, dass ihre Empörung gegen den unmöglichen Staat, in den sie eingepresst waren, immer mehr wuchs. Unter dem Eindruck dieser wachsenden Unruhe im Reich zeitigte das senile Ruhebedürfnis die widersprechendsten Erscheinungen: Es führte mitunter zu überraschender Nachgiebigkeit. Diese konnte aber nicht die gewünschten Resultate haben, die Völker zu beruhigen, da sie sich stets nur auf Einzelpunkte bezog, nur Flickwerk schuf. Zu einer durchgreifenden Reform war dieses Regime unfähig.

Erzielte aber die Nachgiebigkeit nicht die gewünschte Beruhigung, dann entfesselte das Ruhebedürfnis die äußerste Strenge, um durch Gewalttat die Ruhestörer niederzuwerfen.

Galt das zunächst von der inneren Politik, so wurde auch die äußere dadurch betroffen. Diese stand mit der äußeren in Österreich in engstem Zusammenhang schon dadurch, dass von den acht Nationalitäten des Reiches nur zwei ausschließlich innerhalb seiner Grenzen wohnten, indes die andern zu erheblichem Teil außerhalb dieser Grenzen lebten, manche in selbständigen Nationalstaaten organisiert. Beeinflussten schon die nationalen Bestrebungen der Rumänen, Ruthenen, Polen die äußere Politik Österreichs, so geschah dies noch mehr durch die italienische und südslawische Irredenta.

Zu alledem kam nun noch, dass Österreich neben seinem Kaiser einen zweiten Herrscher bekam, den Erzherzog Franz Ferdinand, dem 1896 das Recht auf die Thronfolge zufiel, fast um dieselbe Zeit, als Deutschland seine verhängnisvolle Flottenpolitik begann. Die imperialistischen Bestrebungen, die damals alle größeren Staaten erfassten, begannen sich seitdem auch in Österreich zu regen. Sie konnten sich aber keine überseeischen Objekte wählen. Gleich dem russischen strebte auch der österreichische Imperialismus nach Ausdehnung durch Erweiterung seiner Landesgrenzen. Das konnte er am besten erreichen im Süden, durch Gewinnung des Weges nach Saloniki, was die Verwandlung Albaniens und Serbiens in eine österreichische Kolonie erheischte. Was kein Staat in Europa seit 1871, seit der Annexion Elsass-Lothringens mehr wagte, sich eine politisch selbständige Bevölkerung wider ihren Willen gewaltsam anzugliedern, das wollte das altersschwache, aber freilich große Österreich dem jugendkräftigen, doch kleinen Serbien gegenüber durch dessen systematische Misshandlung erreichen.

Der junge, energische, ja rücksichtslose Franz Ferdinand, der kein Ruhebedürfnis kannte, kein Schwanken zwischen Nachgiebigkeit und Gewalt, sondern der allein auf die Gewalt baute, wurde der Träger dieser imperialistischen Bestrebungen, denen er um so mehr Nachdruck zu geben vermochte, je mehr bei zunehmendem Alter des Kaisers der Einfluss des Thronfolgers auf das Militär und die äußere Politik wuchs, die Franz Ferdinand seit 1906, seit der Ersetzung Goluchowskis durch Aehrenthal, bestimmte.

Unwissende Draufgänger, scheuten Franz Ferdinand und seine Werkzeuge vor den schlimmsten Provokationen nicht zurück, unbekümmert darum, dass sie dadurch Russland, den Schützer Serbiens, herausforderten und so den Weltfrieden gefährdeten. Was kümmerte sie der, solange der große deutsche Bruder mit seiner gewaltigen, gepanzerten Faust hinter ihnen stand! Und der stand hinter ihnen, weil seine eigene Weltstellung bedroht war, wenn die einzige Militärmacht von Bedeutung, auf die er bauen konnte, an Kraft oder Ansehen verlor.

## 5. Die Balkankrisen

Die erste der frivolen Gefährdungen des Weltfriedens durch Österreich geschah im Herbst 1908, als es ohne Not die von ihm bis dahin seit 1878 für die Türkei verwalteten Gebiete, Bosnien und die Herzegowina annektierte, unter schamlosem Vertragsbruch gegenüber der

Türkei und unter grober Verletzung des nationalen Empfindens der Südslawen, die jene Behandlung der Bosnier als einfache Besitzgegenstände, die nach Belieben getauscht oder geraubt werden durften, aufs Äußerste erbittern musste. Die Gefahr eines Weltkrieges wurde damals dadurch heraufbeschworen, dass Russland sich auf dem Balkan zurückgedrängt sah, wenn es keine Kompensation erhielt. Doch auch bei den übrigen Staaten Europas, namentlich bei England, rief die freche Zerreißung des Vertrages von 1878 die lebhaftesten Proteste hervor. Österreich hätte klein beigeben müssen, wäre ihm das Deutsche Reich nicht zur Seite gestanden.

Diese Haltung legte bereits den Grund zum späteren Weltkrieg, trotzdem haben deutsche Politiker sie noch während dieses verteidigt, freilich noch vor dem Zusammenbruch. Fürst Bülow rühmt sich in seinem bereits zitierten Buche über »Deutsche Politik« seiner damaligen Haltung:

> »Ich ließ in meinen Reichstagsreden wie in meinen Weisungen an unsere Vertreter im Ausland keinen Zweifel, dass Deutschland entschlossen sei, in Nibelungentreue und unter allen Umständen am Bündnis mit Österreich-Ungarn festzuhalten. Das deutsche Schwert war in die Waagschale der europäischen Entscheidung geworfen, unmittelbar für unseren österreichisch-ungarischen Bundesgenossen, mittelbar für die Erhaltung des europäischen Friedens und vor allem und in erster Linie für das deutsche Ansehen und die deutsche Weltstellung.« (S. 60)

Das war also die Methode, mit der das alte Regime den Frieden zu erhalten suchte: es sah seine Aufgabe nicht darin, frivole Provokationen des Bundesgenossen zu verhindern, sondern darin, für ihn das deutsche Schwert in die Waagschale zu werfen. Und dadurch, wie durch Gutheißung des Vertragsbruches glaubte es für »das deutsche Ansehen« in der Welt zu wirken!

Noch entzückter äußert sich Hashagen in seinem Büchlein über »Umrisse der Weltpolitik«, das im gleichen Jahre wie Bülows Buch erschien:

> »Für die Festigung des beiderseitigen Bündnisses ist es ein unschätzbarer Vorteil, dass die Annexion Bosniens und der Herzegowina bald eine so gewaltige internationale Hetze nicht nur gegen Österreich-Ungarn, sondern auch gegen Deutschland entfesselt. Erst diese Hetze hat die beiden Bundesgenossen in ein völlig unauflösliches Verhältnis zueinander gebracht.« (II. S. 6)

In der Tat, welch sinnreiche Politik, die in dem Entfesseln einer gewaltigen internationalen Hetze gegen sich selbst einen unschätzbaren Vorteil deshalb erblickt, weil dadurch Deutschland vollkommen der Gefangene des innerlich völlig bankrotten Österreich wurde!

Das »deutsche Schwert« hat 1908 und 1909 den Weltfrieden deshalb erhalten, weil Russland die Demütigung, die damals Serbien und damit ihm selbst zugefügt wurde, ruhig hinnehmen musste. Denn noch blutete es aus allen Wunden, nach der Niederlage im Krieg mit Japan und nach der Revolution. Serbien musste am 31. März 1909 in einer demütigen Note geloben, dass es sich bessern und auf seine Politik des Protestes gegen die Annexion verzichten werde.

Aber natürlich gab sich Russland auf dem Balkan nicht endgültig geschlagen. Das isolierte Serbien hatte vor Österreich zurückweichen müssen. Der russischen Staatskunst gelang es jetzt, ein Bündnis zwischen den Regierungen des Balkan zustande zu bringen. Eine Föderation der Balkanvölker in einer gemeinsamen Republik war seit Jahren die Forderung der südslawischen Sozialisten. Sie bot die beste Möglichkeit, den Völkern des Balkan die größte Selbständigkeit gegenüber der Türkei und Österreich, wie auch Russland zu sichern. Der russischen Politik war an der Herstellung eines solchen Gebildes natürlich nicht das Mindeste gelegen. Im Gegenteil. Wie so oft verstand sie es aber auch diesmal, die Kraft für sich auszunutzen, die einer in der Richtung der notwendigen Entwicklung wirkenden Idee entspringt. Sie schuf einen Bund nicht der Balkanvölker, wohl aber der Balkanfürsten, mit dem Ziele, der Herrschaft der Türken in Europa ein Ende zu machen.

Im Oktober 1912 kommt es zum Krieg der Verbündeten, Serbiens, Bulgariens, Griechenlands, Montenegros gegen die Türkei. Diese wird leicht geschlagen, und die Mächte Europas finden sich damit ab, dass die Sieger die Beute unter sich teilen unter der Parole: der Balkan den Balkanvölkern.

So scheint trotz des südöstlichen Wetterwinkels der Weltfriede erhalten zu bleiben. Da tritt wieder Österreich auf den Plan und gefährdet ihn, indem es abermals dem verhassten Serbien einen Fußtritt versetzt, es zwingt, auf den Zugang zum Adriatischen Meer zu verzichten, den es sich erstritten hat.

Diesmal wird es ernsthafter als 1908. Österreich wie Russland mobilisieren im Februar 1913. Doch die Mobilisierung bedeutet nur die Vorbereitung zum Krieg, nicht den Krieg selbst. England vermittelt, und Russland gibt abermals nach. So wird die Mobilisierung wieder zurückgenommen im März. Der Friede bleibt erhalten. Aber auf Kosten Serbiens und damit seines Protektors Russland. Serbien muss auf den Zugang zur Adria verzichten.

Auf diese Weise ist eine neue gefährliche Spannung geschaffen, Serbien sucht sich schadlos zu halten auf Kosten Bulgariens in Mazedonien. Es findet Bundesgenossen in Griechenland und Rumänien. Ihrem vereinten Vorgehen gelingt es, Bulgarien niederzuwerfen und zu verkleinern.

Doch auch diesmal noch bleibt der Weltfriede gewahrt. Europa hütet sich zu intervenieren. So kommt es am 10. August 1913 zum Frieden von Bukarest. Man hofft, dass nun der Balkan zur Ruhe kommt und damit der Friede der Welt für langhin gesichert sei – just ein Jahr vor Beginn des Weltkrieges!

Österreich freilich gefiel der Bukarester Friede nicht. Es verlangte von Italien die Genehmigung zu einer »vorbeugenden Defensivaktion« gegen Serbien. Italien erstickte die Idee im Keime. Man darf mit Fürst Lichnowsky annehmen, dass Marquis San Giuliano, der den Plan eine »pericolosissima aventura« – ein höchst gefährliches Abenteuer – nannte, uns davor bewahrt hat, schon im Sommer 1913 in einen Weltkrieg verwickelt zu werden. Doch auch bei der deutschen Regierung fand Österreich in diesem Falle keine Gegenliebe. Man vergesse nicht, dass in Rumänien ein Hohenzoller herrschte. Deutschland schützte daher zunächst den Bukarester Vertrag. Darauf bezieht sich wohl die Bemerkung über »die Eingenommenheit dieses hohen Herrn (Wilhelm) für Serbien« in der dem österreichischen Kaiser überreichten Denkschrift Tiszas vom 1. Juli 1914. (Österreichisches Rotbuch zur Vorgeschichte des Krieges, 1919. I. S. 18)

Doch die Regierer Österreichs beruhigten sich nicht. Sie bohrten unablässig an dem durch den Bukarester Frieden geschaffenen Zustand, und es gelang ihnen schließlich, Deutschland herumzukriegen.

Während so die beiden Verbündeten eine Politik vorbereiteten, die im Weltkrieg enden sollte, verstanden sie es aufs trefflichste, ihm dadurch zu präludieren, dass sie sich nicht nur um alle Allianzen mit den Regierungen, sondern auch um alle Sympathien bei den Völkern brachten. Österreich-Ungarn bekämpfte die auf größere Freiheit gerichteten Bestrebungen in Kroatien und Bosnien nicht nur mit einem Schreckensregiment, sondern auch mit Prozessen und mit einer Propaganda, die so skrupellos und dabei so unsagbar dumm geführt wurde, dass sie sich nachweisen lassen musste, namentlich im Prozess Friedjung 1909, sie arbeite mit Dokumenten, die *gefälscht* waren, und obendrein in der *österreichischen Gesandtschaft* in Belgrad gefälscht, unter der Ägide des Grafen Forgach, der 1914 am Ultimatum an Serbien und damit an der Entfesselung des Weltkrieges verhängnisvoll beteiligt sein sollte. Aber noch schlimmer waren die »moralischen Eroberungen«, die Deutschland unmittelbar vor dem Krieg in der Welt durch die *Zaberner Affäre* vom November 1913 machte, die deutlich bewies, dass im Deutschen Reich die Zivilbevölkerung dem Militär gegenüber vogelfrei sei und dieses die Zivilregierung völlig beherrsche.

Um die Jahrhundertwende hatte wohl die Dreyfus-Affäre gezeigt, dass der französische Militarismus an Bedenkenlosigkeit und Anmaßung auch Hervorragendes leistet. Aber diese Affäre hatte nach hartem Kampfe mit dem Sieg der Zivilregierung geendet, indes in Deutschland die Zaberner Affäre mit der Unterwerfung der Zivilbehörden abschloss.

Überdies aber hatte diese Affäre den Erfolg, von Neuem wieder die Wunde Elsass-Lothringens in Frankreich aufzureißen, die begonnen hatte zu vernarben. So gingen Deutschland und Österreich dem Weltkrieg entgegen, beladen mit dem Weltruf der Lüge, der Fälschung, der Gewalttätigkeit, der Diktatur des Säbels, der Rechtlosigkeit der annektierten Provinzen.

## 6. Die Lage vor dem Krieg

Die Verteidiger des alten Regimes meinen, man müsse bei der Untersuchung der Schuldfrage nicht bloß die letzten Wochen vor dem Krieg heranziehen, sondern auch die Jahre vorher in Betracht nehmen. Wie man sieht, wird seine Position dadurch keineswegs verbessert.

Schon jahrelang vor dem Weltkrieg war die Politik der Zentralmächte eine solche, dass der Weltfriede nicht durch sie, sondern nur noch trotz ihnen erhalten blieb. Diese Politik nahm zuerst bestimmte Formen unter Leitung Bülows an, sie wurde fortgesetzt von Bethmann Hollweg, unter dem sie zur Katastrophe führte. Es bleibe ununtersucht, inwieweit diese Männer dabei als Triebkraft tätig waren, wieweit als bloße Handlanger ihres Herrn, der selbst wieder von seiner Umgebung geschoben war, so sehr er sich einbilden mochte, die ganze ungeheure Reichsmasse zu schieben.

Dieser bestimmte Zusammenhang wird nicht aufgehoben durch einen Hinweis auf die allgemeinen imperialistischen Tendenzen des Zeitalters, die sich in allen Staaten zeigten. Andererseits aber darf man diesen bestimmten Zusammenhang nicht zu einer Genrealisation in der Art erweitern, als gehöre es etwa zu den Natureigenschaften des deutschen Volkes, nach der Weltherrschaft zu streben und durch brutale Gewalt um seine Ziele zu ringen.

Imperialistische Tendenzen finden sich bei allen kapitalistischen Regierungen der Großmächte. Ob sie die eine oder andere dieser Regierungen veranlassen, einen Krieg zu entzünden, hängt ab von der

Gelegenheit, der internationalen Lage, den Machtmitteln, sowohl den eigenen wie denen der Bundesgenossen und nicht zum wenigsten auch von der inneren Lage, vor allem der politischen Kraft und Selbständigkeit der Arbeiterklasse.

Nicht immer waren es Deutschland und Österreich, die den Weltfrieden gefährdeten. Im Jahre 1902 veröffentlichte ich eine Schrift über »die soziale Revolution«. Dort bemerkte ich:

> »Die einzige Friedensbürgschaft liegt heute in der Angst vor dem revolutionären Proletariat. Es bleibt abzuwarten, wie lange diese den sich häufenden Konfliktursachen gegenüber standhalten wird. Und es gibt eine Reihe von Mächten, die noch kein selbständiges revolutionäres Proletariat zu fürchten haben, und manche von ihnen werden völlig von einer skrupellosen, brutalen Clique von Männern der hohen Finanz beherrscht. Diese Mächte, bisher in der internationalen Politik unbedeutend oder friedliebend, treten jetzt als internationale Störenfriede immer mehr hervor. So vor allem die *Vereinigten Staaten*, daneben *England* und *Japan*. Russland figurierte ehedem in der Liste der internationalen Störenfriede an erster Stelle, sein heldenmütiges Proletariat hat es augenblicklich von ihr abgesetzt. Aber ebenso wie der Übermut eines im Innern schrankenlosen Regimes, das keine revolutionäre Klasse in seinem Rücken scheut, kann auch die Verzweiflung eines wankenden Regimes einen Krieg entzünden, wie es 1870 bei Napoleon III. der Fall war und vielleicht noch bei Nikolaus II. der Fall sein wird. Von *diesen Mächten* und ihren Gegensätzen und nicht etwa von dem zwischen Deutschland und Frankreich, zwischen Österreich und Italien, droht *heute* dem Weltfrieden die größte Gefahr.« (I. S. 53)

Das wurde geschrieben unter dem Eindruck des Krieges der Japaner gegen China (1894), der Amerikaner gegen Spanien (1898), der Engländer gegen die Buren (1899–1902). Und der Krieg zwischen Russland und Japan bereitete sich bereits vor. Wohl war auch die neue deutsche Wellpolitik schon eingeleitet, aber noch zeigte sie nicht ihre Gefährlichkeit. Doch in den späteren Auflagen meiner Schrift habe ich den hier zitierten Passus gestrichen, denn inzwischen zeitigte die deutsche Politik ihre Konsequenzen, und in dem Maße, als diese mehr zutage traten, hörten die früheren internationalen Störenfriede auf, als solche zu wirken und traten die Zentralmächte an ihre Stelle.

Betrachtet man die imperialistischen Tendenzen als unmoralische und glaubt man, dass es sich bei der Entscheidung der Schuldfrage um ein moralisches Urteil handle, dann mag man mit Recht darauf hinweisen, dass Mönch und Rabbi, Zentralmächte und Entente, beide stinken. Anders steht es, wenn man die Frage der Schuld am Krieg nicht als eine der Moralität, sondern der Kausalität auffasst und fragt, welche bestimmte Politik diesen bestimmten Krieg hervorgerufen hat. Dann wird man vielleicht nicht zu einer moralischen, sicher aber zu einer politischen Verurteilung bestimmter Personen und Institutionen kommen. Indes auch nur dieser, nicht etwa des gesamten Volkes, das von ihnen beherrscht wurde und das nach ihrer Beseitigung naturgemäß ganz andere Tendenzen entwickeln muss.

Der deutsche Professor hat das deutsche Volk in den Zeiten seiner größten militärischen Kraft verhasst, in den Zeiten seiner Niederlage lächerlich gemacht, wenn er es als ein Volk idealer Helden hoch über die Engländer stellte, von denen er verächtlich als einem Volke schmutziger Händler sprach. Aber ebenso wenig, wie die Deutschen mehr Helden sind, als ein anderes Volk, sind sie mehr händelsüchtige Raufbolde als ihre Gegner im Weltkrieg.

Eines ist allerdings zuzugeben:

Zeigten die Gegner Deutschlands zeitweise dieselben imperialistischen Tendenzen, dieselbe Neigung zu Krieg und Eroberung, waren sie Deutschland also *moralisch* nicht überlegen, so doch intellektuell, trotz des deutschen Professors.

Sie verstanden, namentlich die Engländer und Amerikaner, sehr gut zu rechnen. Sie trieben im Zeitalter des Imperialismus eine aggressive Kriegspolitik nur dort, wo sie das eigene Land nicht gefährdete. Sie waren zu kluge Geschäftsleute, um einen Krieg unter Bedingungen heraufzubeschwören, unter denen er sie ruinieren konnte. Sie waren solide Kapitalisten und nicht Vabanque-Spieler. Und darum ist es falsch, dass das Finanzkapital notwendigerweise kriegerische Gelüste und Kriegsgefahren mit sich bringt. Das tut es nur unter ganz bestimmten Bedingungen.

Einzig das deutsche Finanzkapital wuchs in einer Weise auf, die es aufs engste mit dem machtvollsten und siegessichersten Militarismus der Welt verband. Die angelsächsischen Staaten kannten bis zum Weltkrieg überhaupt keinen Militarismus. Frankreich und Russland hatten davon mehr als genug, aber besonders siegessicher fühlt er sich gerade nicht nach den zerschmetternden Niederlagen einmal von 1870–71 und dann von 1904–05.

Die Verbindung mit dem stärksten und übermütigsten Militarismus der Welt ließ das deutsche Finanzkapital alles nüchterne Rechnen vergessen. Nur so wurde es möglich, dass es eine Politik nicht nur mitmachte, sondern sogar mit aller Kraft vorantrieb, die Deutschland völlig isolierte und dabei seine Nachbarn immer stärker provozierte. Es verlor jeden Sinn für das ökonomisch Mögliche und trieb seinen Don Quixote, den Militarismus, in den Kampf gegen die Windmühlen der Entente, in dem nicht nur der kampffrohe Ritter, sondern auch sein vertrauender Sancho Pansa auf dem Platze bleiben mussten, zerschunden und zerschlagen.

## 7. Materialien über den Ursprung des Krieges

Die Verteidiger der deutschen Kriegspolitik hoben stets hervor, dass die »Schuldfrage« nicht bloß nach den Vorgängen beurteilt werden dürfe, die dem Krieg unmittelbar vorausgingen. Eine »wissenschaftliche« Auffassung müsse weiter zurückgreifen.

Wir haben gesehen, dass damit für die deutsche Sache nichts gewonnen wird. Wohl aber deutet dieses Bemühen, die Forschung von den letzten Wochen vor dem Krieg ab- und früheren Zeitpunkten zuzulenken, schon darauf hin, dass die Ereignisse dieser letzten Wochen noch belastender sind als ihre Vorgänger.

Doch kommt da den Anwälten der alten deutschen Regierung als rettender Gedanke ein neues wissenschaftliches Bedenken. Hieß es zuerst, dass der wahre Wissenschaftler die Dinge nur in ihren großen Zusammenhängen, nicht in kleinen Ausschnitten zu betrachten habe, so heißt es jetzt: Jedes einseitige Zeugnis ist von Übel. Solange nicht alle Geheimarchive aller Nationen geöffnet sind und alle beteiligten Staatsmänner als Zeugen vernommen wurden, ist es überhaupt nicht möglich, über die Entstehung des Krieges eine Meinung zu haben.

Doch diejenigen, die derartige Bedenken vorbringen, bezeugen deren Nichtigkeit durch ihre eigene Praxis, denn sie haben gleich nach Ausbruch des Krieges schon sich um den Beweis bemüht, dass die Zentralmächte von der Entente angegriffen, ja überfallen wurden.

In einem hatten sie dabei unleugbar recht: Die Welt kann einem Krieg gegenüber nicht warten, bis alles erdenkliche Beweismaterial über seine Entstehung vorliegt. Jeder Politiker muss einem Krieg gegenüber Stellung nehmen nach dem Material, das ihm zugänglich ist. Er muss trachten, dass es so umfassend sei als möglich – lückenlos wird es nie sein. Nicht für den Politiker der Gegenwart und ebenso wenig für den Historiker einer späteren Zeit. Diesem mögen manche geheimen Archive zugänglich sein, die augenblicklich noch verschlossen sind, dafür sind ihm viele Zeugnisse verloren gegangen, die von den Zeitgenossen abgegeben werden konnten, und die von ihnen nicht schriftlich fixiert wurden.

Kann man nicht alles wissen, ist jedes Wissen nur Stückwerk, so wäre es doch ein Unsinn, deswegen der Menschheit das vorzuenthalten, was man weiß. Ja, der Unsinn kann einer jener politischen Fehler werden, die schlimmer sind als ein Verbrechen, wenn die Vorenthaltung des Materials dazu dienen soll, ein der Nation und der Menschheit gefährliches System zu decken, die Klarlegung seines Wirkens zu verhindern.

An Material über den Ursprung des Weltkrieges fehlt es ja nicht. Gleich bei seinem Beginn wurden wir von offiziellen Weiß-, Rot-, Gelb-, Blau- und anderen Farb-Büchern überschwemmt, und bald setzte auch deren kritische Behandlung ein. Bereits im Frühjahr 1915 erschien Grellings »J'accuse«, das er später durch sein dreibändiges Werk »Das Verbrechen« fortsetzte. Mit großem Scharfsinn gelang es ihm bereits, in sehr wesentlichen Punkten auf die richtige Spur zu kommen.

Besonders wichtig wurde dann die Denkschrift des Fürsten Lichnowsky vom August 1916, die nicht für die Öffentlichkeit bestimmt war, aber in pazifistische Hände geriet, die ihr bald eine weite unterirdische Verbreitung gaben. Daneben kamen in Betracht die Publikationen des Herrn Mühlon.

Wer danach noch nicht klar sah, dem musste der Star gestochen werden nach der Novemberrevolution durch Eisners Veröffentlichung des Berichts aus der bayerischen Gesandtschaft in Berlin vom 18. Juli 1914. Leider beging Eisner bei dieser Publikation die Unvorsichtigkeit, sie mehr als Journalist zu behandeln, dem es auf die Wirkung ankommt, denn als Historiker, dem es um die Vollständigkeit und Unversehrtheit seiner Quelle zu tun ist. Er brachte den Bericht nur im Auszug und ließ Stellen weg, aus denen man die Friedensliebe der deutschen Regierung herauslesen wollte.

Wir werden noch sehen, wie die Friedensliebe zu bewerten ist, die in den weggelassenen Stellen zum Ausdruck gebracht sein soll.

Neues Material wurde dann beigebracht durch österreichische und deutsche Publikationen der auswärtigen Ämter, Rot- und Weiß-Bücher. Das oben schon zitierte österreichische Rotbuch »Diplomatische Aktenstücke zur Vorgeschichte des Krieges 1914« (Wien 1919) im Folgenden kurz als Rotbuch 1919 zitiert, bietet äußerst wichtige Aufschlüsse über die Frage der Urheberschaft am Krieg. Sehr kritisch muss dagegen die Verarbeitung dieses Materials durch Dr. Roderich Gooß gelesen werden, die gleichzeitig mit dem ersten Bande des erwähnten Rotbuches unter dem Titel: »Das Wiener Kabinett und die Entstehung des Weltkrieges« in Wien erschien. Da ihm die deutschen Akten nicht bekannt waren, ist der Verfasser des österreichischen Kommentars stellenweise zu sehr anfechtbaren, ja direkt unrichtigen Auffassungen gekommen.

Vor dem österreichischen Rotbuch erschien im Juni ein deutsches Weißbuch, bestimmt, auf die siegreichen Nationen während der Friedensverhandlungen zugunsten Deutschlands Eindruck zu machen. In Wirklichkeit hat es nur dazu beigetragen, die deutsche Auslandspolitik von Neuem zu kompromittieren. Aus welchen Gründen, werden wir noch sehen.

Seitdem ist noch ein anderes Werk erschienen, das für die folgende Darstellung die Hauptquelle bildet, die unter meiner Leitung zustande gekommene Sammlung der Akten über die Urheberschaft am Krieg.

Was sonst noch an Material erschienen ist, wirkt in Einzelheiten ergänzend, ändert jedoch nichts am Gesamteindruck. Wie gestalteten sich danach die Dinge?

## 8. Sarajevo

Wir haben unsere Darstellung im 5. Kapitel bis zum Bukarester Vertrag geführt und gesehen, dass Wien nach diesem Frieden entschlossen war, seine Revision bei der ersten günstigen Gelegenheit mit Hilfe Deutschlands durchzuführen.

Die Zentralmächte zeigten damals stete Unruhe und großen Tatendrang. Deutschland setzte es bei der Türkei durch, dass ein deutscher General, Liman v. Sanders, im Dezember 1913 an der Spitze einer deutschen Militärmission nach Konstantinopel kam und dort das Oberkommando des ersten Armeekorps übernahm. Russland protestierte heftig, erreichte aber nur, dass Limans Titel in den eines Generalinspektors der türkischen Armee (mit dem Grade eines Marschalls) geändert wurde.

Kurz darauf, März 1914, hatten die Zentralmächte die Genugtuung, einen der ihrigen, den Fürsten von Wied, auf den Thron des neugeschaffenen Königreiches Albanien zu bringen, allerdings ein Erfolg sehr zweifelhafter Art, da der deutsche Landesvater schon im Mai vor seinen heftig drängenden Landeskindern ausriss und sich und seine Schutzherren vor ganz Europa lächerlich machte.

Gleichzeitig häuften sich die Zusammenkünfte Kaiser Wilhelms mit dem Thronfolger Franz Ferdinand. Im April trafen sie sich in Miramare, am 12. Juni wieder in Konopischt in Böhmen.

> »Die Neugier des Publikums und das Interesse der Diplomaten wurden erregt durch diese Bekundungen einer Freundschaft, die zu lebhaft war, um nicht zu beunruhigen. Während des Ausfluges nach Konopischt hatte der deutsche Gesandte in London den Auftrag, das dortige Auswärtige Amt über die Anwesenheit des Admirals von Tirpitz im Gefolge des Kaisers zu beruhigen. Wer sich entschuldigt, klagt sich an. Der Admiral hatte offenbar die Luftveränderung nur vorgenommen, um den Duft der Rosen in Böhmen einzuatmen.«

So höhnt über die Harmlosigkeit jener Zusammenkunft ein belgischer Diplomat, Baron Beyens in seinem Buche: »L'Allemagne avant la guerre, les causes et les responsabilités« (Paris 1915, S. 265). Beyens war bei Kriegsbeginn belgischer Gesandter in Berlin und schrieb von dort Berichte, die Deutschland so sympathisch waren, dass die deutsche Regierung, die sie nach dem Einmarsch in Brüssel vorfand, eine Reihe von ihnen veröffentlichte in dem Band »Belgische Aktenstücke 1905–1914«. Indes änderte Beyens seine günstige Meinung von der deutschen Politik vollständig nach dem österreichischen Ultimatum. Die Berichte, die er von da an schrieb, hat das Berliner Auswärtige Amt nicht veröffentlicht. Man findet sie in der »Correspondance diplomatique relative à la guerre de 1914–15« (Paris 1915).

Trotz Beyens erzählt noch Herr v. Jagow in seinem Buche über »Ursachen und Ausbruch des Weltkrieges« (Berlin 1919, S. 101):

> »Der Thronfolger wünschte seinem kaiserlichen Freunde die *Rosenblüte* auf der von ihm besonders geliebten böhmischen Besitzung zu zeigen.«

Was in Konopischt ausgeheckt wurde, darüber könnte nur Wilhelm selbst authentische Auskunft geben. Dass die Zusammenkunft nicht bloß dem Rosenduft galt, bezeugt ein Bericht, den Tschirschky, der deutsche Botschafter in Wien, am 17. Juni 1914 an den Reichskanzler sandte. Dieser Bericht beginnt mit folgender Mitteilung:

> »Graf Berchtold war nach der Abreise S. M. des Kaisers von S. Hoheit dem Erzherzog Franz Ferdinand nach Konopischt geladen worden. Der Minister erzählte mir heute, S. K. u. K. Hoheit habe sich ihm gegenüber in höchstem Maße befriedigt über den Besuch S. M. ausgesprochen. Er habe über alle möglichen Fragen eingehend mit S. M. gesprochen und durchweg völlige Übereinstimmung der Ansichten konstatieren können.«

Leider teilt der Bericht nicht mit, welche Ansichten das waren. Aus dem Folgenden erfahren wir nur, dass viel von der Politik die Rede war, die gegenüber den Rumänen zu befolgen sei. Franz Ferdinand sei mit Tiszas Rumänenpolitik nicht einverstanden, da Tisza größere Konzessionen an die Rumänen im ungarischen Staate ablehne, wozu Wilhelm in einer Randnote bemerkt:

> »Er darf durch seine *innere* Politik, die bei der Rumänenfrage auf die *äußere* des *Dreibundes* Einfluss hat, die letztere nicht in Frage stellen.«

Sicher machte die ungarische Rumänenpolitik es der rumänischen Regierung unmöglich, sich von Serbien und Russland loszusagen, damit sie im Fahrwasser Österreichs gegen diese Staaten Front mache. Unmittelbar nach der Zusammenkunft von Konopischt machte sich das Ministerium des Auswärtigen in Wien daran, eine Denkschrift auszuarbeiten, die zeigen sollte, dass der gegenwärtige Zustand auf dem Balkan unerträglich und Österreich gezwungen sei, Russland entgegenzutreten, das einen Balkanbund gegen die habsburgische Monarchie plane.

Zu diesem Zwecke suche es Rumänien zu gewinnen. Dessen Verhältnis zu Österreich habe sich sehr verschlechtert.

> »Die Monarchie hat sich bisher darauf beschränkt, die Schwenkung der rumänischen Politik in Bukarest in freundschaftlicher Weise zur Sprache zu bringen, sich im übrigen aber nicht veranlasst gesehen, aus dieser immer deutlicheren Kursänderung Rumäniens ernste Konsequenzen zu ziehen. Das Wiener Kabinett hat sich hierzu in erster Linie dadurch bestimmen lassen, dass die deutsche Regierung die Auffassung vertrat, es handle sich um vorübergehende Schwankungen, Folgeerscheinungen gewisser Missverständnisse aus der Zeit der Krise, die sich automatisch zurückbilden würden, wenn man ihnen gegenüber Ruhe und Geduld bewahrt. Es hat sich aber gezeigt, dass diese Taktik ruhigen *Abwartens* und *freundschaftlicher Vorstellungen* nicht die gewünschte Wirkung hatte, dass sich der Prozess der Entfremdung zwischen Österreich-Ungarn und Rumänien nicht zurückgebildet, sondern im Gegenteil beschleunigt hat.«

Auch »für die Zukunft« erwartet die Denkschrift keine »Wendung im günstigen Sinne.«

Wie in dem Bericht über Konopischt steht auch in dem Promemoria die rumänische Frage im Vordergrunde. Die serbische wird kaum berührt. Nicht etwa deswegen, weil die Feindseligkeit Österreichs gegen Serbien geringer wäre, sondern sicher deshalb, weil sie auf kein Hindernis in Berlin stößt, während die deutsche Regierung auf ein gütliches Einvernehmen mit Rumänien hindrängt. Österreich dagegen will Serbien *und* Rumänien gegenüber die Taktik des »ruhigen Abwartens und freundschaftlicher Vorstellungen« aufgeben, ebenso aber auch *Russland* gegenüber.

Dieser Staat, führt die Denkschrift aus, bedeute eine Gefahr nicht bloß für die österreichische Monarchie, sondern auch für Deutschland. Russland und sein Verbündeter Frankreich strebten danach, »die militärische Superiorität der beiden Kaisermächte durch Hilfstruppen vom Balkan her zu brechen« und seine Ausdehnungspolitik im Gegensatz zu den deutschen Interessen durchzusetzen.

> »Aus diesen Gründen ist die Leitung der auswärtigen Politik Österreich-Ungarns auch davon überzeugt, dass es ein gemeinsames Interesse der Monarchie und nicht minder Deutschlands ist, im jetzigen Stadium der Balkankrise *rechtzeitig* und *energisch* einer von *Russland* planmäßig angestrebten und geförderten Entwicklung entgegenzutreten, die später vielleicht nicht mehr rückgängig zu machen wäre.« (Abgedruckt in dem Weißbuch betr. die Verantwortlichkeit der Urheber des Krieges, vom Juni 1919, S. 68)

Dieses Memorandum ist kaum anders aufzufassen, als dass es in der Sprache der Diplomatie den *Präventivkrieg* gegen das Zarenreich fordert.

Das gefährliche Dokument war eben fertig, als die Katastrophe von Sarajevo eintrat.

Von Konopischt hatte sich der Thronfolger zu den Manövern nach Bosnien begeben. Ausgerechnet auf diesem kürzlich erst für annektiert erklärten heißen Boden mussten damals Manöver im Beisein Franz Ferdinands abgehalten werden und an sie anschließend musste er einen triumphierenden Einzug, gleich einem Eroberer, in die Hauptstadt des Landes halten. Als wollte man das nationale Empfinden besonders stark herausfordern, hatte man den 28. Juni zum Tage des Einzugs in Sarajevo gewählt, den »Widow dan«, den St. Veitstag, einen nationalen Trauertag für die Serben. An diesem Tage hatten sie im Jahre 1389 auf dem Amselfeld im Kampfe gegen die sie unterjochenden Türken eine furchtbare und entscheidende Niederlage erlitten, deren Andenken bis heute in den Volksliedern fortlebt. Gerade an diesem Tage musste der fremde Herrscher von Norden einziehen.

Und echt altösterreichisch gesellte man zur Provokation noch gedankenlosen Leichtsinn.

Wenn man in einem Land, in dem die Herrenklasse furchtbarsten Terrorismus übte und dadurch eine Atmosphäre von Attentaten schuf, schon den Thronfolger paradieren ließ, musste man wenigstens Sorge tragen, ihn zu schützen.

Aber nicht das Mindeste war vorgesorgt. So groß war die Kopflosigkeit und Leichtfertigkeit, dass man nach dem ersten Attentat, das misslang, den Thronfolger mit seiner Frau nochmals durch die Straßen fahren ließ, um sie zu bequemen Zielscheiben für einen zweiten Anschlag zu machen.

In einer Depesche vom 3. Juli erhob der gemeinsame Finanzminister und oberste Verwalter Bosniens Dr. v. Bilinski schwere Anklagen gegen die Leichtfertigkeit der leitenden Kreise in Bosnien und namentlich der Militärs:

> »Auch die sonstigen Gebiete der Verwaltung (außer der Justiz) hätten Blößen aufgedeckt, deren Kenntnis wohl von vornherein gegen eine Reise Erzherzog Franz Ferdinands hätte sprechen müssen. Es sei ja dem Landeschef (Feldzeugmeister Potiorek) am besten bekannt, dass das Zustandekommen und die Durchführung der Reise *ausschließlich* vom *militärischen* Gesichtspunkte zwischen dem Erzherzog und ausschließlich dem Landeschef ins Werk gesetzt wurde …
> Am allerwenigsten hätte Dr. v. Bilinski annehmen können, dass dem militärischen Programm ein nicht militärischer Besuch Sarajevos eingefügt werden sollte. Hätte Dr. v. Bilinski aus den Berichten des Landeschefs Kenntnis davon gehabt, dass die Polizeiverwaltung ihrer Aufgabe durchaus nicht gewachsen sei, so wäre es offenbar ihrer beider Pflicht gewesen, *die Reise unter allen Umständen zu hintertreiben.*« (Gooß, Wiener Kabinett, S. 46, 47)

Bald darauf, am 13. Juli, telegraphierte der Sektionsrat von Wiesner, der nach Sarajevo abgesandt war, um Einsicht in die Untersuchungsakten des Prozesses gegen die Attentäter zu nehmen:

> »Mitwisserschaft serbischer Regierung an der Leitung des Attentates oder dessen Vorbereitung und Beistellung der Waffen durch nichts erwiesen oder auch nur zu vermuten. *Es bestehen vielmehr Anhaltspunkte, dies als ausgeschlossen anzusehen.*«

Also nicht bei der serbischen Regierung hatte man die Schuldigen an der blutigen Tat zu suchen, wohl aber waren für sie verantwortlich die Unwissenheit, der Leichtsinn, die frechen Provokationsmethoden des österreichischen Gewaltregiments.

Die Faktoren, die das Attentat auf den Thronfolger heraufbeschworen, waren dieselben, die ihm folgend das weit furchtbarere Attentat auf den Weltfrieden direkt begingen.

Zwölf Troer schlachtete Achilles bei der Leichenfeier seines Freundes Patroklus. Zur Leichenfeier Franz Ferdinands wurden vier Jahre lang viele Millionen Menschen aus allen fünf Weltteilen geschlachtet.

Für die Regenten Österreichs hätte die Tötung des aktivsten Trägers des bestehenden Regimes ein warnendes Menetekel sein müssen, das zur Umkehr drängte. Es zeigte deutlich, welche Früchte die Gewaltpolitik trug und mahnte auf das eindringlichste, diese Politik durch eine der Freiheit und der Versöhnung zu ersetzen als die einzige, die dem in allen Fugen krachenden Staatswesen noch einige Lebensfähigkeit geben konnte.

Aber wann hätte je ein Gewaltregiment ein derartiges Menetekel beachtet! Es fühlte sich vielmehr getrieben, den Terrorismus zu verstärken und der Gewalt gegenüber seinen kroatischen und bosnischen Untertanen auch noch Gewalt gegen das benachbarte serbische Staatswesen hinzuzugesellen, dem man nun vollends den Garaus zu machen beschloss.

Ehe noch Wiesners Bericht über die Urheberschaft am Attentat angelangt war, hatten die Wiener Machthaber bereits die Überzeugung formuliert, die serbische Regierung sei für die Tat verantwortlich zu machen nach dem Prinzip: Tut nichts, der Jude wird verbrannt.

## 9. Wilhelms monarchisches Bewusstsein

Hatte in der Denkschrift, die noch vor dem Attentat fertiggestellt worden war, Rumänien die Hauptsorge für Österreich gebildet, so trat jetzt wieder Serbien in die erste Linie. Der Text, der von Serbien nur nebenher gesprochen, bekam jetzt ein Postskriptum, in dem es hieß:

> »Die vorliegende Denkschrift war eben fertiggestellt, als die furchtbaren Ereignisse von Sarajevo eintraten.
> Die ganze Tragweite der ruchlosen Mordtat lässt sich heute kaum überblicken. Jedenfalls ist aber, wenn es dessen noch bedurft hätte, hierdurch der unzweifelhafte Beweis für die Unüberbrückbarkeit des Gegensatzes zwischen der Monarchie und Serbien, sowie für die Gefährlichkeit und Intensität der

> vor nichts zurückschreckenden großserbischen Bewegung erbracht worden ...
> Um so gebieterischer tritt an die Monarchie die Notwendigkeit heran, mit entschlossener Hand die Fäden zu zerreißen, die ihre Gegner zu einem Netze über ihrem Haupte verdichten wollen.«

Mit anderen Worten: Österreich oder vielmehr Graf Berchtold und seine Leute waren entschlossen zum Krieg gegen Serbien und, wenn es sein musste, gegen Russland.

Wie stellte sich dazu die deutsche Regierung? Das ist bisher nicht ganz klar gewesen. Ließ sie sich von Österreich mitschleppen, ohne recht zu wissen, was sie beging, oder tat sie freudig, energisch, vollbewusst mit?

Ihre Stellung zur österreichischen Balkanpolitik wurde durch das Attentat von Sarajevo wesentlich verändert.
Als Rumänien im Bund mit Serbien in den zweiten Balkankrieg 1913 eintrat, fand der Hohenzoller Carol die Rückendeckung des Hohenzollern Wilhelm gegen den Habsburger. In jenem Stadium mahnte Berlin Wien zur Zurückhaltung.
Noch am 2. Juli 1914 äußerte Berchtold zu Tschirschky:

> »Deutschland habe damals, als Rumänien, ohne uns zu fragen, und gegen unser ihm wohl bekanntes Interesse gemeinsam mit Serbien über das wehrlose Bulgarien hergefallen sei, Rumänien gedeckt und uns zu verstehen gegeben, dass wir uns ruhig verhalten sollen.« (Rotbuch 1919, I, 19)

Nach Sarajevo galt der Zorn Österreichs nicht mehr Rumänien und Serbien vereint, er konzentrierte sich ganz auf Letzteres. Und die serbische Regierung, obwohl eine monarchische, galt in Wilhelms Augen nun als die Förderin und Urheberin von Monarchenmorden. Sein dynastisches Bewusstsein, das Österreich Rumänien gegenüber zurückgehalten hatte, wurde den Serben gegenüber jetzt zu einer geradezu vorwärtsdrängenden Triebkraft. Nicht nur monarchische Prinzipien, sondern auch persönliche Furcht waren dabei beteiligt. Ließ er doch am 2. Juli den geplanten Kondolenzbesuch in Wien absagen, weil Winke aus Sarajevo ihn befürchten ließen, in der österreichischen Kaiserstadt harre seiner eine Rotte serbischer Mordbuben.

Ohne jede Überlegung war er sofort, nachdem er vom Attentat erfahren, derselben Meinung, die Franz Joseph damals in seinem Handschreiben an Wilhelm ausdrückt, das dieser am 5. Juli erhielt. Es verkündete bereits:

> »Das Bestreben meiner Regierung muss in Zukunft auf die Isolierung und *Verkleinerung Serbiens* gerichtet sein.«

Und es schloss mit den Worten:

> »Auch Du wirst nach dem jüngsten, furchtbarsten Geschehnisse in Bosnien die Überzeugung haben, dass an eine Versöhnung des Gegensatzes, welcher Serbien von uns trennt, nicht mehr zu denken ist, und dass die erhaltende Friedenspolitik aller europäischen Monarchen bedroht sein wird, *solange dieser Herd von verbrecherischer Agitation in Belgrad ungestraft fortlebt.*«

Ehe noch dieses Handschreiben nach Potsdam gelangt war, hatte sich Wilhelm ohne Rücksicht auf die Konsequenzen bereits entschieden, dass Serbien niederzuwerfen sei. Sein monarchisches Bewusstsein war durch die Schüsse von Sarajevo zu tobendem Drang nach Blutrache an dem Mördervolk entzündet. Fürst Lichnowsky war in den Tagen nach dem Attentat in Berlin. Er berichtet über eine Unterredung mit Zimmermann, der damals den abwesenden Jagow vertrat:

> »Aus seinen Worten ging eine unverkennbare Missstimmung gegen Russland hervor, das uns überall im Wege sei ... Dass General v. Moltke zum Kriege drängte, wurde mir natürlich nicht gesagt. Ich erfuhr aber, dass Herr v. Tschirschky einen Verweis erhalten, weil er berichtete, er habe in Wien Serbien gegenüber zur Mäßigung geraten.« (Meine Londoner Mission, S. 27)

Lichnowskys Mitteilungen finden ihre Bestätigung in den Akten des Berliner Auswärtigen Amtes. Wir geben einen Bericht wieder, den Tschirschky am 30. Juni an den Reichskanzler richtete. Er bekommt Wichtigkeit durch die Randglossen des Kaisers, die wir in Klammern, mit einem W. gezeichnet, anführen:

> »Graf Berchtold sagte mir heute, alles deute darauf hin, dass die Fäden der Verschwörung, der der Erzherzog zum Opfer gefallen sei, in Belgrad zusammenliefen. Die Sache sei so wohl durchdacht worden, dass man absichtlich ganz jugendliche Leute zur Ausführung des Verbrechens ausgesucht habe, gegen die nur mildere Strafen verhängt werden können (*hoffentlich nicht! W.*) Der Minister sprach sich sehr bitter über die serbischen Anzettelungen aus.
> ›Hier höre ich, auch bei ernsten Leuten, vielfach den Wunsch, es müsse einmal gründlich mit den Serben abgerechnet werden. (*Jetzt oder nie. W.*) Man müsse den Serben zunächst eine Reihe von Forderungen stellen und, falls sie diese nicht akzep-

> tierten, energisch vorgehen. Ich benutze jeden solchen Anlass, um ruhig, aber sehr nachdrücklich und ernst vor übereilten Schritten zu warnen. (*Wer hat ihn dazu ermächtigt? Das ist sehr dumm! geht ihn gar nichts an, da es lediglich Österreichs Sache ist, was es hierauf zu tun gedenkt. Nachher heißt es dann, wenn es schief geht: Deutschland hat nicht gewollt!! Tschirschky soll den Unsinn gefälligst lassen! Mit den Serben muss aufgeräumt werden und zwar bald. W.*)
> Vor allem müsse man sich erst klar darüber werden, was man wolle, denn ich hörte bisher nur ganz unklare Gefühlsäußerungen. Dann solle man die Chancen irgendeiner Aktion sorgfältig erwägen und sich vor Augen halten, dass Österreich-Ungarn nicht allein in der Welt stehe, dass es Pflicht sei, neben der Rücksicht auf seine Bundesgenossen die europäische Gesamtlage in Rechnung zu ziehen und speziell sich die Haltung Italiens und Rumäniens in allen Serbien betreffenden Fragen vor Augen zu halten.‹ (*Versteht sich alles von selbst und sind Binsenwahrheiten. W.*)«

Das Schriftstück gelangte vom Kaiser am 4. Juli ans Auswärtige Amt zurück. *Also schon damals*, ehe noch von Österreich aus die geringste Forderung gestellt worden war, stand es bei Wilhelm fest: »Mit den Serben muss aufgeräumt werden, und zwar bald«. Die durch das Gooßsche Buch sehr gestützte Auffassung, als sei Deutschland in der serbischen Krise rein nur im Schlepptau Österreichs gewesen, dem es zu viel vertraute, ist gänzlich hinfällig.

## 10. Die Verschwörung von Potsdam

Am 4. Juli kam der österreichische Legationsrat Graf Hoyos nach Berlin, um das schon erwähnte Handschreiben des Kaisers Franz Joseph an Wilhelm zu überbringen. Man fixiert nicht immer gefährliche Gedanken schriftlich mit völliger Deutlichkeit. Das Handschreiben sprach bereits von der notwendigen »Verkleinerung« Serbiens. Graf Hoyos erläuterte diesen Ausdruck mündlich dahin, dass darunter die *Aufteilung Serbiens* unter seine Nachbarn zu verstehen sei. Hoyos, der Vertrauensmann Berchtolds, setzte diese Pläne dem Reichskanzler und dem Unterstaatssekretär Zimmermann auseinander. Das gab ihnen keine Veranlassung, auf die Österreicher zurückhaltend zu wirken.

Das schon erwähnte Weißbuch vom Juni 1919, das in Wirklichkeit ein Weißwaschungsbuch ist, bemerkt freilich:

> »Das Ministerium des Äußern in Wien hat *später* darauf Wert gelegt, festzustellen, dass es die rein persönlichen Ansichten des Grafen Hoyos, die den Erwerb serbischen Gebiets und sogar eine Aufteilung Serbiens umfassten, nicht teile.« (S. 56)

Diese Mitteilung ist nicht ganz richtig. Das Ministerium hat wohl erklärt, dass die Ansichten des Grafen Hoyos seine persönlichen seien; es hat aber nie unzweideutig erkennen lassen, dass es andere Ansichten hege, und es konnte das auch nicht, schon aus dem Grunde, weil die Ansichten des Herrn Legationsrats ganz mit den Ansichten seines Vorgesetzten, des Ministers Berchtold, übereinstimmten. Das Ministerium des Äußern in Wien hat denn auch nie verraten, welches seine Absichten in Beziehung auf Serbien seien. Indes, selbst wenn das bloße Abrücken von Hoyos eine beruhigende Aufklärung über die österreichischen Pläne gegeben hätte, so fand es doch jedenfalls erst *später* statt, erst nach dem 5. Juli, an dem der österreichische Botschafter in Berlin dem Deutschen Kaiser das Handschreiben Franz Josephs überreichte und die entscheidenden Beschlüsse gefasst wurden.

Über die Beratungen jenes Tages, die die Phantasie der Außenwelt um so lebhafter erregten, je weniger sie von ihnen wusste, ist viel gefaselt worden. Es habe ein Kronrat in Potsdam stattgefunden, an dem Erzherzog Friedrich, Graf Berchtold und Conrad von Hötzendorf teilnahmen, und in dem der Krieg gegen Serbien oder gar der Weltkrieg beschlossen wurde. Das schon zitierte Weißbuch vom Juni weist nach, dass dieser Kronrat eine Legende ist. Zum Beweis zitiert es den Sir Horace Rumboldt, bei Kriegsausbruch englischer Botschaftsrat in Berlin, der es für unwahrscheinlich hält, dass ein solcher Kronrat stattgefunden habe. Er ist dieser Meinung nicht wegen, sondern trotz der Beteuerungen der deutschen Regierung:

> »Die gewohnheitsmäßige Verlogenheit der deutschen Regierung ist in der Tat so groß, dass ich unwillkürlich versucht bin, jeder von ihr geleugneten Feststellung Glauben zu schenken.«

Auf dieses ehrenvolle Zeugnis beruft sich das Weißbuch vom Juni 1919 zum Beweis der Unschuld der alten deutschen Regierung. Das Weißbuch selbst teilt dann mit, was sich an jenem 5. Juli tatsächlich in Potsdam zugetragen haben soll. Es wiederholt dabei im Wesentlichen dasjenige, was schon die Wochenschrift »Deutsche Politik« im Mai darüber vorgebracht hatte. Diese Erzählung klingt sehr harmlos.

Danach frühstückte am 5. Juli der österreichische Botschafter Szögyeny beim Kaiser Wilhelm in Potsdam und überreichte ihm das Handschreiben seines Souveräns.

Später kamen zum Kaiser Bethmann Hollweg und Zimmermann, der den auf der Hochzeitsreise befindlichen Jagow vertrat und sie »besprachen die politische Lage«. Tags darauf trat Kaiser Wilhelm seine Nordlandreise an. Offenbar das deutlichste Zeichen, dass er nichts Böses erwartete oder gar plante.

Das Weißbuch teilt den Tatbestand ebenso mit, nur lässt es den Hinweis auf die Nordlandreise weg. Dafür fügt es hinzu:

> »Es sind *keinerlei besondere Beschlüsse gefasst worden*, da von vornherein feststand, dass es nicht möglich sei, Österreich-Ungarn die den Bundespflichten entsprechende Unterstützung bei dem Versuche, von Serbien *wirkliche Garantien* zu erlangen, zu versagen.« (S. 50)

Das soll offenbar auch harmlos klingen, doch kann es nichts anderes besagen, als dass die deutsche Regierung es bei jener »Besprechung« schon für selbstverständlich fand, dass Österreich »wirkliche Garantien« fordern werde – man weiß, was das heißt – und dass Deutschland dabei »den Bundespflichten entsprechend« mittue. *Darüber* »besondere Beschlüsse« zu fassen, sollte am 5. Juli nicht mehr notwendig gewesen sein!

Das Weißbuch vom Juni 1919 scheint auf ein sehr kindliches Publikum zu rechnen. Am Eingang seiner Darstellung wendet es sich gegen die Behauptung, am 5. Juli habe ein Kronrat stattgefunden, der »den Krieg gegen Serbien, nach anderer Lesart den Weltkrieg« beschlossen habe. Die berichtigende Darstellung tut aber bloß kund,

1. dass kein Kronrat stattfand, sondern nur vereinzelte Besprechungen,
2. dass nicht der *Weltkrieg* beschlossen wurde. Vom Krieg gegen Serbien ist dabei nicht mehr die Rede.

Es heißt schließlich:

> »Aus dem Telegramm (der deutschen Regierung) nach Wien vom 6. Juli und dem Handschreiben Kaiser Wilhelms vom 14. Juli geht klar hervor, dass man auch in Berlin die *Möglichkeit* einer *Einmischung Russlands* und ihre *Folgen* mit in Betracht zog, aber mit irgendeiner *Wahrscheinlichkeit* eines *allgemeinen* Krieges nicht rechnete. Von der *Absicht* vollends, einen *europäischen Krieg* zu entfesseln, kann, wie die beigefügten Dokumente einwandfrei zeigen, keine Rede sein.« (S. 57)

Lichnowsky berichtet darüber in seiner Denkschrift:

> »Nachträglich erfuhr ich, dass bei der entscheidenden Besprechung in Potsdam am 5. Juli die Wiener Anfrage die unbedingte Zustimmung aller maßgebenden Persönlichkeiten fand und mit dem Zusatz, es werde auch nichts schaden, wenn daraus ein *Krieg mit Russland* entstehen sollte. So heißt es wenigstens im österreichischen Protokoll, das Graf Mensdorff in London erhielt.« (S. 28)

Graf Szögyeny, der österreichische Botschafter in Berlin, berichtet über sein Gespräch mit Wilhelm am 5. Juli:

> »Nach seiner (Kaiser Wilhelms) Meinung muss aber mit dieser Aktion (gegen Serbien) nicht zu lange gewartet werden. Russlands *Haltung werde jedenfalls feindselig sein*, doch sei er hierauf schon seit Jahren vorbereitet, und sollte es sogar zu einem Krieg zwischen Österreich-Ungarn und Russland kommen, so könnten wir davon überzeugt sein, dass Deutschland in gewohnter Bundestreue an unserer Seite stehen werde. Russland sei übrigens, wie die Dinge heute ständen, *noch keineswegs kriegsbereit* und werde es sich gewiss noch sehr überlegen, an die Waffen zu appellieren. Doch werde es bei den anderen Mächten der Tripleentente gegen uns hetzen und am Balkan das Feuer schüren.
>
> Er begreife sehr gut, dass es Seiner K. u. K. Apostolischen Majestät bei seiner bekannten Friedensliebe schwerfallen würde, in Serbien einzumarschieren; wenn wir aber wirklich die Notwendigkeit einer Aktion gegen Serbien erkannt hätten, so würde er (Kaiser Wilhelm) *es bedauern, wenn wir den jetzigen, für uns so günstigen Moment unbenutzt ließen.*« (Rotbuch, 1919, I. S. 22)

Dr. Gooß versucht, die Zurechnungsfähigkeit des Grafen Szögyeny anzuzweifeln. In dieselbe Kerbe hauen vier Verfasser einer Denkschrift über die Schuld am Ausbruch des Krieges in dem Weißbuch vom Juni 1919, die Professoren Hans Delbrück, Mendelssohn-Bartholdy und Max Weber sowie Graf Montgelas.

Wir werden darauf noch in einem anderen Zusammenhang zu sprechen kommen, hier sei nur bemerkt, dass die Mitteilungen des österreichischen Botschafters in Berlin vollständig in Einklang stehen mit dem, was wir über Wilhelms damalige Denkweise wissen, und was schon seine Randglossen zu Tschirschkys Bericht vom 30. Juni bekunden. Der Zufall will, dass gerade aus jenen Tagen ein Zeugnis über Szögyenys Zuverlässigkeit in der Berichterstattung vorliegt. Am 6. verhandelte der Graf mit Bethmann Hollweg. Dieser berichtete darüber an Tschirschky und gleichzeitig sandte Szögyeny einen Bericht über die gleiche Unterredung an Berchtold. Am Tage darauf hatte Tschirschky Gelegenheit, beide Berichte miteinander zu vergleichen. Er telegraphierte darüber an das Auswärtige Amt am 7. Juli:

> »Die Berichte des Grafen Szögyeny *entsprachen durchaus dem Inhalt* des mir sachgemäß zugestellten Telegramms Ew. Exz. vom 6. d. M.«

So einfach ist es also nicht, diesen unbequemen Zeugen moralisch um die Ecke zu bringen. Richtig ist, dass in jenen Gesprächen Bethmann sich viel vorsichtiger ausdrückte als sein kaiserlicher Herr. Aber das war öfter so.

Ein Umstand ist vielleicht nicht ohne Belang. Szögyeny berichtet, Wilhelm sei vor dem Frühstück sehr zugeknöpft gewesen. Erst nach dem Frühstück habe er aus seinem Herzen keine Mördergrube gemacht.

Über das, was der Kaiser am 5. Juli nach dieser Besprechung mit seinen Leuten verhandelte, sind wir nicht unterrichtet. Aber man darf dem Weißbuch vom Juni, so wenig Zutrauen es verdient, doch glauben, dass die Absicht, einen *europäischen Krieg* zu entfesseln, damals nicht bestand. Nur verschweigt es, dass man damals schon den Österreichern freie Hand zu einem *Krieg gegen Serbien* gab, auf die Gefahr hin, damit einen Krieg mit Russland hervorzurufen.

Im Grunde hat das die deutsche Regierung schon in ihrem ersten Weißbuch zugegeben, das sie bei Kriegsbeginn veröffentlichte. Sie erklärte damals:

> »Österreich musste sich sagen, dass es weder mit der Würde, noch mit der Selbsterhaltung der Monarchie vereinbar wäre, dem Treiben jenseits der Grenze noch länger tatenlos zuzusehen. Die k. u. k. Regierung benachrichtigte uns von dieser Auffassung und erbat unsere Ansicht. Aus *vollem Herzen* konnten wir unserem Bundesgenossen unser Einverständnis mit seiner Einschätzung der Sachlage geben und ihm versichern, dass eine Aktion, die er für notwendig hielte, um der gegen den Bestand der Monarchie gerichteten Bewegung in Serbien ein Ende zu machen, unsere Billigung finden würde. Wir waren uns hierbei wohl bewusst, dass ein etwaiges kriegerisches Vorgehen Österreich-Ungarns gegen Serbien Russland auf den Plan bringen und uns hiermit unseren Bundespflichten entsprechend, in einen Krieg verwickeln könnte.« (S. 3, 4)

Es wäre der Gipfel der Gedankenlosigkeit gewesen, wenn Bethmann und der Kaiser am 5. Juli wirklich nicht weiter gedacht und nicht die Möglichkeit eines europäischen Krieges erwogen haben sollten, die sie mit ihrem Vorgehen heraufbeschworen.

Es ist sicher auffallend, dass der Kaiser in einer so gefahrdrohenden Situation eine Nordlandreise antrat. Eines ist aber klar: Auch der leichtfertigste Souverän hätte das nicht gewagt, ohne sich vorher versichert zu haben, dass Wehr und Waffen des Staates für alle möglichen Anforderungen bereit seien. Die Tatsache, dass er nach den »Besprechungen« in Potsdam seine Sommerreise antrat, deutet schon darauf hin, was bei ihnen beschlossen wurde.

Haben dort Wilhelm und Bethmann Hollweg, wie dieser selbst erklärte, einem »kriegerischen Vorgehen Österreich-Ungarns« ihre Zustimmung zugesagt auf die Gefahr hin, in einen Krieg mit Russland verwickelt zu werden, dann musste klar zum Gefecht gemacht werden, ehe Wilhelm der Mitternachtssonne entgegenfuhr.

Es ist also durchaus nicht überraschend, dass sich eine »Aufzeichnung des Unterstaatssekretärs Frhr. v. d. Bussche für Staatssekretär Zimmermann« findet, datiert vom 30. August 1917. Dort heißt es:

> »Am Tage, nachdem der Österreich-ungarische Botschafter im Juli 1914 S. M. dem Kaiser das vom Grafen Hoyos überbrachte Schreiben Kaiser Franz Josefs überreicht hatte, und der Reichskanzler v. Bethmann Hollweg und Unterstaatssekretär Zimmermann in Potsdam empfangen worden waren, fand in Potsdam eine Beratung *militärischer Stellen* bei Seiner Majestät statt. Es nahmen teil: Exz. Capelle für Tirpitz, Kapitän Zenker für den Admiralstab, Vertreter des Kriegsministeriums und des Generalstabs. *Es wurde beschlossen, auf alle Fälle vorbereitende Maßnahmen für einen Krieg zu treffen.* Entsprechende Befehle sind darauf ergangen. – *Quelle durchaus zuverlässig.* Bussche«

In gleicher Richtung weisen die Mitteilungen, die Herr v. Tirpitz in seinen »Erinnerungen« macht (1919, S. 209). Er berichtet, dass Wilhelm bei allem Optimismus es für notwendig fand, für alle Eventualitäten gerüstet zu sein:

> »Er hat aus diesem Grunde schon im Laufe des 5. den Reichskanzler v. Bethmann Hollweg, den Kriegsminister v. Falkenhayn, den Unterstaatssekretär des Auswärtigen Zimmermann und den Chef des Militärkabinetts v. Lyncker nach Potsdam befohlen. Es wurde dabei beschlossen, dass Maßnahmen, die geeignet wären, politisches Aufsehen zu erregen oder besondere Kosten zu verursachen, vermieden werden sollten.«

Am 6. Juli habe dann der Kaiser mit Capelle für den damals abwesenden Tirpitz in Potsdam gesprochen.

Das ist, bis auf Kleinigkeiten, ganz dasselbe, was Bussche aufzeichnet. Damit ist das Dunkel noch nicht völlig erhellt, das über den Potsdamer »vereinzelten Besprechungen« liegt. Sicher waren sie kein *Kronrat* zu nennen. Wilhelm entschied vielmehr allem Anschein nach selbständig in dieser Schicksalsstunde. Was sich daran anschloss, könnte man eher als *Kriegsrat* bezeichnen. Man kann ihn auch eine *Verschwörung* nennen, zum Mindesten gegen Serbien und Russland, wenn nicht gegen den Frieden der Welt.

## 11. Die Verschwörer an der Arbeit

### Wilhelms Drängen

Wie die harmlose Unterhaltung über »die politische Lage« am 5. Juli in Potsdam auf die österreichische Regierung wirkte, bekundete diese schon im Ministerrat für gemeinsame Angelegenheiten vom 7. Juli, dessen Protokoll jetzt veröffentlicht wurde. (Rotbuch 1919, S. 25–38)

Berchtold begann damit, zu erklären, dass der Moment gekommen sei, Serbien »für immer« unschädlich zu machen. Dazu habe er mit der deutschen Regierung Fühlung genommen, diese habe für den Krieg mit Serbien ihre unbedingte Unterstützung zugesichert.

> »Er sei sich klar darüber, dass ein Waffengang mit Serbien den Krieg mit Russland zur Folge haben könnte.«

Aber lieber jetzt als später, denn Russland werde auf dem Balkan immer stärker.

Tisza stimmte zu, dass ein Krieg mit Serbien möglich geworden sei, aber er sei weder für den Krieg unter allen Umständen, noch für die Kriegserklärung ohne diplomatische Vorbereitungen:

> »Er würde niemals einem überraschenden Angriff auf Serbien ohne vorhergehende diplomatische Aktion zustimmen, wie dies beabsichtigt zu sein scheine, und ***bedauerlicherweise auch in Berlin durch den Grafen Hoyos besprochen*** wurde.«

Also man hatte in Berlin sogar den Fall besprochen, dass an Serbien ohne jedes Ultimatum der Krieg erklärt würde. Das wurde durch Tisza verhindert, der zu gut erkannte, dass man sich damit von vornherein ins Unrecht setzte. Er wollte ein Ultimatum, aber ein erfüllbares.

Wenn Serbien es akzeptiere, habe man einen großen diplomatischen Erfolg errungen, mit dem man sich zufriedengeben könne.

Nach langen Erörterungen konnte zum Schluss konstatiert werden:

> »1. dass alle Versammelten eine tunlichst rasche Entscheidung des Streitfalles mit Serbien im kriegerischen oder friedlichen Sinne wünschen,
> 2. dass der Ministerrat bereit wäre, sich der Ansicht des kgl. ungarischen Ministerpräsidenten anzuschließen, wonach erst mobilisiert werden sollte, nachdem konkrete Forderungen an Serbien gerichtet und dieselben zurückgewiesen sowie ein Ultimatum gestellt worden ist.
> Dagegen sind *alle Anwesenden* mit Ausnahme des kgl. ung. Ministerpräsidenten der Ansicht, dass ein *rein diplomatischer Erfolg*, wenn er auch mit einer diplomatischen Demütigung Serbiens enden würde, *wertlos* wäre und dass daher solche weitgehenden Forderungen an Serbien gestellt werden müssten, *die eine Ablehnung voraussehen ließen*, damit eine radikale Lösung im Wege militärischen Eingreifens angebahnt würde.«

Dieses saubere Plänchen war die Folge der Besprechungen der »politischen Lage« in Potsdam vom 5. Juli. Es wurde sofort nach Berlin gemeldet, in dem Bericht Tschirschkys vom 8. Juli, in dem es unter anderem hieß:

> »Graf Berchtold meinte, er würde seinem Kaiser, falls sich dieser der Ansicht anschließen sollte, dass zunächst Forderungen an Serbien zu stellen seien jedenfalls raten, *die Forderungen so einzurichten, dass deren Annahme ausgeschlossen erscheine.*«

Darüber war man also in Berlin von Anfang an unterrichtet.

Wilhelm billigte nicht bloß diese Politik, er drängte auf ihre baldige Durchführung. Das bezeugen schon seine Bemerkungen zu Tschirschkys Berichten aus Wien. Dieser teilt am 10. Juli mit:

> »Ganz geheim.
> Über seinen gestrigen Vortrag bei S. M. dem Kaiser Franz Josef in Ischl teilt mir Graf Berchtold Nachstehendes mit:
> »S. M. der Kaiser habe mit großer Ruhe die Sachlage besprochen. Zunächst habe er seinem lebhaften Dank Ausdruck gegeben für die Stellungnahme unseres Allergnädigsten Herrn und der kaiserlichen Regierung und geäußert, er sei ganz unserer Ansicht, dass man *jetzt* (von Wilhelm unterstrichen, K.) zu einem Entschluss kommen müsse (*da Sr. M. Promemoria*

*etwa 14 Tage alt ist, so dauert das sehr lang! Das ist doch eigentlich zur Begründung des Entschlusses selbst entworfen. W.*), um den unleidlichen Zuständen Serbien gegenüber ein Ende zu machen. Über die Tragweite eines solchen Entschlusses fügt Graf Berchtold hinzu, sei sich S. M. völlig klar.

Der Minister hat hierauf dem Kaiser Kenntnis gegeben von den zwei Modalitäten, die in Bezug auf das nächste Vorgehen gegen Serbien hier in Frage ständen. S. M. hätten gemeint, es ließe sich vielleicht dieser Gegensatz überbrücken. Im Ganzen hätten aber S. M. eher der Ansicht zugeneigt, dass ***konkrete*** Forderungen an Serbien zu stellen sein würden (*Aber sehr! und unzweideutig! W.*). Er, der Minister wolle auch die Vorteile eines solchen Vorgehens nicht verkennen. Es würde damit das Odium einer Überrumpelung Serbiens, das auf die Monarchie fallen würde, vermieden und Serbien ins Unrecht gesetzt werden. Auch würde dieses Vorgehen sowohl Rumänien als auch England eine wenigstens neutrale Haltung sehr erleichtern.

Die Formulierung geeigneter Forderungen gegenüber Serbien bildet gegenwärtig hier die Hauptsorge (*Dazu haben sie Zeit genug gehabt! W.*). Graf Berchtold sagte, er würde gerne wissen, wie man in Berlin darüber denke. Er meinte, man könnte unter anderem verlangen, dass in Belgrad ein Organ der österr.-ungarischen Regierung eingesetzt werde, um von dort aus die großserbischen Umtriebe zu überwachen, eventuell auch die Auflösung von Vereinen und Entlassung einiger (*der! W.*) kompromittierter Offiziere. Die Frist zur Beantwortung müsse möglichst kurz bemessen werden, wohl 48 Stunden. Freilich würde auch diese kurze Frist genügen, um sich von Belgrad aus in Petersburg Weisungen zu holen (*Hartwig ist tot! W.*). Sollten die Serben alle gestellten Forderungen annehmen, so wäre das eine Lösung, die ihm »sehr unsympathisch« wäre und er sinne noch darüber nach, welche Forderungen man stellen könne, die Serbien eine Annahme völlig unmöglich machen würden. (*Den Sandschak räumen! Dann ist der Krakeel sofort da! Den muss Österreich unbedingt sofort wieder haben, um die Einigung Serbiens und Montenegros und das Erreichen des Meeres seitens der Serben zu hindern. W.*)

Der Minister klagte schließlich wieder über die Haltung des Grafen Tisza, die ihm ein energisches Vorgehen gegen Serbien erschwere. Graf Tisza behaupte, man müsse gentlemanlike vorgehen (*Mördern gegenüber, nach dem, was vorgefallen ist? W.*), das sei aber, wenn es sich um so wichtige Staatsinteressen

> handle und besonders einem Gegner wie Serbien gegenüber schwerlich angebracht.
> Der Anregung der kaiserlichen Regierung, schon jetzt die öffentliche Meinung im Inland im Wege der Presse gegen Serbien zu stimmen, – worüber Graf Szögyeny telegraphiert hat – wird der Minister gern folgen. Nur müsse dies, seiner Meinung nach, vorsichtig gemacht werden, um Serbien nicht vorzeitig zu alarmieren.
> Der Kriegsminister wird morgen auf Urlaub gehen, auch Freiherr Conrad v. Hötzendorf Wien zeitweilig verlassen. Es geschieht das, wie Graf Berchtold mir sagte, absichtlich (*kindisch! W.*), um jeder Beunruhigung vorzubeugen. (*Ungefähr wie zur Zeit der Schlesischen Kriege. ›Ich bin gegen die Kriegsräte und Beratungen, sintemalen die timidere Partei allemal die Oberhand hat.‹ Friedrich der Große. W.*)«

Man sieht aus Wilhelms Randglossen seine Zustimmung dazu, dass Serbien ein Nachgeben unmöglich gemacht werde, aber auch seine Ungeduld, dass Österreich noch nicht losgehe. Endlich, am 13. Juli schien die träge österreichische Masse in Bewegung zu kommen. Tschirschky berichtet:

> »Minister (Berchtold. K.) ist *jetzt selbst überzeugt, dass schnellstes Handeln geboten ist.* (von Wilhelm doppelt unterstrichen. K.) Er hofft morgen mit Tisza über Wortlaut der an Serbien zu richtenden Note ins Reine zu kommen, würde diese dann Mittwoch, den 15. Juli dem Kaiser in Ischl unterbreiten, worauf dann unverzüglich – mithin noch vor der Abreise Poincarés nach Petersburg – Übergabe in Belgrad erfolgen könnte.«

Der Zufall wollte es nämlich, dass gerade in jenen Tagen der Präsident der französischen Republik dem Zaren in dessen Hauptstadt einen Besuch abstattete. Ehe noch Poincaré die Reise antrat (es geschah am 15. Juli abends), sollte die Note an Serbien abgehen.
Aber so schnell vermochten die Österreicher doch nicht zu schießen. Indes verzeichneten Berchtold und Wilhelm zunächst den Triumph, dass Tisza sich zu ihnen bekehrte.
Tschirschky telegraphiert am 14. Juli »ganz geheim«:

> »Graf Tisza suchte mich heute nach seiner Besprechung mit dem Grafen Berchtold auf. Der Graf sagte, er sei bisher stets derjenige gewesen, der zur Vorsicht gemahnt habe, aber jeder Tag habe ihn nach der Richtung hin mehr bestärkt, dass die Monarchie zu einem energischen Entschluss kommen müsse (*unbedingt! W.*), um ihre Lebenskraft zu beweisen und den

unhaltbaren Zuständen im Südosten ein Ende zu machen. Die Sprache der serbischen Presse und der serbischen Diplomaten sei in ihrer Anmaßung geradezu unerträglich. ›Ich habe mich schwer entschlossen‹, meinte der Minister, ›zum Krieg zu raten, bin aber jetzt fest von dessen Notwendigkeit überzeugt und ich werde mit aller Kraft für die Größe der Monarchie einstehen!‹

Glücklicherweise herrsche jetzt unter den hier maßgebenden Persönlichkeiten volles Einvernehmen und Entschlossenheit. S. M. Kaiser Franz Josef beurteile, wie auch Baron Burian, der S. M. noch dieser Tage in Ischl gesprochen hat, berichte, die Lage sehr ruhig und werde sicher bis zum letzten Ende durchhalten. Graf Tisza fügte hinzu, die bedingungslose Stellungnahme Deutschlands zur Monarchie sei entschieden für die feste Haltung des Kaisers von großem Einfluss gewesen.

Die an Serbien zu richtende Note soll heute noch nicht in ihrem letzten Wortlaut festgestellt werden. Dies werde erst Sonntag (19. Juli) geschehen. In Betreff des Zeitpunktes der Übergabe an Serbien sei heut beschlossen worden, lieber bis nach der Abreise Poincarés aus Petersburg zu warten, also bis zum 25. (*wie schade! W.*) Dann aber würde sofort nach Ablauf der Serbien gestellten Frist, falls dieses nicht unbedingt alle Forderungen annehmen sollte, die Mobilmachung erfolgen. Die Note werde so abgefasst sein, dass deren Annahme so gut wie *ausgeschlossen sei.* (von Wilhelm zweimal unterstrichen, K.) Es käme darauf an, nicht nur Versicherungen und Versprechungen zu fordern, sondern Taten. Bei der Abfassung der Note müsse seiner Ansicht nach, auch darauf Rücksicht genommen werden, dass sie für das große Publikum – besonders in England – verständlich sei und das Unrecht klar und deutlich Serbien zuschiebe.

Baron Conrad hat bei der letzten Besprechung auf ihn einen sehr guten Eindruck gemacht. Er habe ruhig und sehr bestimmt gesprochen. In nächster Zeit müsse man sich freilich darauf gefasst machen, dass die Leute wieder darüber klagen werden, man sei hier unentschlossen und zögernd. Es komme darauf aber wenig an, wenn man in Berlin wisse, dass das nicht der Fall sei.

Zum Schluss drückte mir Tisza warm die Hand und sagte: ›Wir wollen nun vereint der Zukunft ruhig und fest ins Auge sehn.‹ – (*Na, doch mal ein Mann. W.*)«

Man sieht, wie gänzlich unhaltbar die Meinung ist, als sei Wilhelm das arme Opferlamm Berchtoldscher Perfidie gewesen. Die beiden Verbündeten waren einander würdig. Und wie der Herr, so seine Knechte.

Am 18. Juli berichtete der Botschaftsrat Prinz zu Stolberg-Wernigerode aus Wien in einem persönlichen Schreiben an Herrn von Jagow:

> »Gestern war ich bei Berchtold, der mir sagte, dass die bewusste Note am 23. d. M. in Belgrad überreicht werden soll. Wie ich gestern berichtet habe, hofft Berchtold, dass die österreichischen Forderungen, über die er sich im Einzelnen nicht ausließ, von Serbien nicht angenommen werden. Ganz sicher ist er aber nicht, und ich habe aus seinen wie aus Äußerungen von Hoyos den Eindruck, dass Serbien die Forderungen annehmen *kann*. Auf meine Frage, was dann geschehen solle, wenn die Sache auf diese Weise wieder im Sande verlaufe, meinte Berchtold, man müsse dann bei der praktischen Durchführung der einzelnen Postulate eine weitgehende Ingerenz üben. Will man hier wirklich eine endgültige Klärung des Verhältnisses zu Serbien, wie sie auch Graf Tisza in seiner Rede kürzlich als unabweislich bezeichnet hat, so wäre es allerdings unerfindlich, warum man nicht solche Forderungen aufgestellt haben sollte, die einen Bruch unvermeidlich machen. Verläuft die Aktion wieder, wie das Hornberger Schießen und bleibt es bei einem sogenannten diplomatischen Erfolg, so wird damit die hierzulande schon vorherrschende Anschauung, dass die Monarchie zu keiner Kraftäußerung mehr fähig ist, bedenklich befestigt. Die Folgen, die dies nach innen und außen haben würde, liegen ja auf der Hand.«

Die Herren der deutschen Diplomatie in Wien waren also mit Berchtold nicht ganz zufrieden und trauten ihm nicht vollständig. Nicht aber deswegen, weil er zum Krieg gedrängt und sie davon abgemahnt hätten, sondern weil sie fürchteten, »die Monarchie« sei keiner »Kraftäußerung« mehr fähig und die ganze Aktion werde, statt mit einem frisch-fröhlichen Krieg mit einem unblutigen diplomatischen Erfolg endigen.

Leider waren die Befürchtungen, die der deutsche Herr Botschaftsrat zum deutschen Herrn Staatssekretär über den österreichischen Bundesgenossen äußerte, völlig unbegründet.

## Österreichs Zögern

Nachdem die deutsche Regierung am 5. Juli ihren Segen zu dem von Österreich beabsichtigten Krieg gegen Serbien gegeben, drängte sie zu raschestem Losschlagen, während Österreich schwer aus seinem gemütlichen Tempo zu bringen war.

Das widersprach ganz den Regeln des preußischen Militarismus, der auf Raschheit der Bewegung den größten Wert legt. Es drohte aber auch das diplomatische Konzept zu verderben, das darauf angelegt war, Europa vor vollendete Tatsachen zu stellen, ehe es noch recht wusste, was geschah, und es zu erschweren, dass sich Serbien mit den Mächten und die Mächte untereinander verständigten. Bestürzung und Wirrwarr sollten die Möglichkeit geben, im Trüben zu fischen und die Gefahr verringern, dass sich die Mächte gegen die frivolen Ruhestörer vereinigten.

Deshalb die kurze Frist von 48 Stunden, die den Serben zur Beantwortung der Note zu geben war.

Da erschien es gefährlich, mit dem Absenden der Note zu warten, denn jeder Tag des Zögerns konnte neue Zwischenfälle bringen, konnte die Absichten der Verschworenen enthüllen und damit zunichtemachen. Das deutsche Drängen, nachdem man einmal zum Krieg seine Zustimmung gegeben, ist also wohl begreiflich.

Nicht so begreiflich das österreichische Zögern. Zum Teil mag es der eingewurzelten schwarzgelben Schlamperei zuzuschreiben sein, zum Teil vielleicht auch der damit zusammenhängenden Langsamkeit der Kriegsvorbereitungen, die sofort nach den Potsdamer Beschlüssen in Österreich begonnen hatten. Schon am 12. Juli telegraphiert Jagow an Tschirschky:

> »Zur streng vertraulichen Orientierung des Grafen Berchtold. Nach geheimen Nachrichten liegt Russland und Serbien die vertrauliche Information vor, dass Österreich-Ungarn seine Garnisonen an serbischer und *russischer* Grenze unauffällig verstärkt.«

Also nicht bloß an der serbischen, sondern auch an der russischen Grenze traf damals schon Österreich Kriegsvorbereitungen.

Das ist sehr wichtig wegen der Erörterungen über die verschiedenen Mobilmachungen. Die Mobilisierung ist der wichtigste, auffälligste, letzte Akt der Kriegsvorbereitungen, aber nicht der einzige. Truppenverschiebungen, Ansammlung und Transport von Kriegsgerät, Rückberufung beurlaubter Offiziere, Bereitstellung von Transportmitteln und dergl. können vorgenommen werden, ehe die Mobilisierung verkündet wird. Diese wird um so rascher und wirksamer vor sich gehen können, je besser die übrigen Kriegsvorbereitungen getroffen sind. Die Zentralmächte konnten darin beim Ausbruch der Krise am 24. Juli den anderen weit voraus sein, weil sie ja seit dem 5. mit der Möglichkeit eines Krieges mit Russland rechneten.

Trotzdem blieb wohl Österreich weiter zurück, als den deutschen Kriegspolitikern lieb war. Erklärte es doch auch schließlich Russland erst am 6, August den Krieg, trotzdem es schon am 31. Juli die allgemeine Mobilmachung angeordnet hatte. Dazu kamen noch Unstimmigkeiten zwischen den Staatsmännern des Doppelstaates Österreich-Ungarn, der so wenig ein einheitliches Wesen war, dass seine Politiker keinen anderen Namen für ihn wussten, als »die Monarchie«.

Am 5. Juli hatte sich Berchtold schon in Potsdam die Erlaubnis zum Krieg gegen Serbien geholt, aber erst am 14. Juli konnte Tschirschky berichten, dass auch Budapest seine uneingeschränkte Erlaubnis gebe. Und da erst begannen die Minister in Wien mit dem Versuch, sich über die Absichten Serbien gegenüber untereinander zu verständigen. Merkwürdigerweise hatte man früher auch in Berlin nicht das Bedürfnis gehabt, sich über die Ziele des Krieges klar zu werden, den man bereits gebilligt hatte und zu dessen Eröffnung man drängte.

Erst am 17. Juli telegraphierte Jagow an Tschirschky:

> »Wie Ew. Exz. aus der Verlesung der Aufzeichnung des Grafen Hoyos über seine Unterredung mit dem Herrn Unterstaatssekretär bekannt ist, hat Graf Hoyos hier geäußert, Österreich müsse Serbien völlig aufteilen.
>
> Graf Berchtold und Graf Tisza haben hierzu bemerkt, dass diese Äußerung nur die persönliche Ansicht des Grafen Hoyos wiedergäbe, haben sich also mit ihr ausdrücklich *nicht* identifiziert, sich aber scheinbar über ihre territorialen Pläne auch nicht weiter ausgelassen.
>
> Für die diplomatische Behandlung des Konfliktes mit Serbien wäre es von dessen Beginn an nicht unwichtig zu wissen, welches die Ideen der österreichisch-ungarischen Staatsmänner über die künftige Gestaltung Serbiens sind, da diese Frage von wesentlichem Einfluss auf die Haltung Italiens und auf die öffentliche Meinung und die Haltung Englands sein wird.
>
> Dass die Pläne der Staatsmänner der Donaumonarchie durch den Gang der Ereignisse beeinflusst und modifiziert werden können, ist wohl als selbstverständlich anzusehen, immerhin sollte man annehmen, dass das Wiener Kabinett sich doch schon ein allgemeines Bild der zu erstrebenden Ziele auch in

> territorialer Hinsicht gemacht hat. Ew. Exz. wollen versuchen, im Gespräch mit dem Grafen Berchtold sich hierüber eine Aufklärung zu verschaffen, dabei aber den Eindruck vermeiden, als wollten wir der österreichischen Aktion von vornherein hemmend in den Weg treten oder ihr gewisse Grenzen oder Ziele vorschreiben. Es wäre uns nur von Wert, *einigermaßen darüber orientiert zu sein, wohin der Weg etwa führen soll.*«

Dieses Schriftstück ist sicher höchst merkwürdig.

Man denke! Am 5. Juli sanktioniert die deutsche Regierung den Krieg gegen Serbien mit dem Bewusstsein, dass es ein Weltkrieg werden kann. Seitdem drängt sie auf rasches Losschlagen, und am 17. fragt der Staatssekretär des Auswärtigen in Wien schüchtern an, ob er »einigermaßen darüber orientiert« werden könnte, »wohin der Weg« des Krieges »etwa führen soll«.

Und er fragt das nicht einmal, um seine eigenen Entschlüsse danach einzurichten – nach wie vor behält Österreich freie Bahn –, sondern nur, um imstande zu sein, Italien und England diplomatisch richtig zu »behandeln«.

Eine ganz klare Antwort hat Berlin darüber von Wien nie bekommen, aus dem einfachen Grunde, weil man dort selbst nicht wusste, »wohin der Weg führen sollte«. Die beiden Zentralmächte haben den furchtbarsten aller Kriege entfesselt, ohne über Zweck und Ziel auch nur seines Ausgangspunktes klar zu sein.

Die Antwort sollte in Wien am 19. Juli gegeben werden in einem Ministerrat »für gemeinsame Angelegenheiten« über »die bevorstehende diplomatische Aktion gegen Serbien«, in dem die Ziele des Krieges festgelegt werden sollten, den zu erzwingen man entschlossen war. In jener Sitzung stellte *Graf Tisza* die Forderung auf, dass mit der Aktion gegen Serbien keine Eroberungspläne der Monarchie verknüpft werden dürften. Man müsste sich auf die aus militärischen Gründen bedingten Grenzberichtigungen beschränken. Er verlangte darüber einen einstimmigen Beschluss. Als Magyare wollte er keine Vermehrung der Zahl der Serben in der Monarchie. Graf Berchtold war anderer Meinung:

Er meinte, dass er sich dieser Auffassung nur mit einer gewissen Reserve anschließen könne. Auch er sei der Meinung, dass Österreich-Ungarn von Serbien kein Gebiet annektiere, wohl aber, dass *möglichst große Stücke* an Bulgarien, Griechenland und Albanien, eventuell auch an Rumänien zuzuweisen seien. Serbien müsse so *verkleinert* werden, »dass es nicht mehr gefährlich sei«. Die Situation auf der Balkanhalbinsel könne sich jedoch ändern. Es sei möglich, »dass es uns am Ende des Krieges nicht mehr möglich sein wird, nichts zu annektieren.«

Man sieht, die Ansichten, die der Graf Hoyos am 5. Juli in Berlin entwickelt hatte, waren nicht nur seine persönlichen Ansichten, sondern ebenso sehr die des Grafen Berchtold.

Graf Tisza ließ jedoch die Reserven des Grafen Berchtold nicht gelten. Graf Stürgkh meinte, auch wenn die Besetzung serbischer Gebietsteile ausgeschlossen wäre, könnte durch die *Absetzung* der Dynastie, durch eine *Militärkonvention* oder durch andere entsprechende Maßnahmen Sicherheit geschaffen werden. Da der Kriegsminister sich bereit zeigte, die Beschränkung einer Annexion auf strategische Grenzberichtigungen und auf die dauernde Besetzung eines Brückenkopfes jenseits der Save gutzuheißen, wurde von den versammelten Ministern einstimmig beschlossen:

> »dass sofort bei Beginn des Krieges den fremden Mächten erklärt werde, dass die Monarchie keinen *Eroberungskrieg* führe und nicht die Einverleibung des Königreichs beabsichtigt. Natürlich sollen strategisch notwendige Grenzberichtigungen, sowie die Verkleinerung Serbiens zugunsten anderer Staaten sowie eventuelle notwendige vorübergehende Besetzungen serbischer Gebiete durch diesen Beschluss nicht ausgeschlossen werden.« (Rotbuch von 1919, S. 65–67)

Von diesem ganzen Programm teilte man vorsichtigerweise den Mächten nur den ersten Satz mit, dass »die Monarchie keinen Eroberungskrieg« führe. Man unterschlug der Öffentlichkeit die weiteren Sätze, die in Wirklichkeit das verleugnete Programm des Grafen Hoyos enthielten und auch den Vorbehalt des Grafen Berchtold nicht ausschlossen, den er so fein in die Worte gekleidet hatte, es werde uns »am Ende des Krieges nicht mehr möglich sein, nichts zu annektieren«.

Tisza war merkwürdigerweise mit diesem Abschluss ganz einverstanden. Er machte zwar nicht die *Eroberung*, wohl aber die *Vernichtung* Serbiens zum Kriegsziel. Dorthin sollte also der Weg »etwa« führen nach den Absichten der österreichischen Staatslenker.

Wohin er wirklich führte, hat unmittelbar vorher, am 16. Juli, Fürst Lichnowsky dem Reichskanzler in einem trefflichen Exposé auseinandergesetzt, das hier vollständig wiedergegeben sei.
Lichnowsky schrieb:

> »Vom Standpunkt des Grafen Berchtold ist es vollkommen begreiflich, dass er seine durch den Bukarester Frieden stark erschütterte Stellung und den durch den Abfall Rumäniens

verminderten Einfluss der Monarchie auf dem Balkan dadurch wieder zu heben gedenkt, dass er die jetzige verhältnismäßig günstige Gelegenheit zu einem Waffengange mit den Serben benutzt. Die leitenden militärischen Persönlichkeiten in Österreich haben bekanntlich schon seit längerer Zeit dahin gedrängt, das Ansehen der Monarchie durch einen Krieg zu befestigen. Einmal war es Italien, dem der Irredentismus ausgetrieben, ein andermal Serbien, das durch Kriegstaten à la Prinz Eugen zur Entsagung und zu besseren Sitten gezwungen werden sollte. Ich begreife, wie gesagt, diesen Standpunkt der österreichischen Staatsleiter und würde in ihrer Lage vielleicht schon früher die serbischen Wirren dazu benutzt haben, um die südslawische Frage im Habsburgischen Sinne zu lösen.

Die erste Voraussetzung für eine derartige Politik müsste aber ein klares Programm sein, das auf der Erkenntnis beruht, dass der heutige staats- und völkerrechtliche Zustand innerhalb der serbokroatischen Völkerfamilie, der einen Teil dieser nur durch die Religion, nicht aber durch die Rasse gespaltenen Nation dem österreichischen, einen anderen dem ungarischen Staat, einen dritten der Gesamtmonarchie und einen vierten und fünften endlich unabhängigen Königreichen zuweist, auf die Dauer nicht haltbar ist. Denn das Bestreben, den geheiligten Status quo aus Bequemlichkeitsgründen unter allen Umständen aufrechtzuerhalten, hat schon oft und so erst bei der jüngsten Balkankrise, zu einem völligen Zusammenbruch des auf diesen Grundlagen erbauten politischen Kartenhauses geführt.

Zunächst bezweifle ich nun dass in Wien ein großzügiger Plan, der allein die Grundlage einer dauernden Regelung der südslawischen Frage bieten würde, ich meine den Trialismus mit Einschluss Serbiens, gefasst worden ist. Nach meiner Kenntnis der dortigen Verhältnisse glaube ich auch gar nicht, dass man in der Lage ist, eine derartige staatsrechtliche Umgestaltung der Monarchie in die Wege zu leiten. Denn es wäre hierzu vor allem der Widerstand Ungarns zu überwinden, das sich gegen eine Abtretung von Kroatien mit Fiume auf das Äußerste wehren würde. Zur Durchführung eines derartigen Programms fehlt es in Wien auch an der hierzu geeigneten kraftvollen Persönlichkeit. Man sucht dort vielmehr wohl nur den Bedürfnissen des Augenblicks zu genügen und ist froh, wenn die vielen politischen Schwierigkeiten, die niemals aussterben, da sie sich aus der Verschiedenartigkeit der Zusammensetzung des Reiches ergeben, so weit behoben sind, dass Aussicht besteht, wieder einige Monate fortwursteln zu können.

Eine militärische Züchtigung Serbiens hätte daher niemals den Zweck oder das Ergebnis einer befriedigenden Lösung der so überaus schwierigen südslawischen Frage, sondern bestenfalls den Erfolg, die mühsam beigelegte orientalische Frage von neuem ins Rollen gebracht zu haben, um Österreich eine moralische Genugtuung zu verschaffen.

Ob Russland und Rumänien hierbei müßig zusehen und Österreich freie Hand lassen würden, werden Euere Exzellenz besser zu beurteilen in der Lage sein als ich. Nach meinen hiesigen Eindrücken, namentlich aber nach den vertraulichen Unterhaltungen, die ich mit Sir Edward Grey gehabt habe, glaube ich, dass meine kürzlich in Berlin vertretenen Ansichten über die Absichten Russlands uns gegenüber zutrafen. Sir Edward Grey versichert mir, dass man in Russland nicht daran denke, mit uns Krieg führen zu wollen. Ähnliches sagt mir mein Vetter Graf Benckendorff. Eine gewisse antideutsche Stimmung kehre dort von Zeit zu Zeit regelmäßig wieder, das hänge mit dem slawischen Empfinden zusammen. Dieser Strömung gegenüber bestehe aber immer eine starke prodeutsche Partei. Weder der Kaiser noch irgendeine der maßgebenden Persönlichkeiten sei antideutsch und seit der Beilegung der Liman-Frage sei keine ernste Verstimmung wieder eingetreten. Hingegen gab Graf Benckendorff offen zu, dass ein starkes antiösterreichisches Empfinden in Russland bestehe. Es denke aber dort niemand daran, Teile von Österreich, wie etwa Galizien, erobern zu wollen.

Ob angesichts dieser Stimmung es möglich sein würde, die russische Regierung beim österreichisch-serbischen Waffengange zur passiven Assistenz zu bewegen, vermag ich nicht zu beurteilen. Was ich aber glaube mit Bestimmtheit sagen zu können, ist, dass es nicht gelingen wird, im Kriegsfalle die hiesige öffentliche Meinung zuungunsten Serbiens zu beeinflussen, selbst durch Heraufbeschwörung der blutigen Schatten Dragas und ihres Buhlen, deren Beseitigung vom hiesigen Publikum schon längst vergessen ist und daher zu den historischen Ereignissen gehört, mit denen, soweit außerbritische Länder in Frage kommen, man hier im Allgemeinen weniger Vertrautheit besitzt, als bei uns etwa der durchschnittliche Quartaner.

Ich bin nun weit entfernt, für eine Preisgabe unserer Bundesgenossenschaft oder unseres Bundesgenossen einzutreten. Ich

> halte das Bündnis, das sich in dem Empfindungsleben beider Reiche eingelebt hat, für notwendig und schon mit Rücksicht auf die vielen in Österreich lebenden Deutschen für die natürliche Form ihrer Zugehörigkeit zu uns. Es fragt sich für mich nur, ob es sich für uns empfiehlt, unseren Genossen in einer Politik zu unterstützen bzw. eine Politik zu gewährleisten, die ich als eine abenteuerliche ansehe, da sie weder zu einer radikalen Lösung des Problems noch zu einer Vernichtung der groß serbischen Bewegung führen wird. Wenn die k. u. k. Polizei und die bosnischen Landesbehörden den Thronfolger durch eine ›Allee von Bombenwerfern‹ geführt haben, so kann ich darin keinen genügenden Grund erblicken, damit wir den berühmten pommerschen Grenadier für die österreichische Pandurenpolitik aufs Spiel setzen; nur damit das österreichische Selbstbewusstsein gekräftigt werde, das in diesem Falle, wie die Ära Aehrenthal gezeigt hat, sich als vornehmste Aufgabe die möglichste Befreiung von der Berliner Bevormundung hinstellt.
> Sollte aber wirklich für unsere politische Haltung die Ansicht ausschlaggebend sein, dass nach Verabreichung des ›Todesstoßes‹ an die großserbische Bewegung das glückliche Österreich von dieser Sorge befreit sich uns für die geleistete Hilfe dankbar erweisen wird, so möchte ich die Frage nicht unterdrücken, ob nach Niederwerfung des ungarischen Aufstandes durch die Hilfe des Kaisers Nikolaus und die vielseitige Inanspruchnahme des Galgens nach Bezwingung der Ungarn bei Vilagos und unter der Oberleitung des kaiserlichen Generals Haynau die nationale Bewegung in Ungarn erdrückt wurde und ob die rettende Tat des Zaren ein inniges und vertrauensvolles Verhältnis zwischen beiden Reichen begründet hat.«

So Lichnowsky am 16. Juli. Natürlich hatten alle seine Warnungen den üblichen Erfolg von Kassandrarufen. Sie wurden absolut nicht begriffen.

Inzwischen war Poincarés Abreise nach Petersburg gekommen, ohne dass die Note an Serbien abgegangen war. So entschloss man sich wie wir schon gesehen, mit ihrer Überreichung zu warten, bis Poincaré Petersburg verlassen hatte. Darüber berichtete Tschirschky am 14. Juli:

> »Nachdem mich Graf Tisza verlassen hatte, bat Graf Berchtold mich zu sich, um mir seinerseits das Ergebnis der heutigen Besprechung mitzuteilen. Zu seiner großen Freude sei allseitige Übereinstimmung über den Tenor der an Serbien zu

übergebenden Note erzielt worden. Graf Tisza sei seiner, des Ministers Auffassung in erfreulicher Weise entgegengekommen und habe sogar in manche Punkte eine Verschärfung hineingebracht. Allerdings habe sich in technischer Beziehung die Unmöglichkeit herausgestellt, die Note schon am 16. oder 18. in Belgrad zu übergeben.
Es habe Einmütigkeit darüber in der heutigen Besprechung bestanden, dass es empfehlenswert sei, jedenfalls die Abfahrt des Herrn Poincaré aus Petersburg abzuwarten, ehe man Schritte in Belgrad tue (*schade! W.*), denn es sei, wenn möglich, zu vermeiden, dass in Petersburg bei Champagner-Stimmung und unter dem Einfluss der Herren Poincaré, Iswolsky und der Großfürsten eine Verbrüderung gefeiert werde, die dann die Stellungnahme beider Mächte beeinflussen und womöglich festlegen würde. Es sei auch gut, wenn die Toaste nach der Übergabe der Note erledigt seien. Es würde also die Übergabe am 25. Juli erfolgen können.
Graf Berchtold bat mich, wie dies auch Graf Tisza getan, ausdrücklich und wiederholt meiner Regierung gegenüber keinen Zweifel darüber zu lassen, dass lediglich die Anwesenheit Poincarés in Petersburg der Grund für den Aufschub der Übergabe der Note in Belgrad sei, und dass man in Berlin vollkommen sicher sein könne, dass *von einem Zögern oder einer Unschlüssigkeit hier keine Rede sei.*«

Diese steten Versicherungen, Berlin könne sich auf Wiens Kriegswillen verlassen, sind sehr bemerkenswert.

Im Wiener Ministerrat vom 19. Juli erklärte auch Berchtold, er sei gegen jede unnötige Verschiebung,

»da man schon jetzt beginne, *in Berlin nervös zu werden* und Nachrichten über unsere Intentionen schon nach Rom durchgesickert seien, so dass er nicht für unerwünschte Zwischenfälle gutstehen könne, wenn man noch die Sache hinausschieben würde. Conrad v. Hötzendorf dränge auf Eile. Der Kriegsminister erklärt: Für die Mobilmachung sei alles bereit!«

Man wollte also die Note so bald als möglich überreichen, aber nicht früher, als der französische Präsident Russland verlassen. Es ist ergötzlich, zu sehen, mit welcher Sorgsamkeit nun dessen Reiseroute studiert wird und einer der beiden Verschworenen dem andern seine Beobachtungen über die Bewegungen des ahnungslosen Wanderers zukommen lässt.

Am 17. Juli wird aus Wien mitgeteilt, man werde die Note schon am 23. Juli übergeben, da an diesem Tage Poincaré Petersburg verlasse. Nun aber wurde sogar die Stunde der Abfahrt wichtig.

Am 21. Juli teilt der Admiralstab der Marine Jagow mit, die Abfahrt von Kronstadt sei auf den 23. um 10 Uhr abends festgesetzt. Am selben Tage telegraphiert Jagow an den Gesandten in Petersburg die Frage:

> »Um wie viel Uhr ist am Donnerstag Abfahrt des Präsidenten von Kronstadt vorgesehen?«

Am 22. telegraphiert Jagow nach Wien:

> »Hatte Graf Pourtalès nach Programm des Besuches Poincarés befragt. Derselbe meldet, dass Präsident Donnerstag Abend 11 Uhr von Kronstadt abfährt. Dies wäre nach mitteleuropäischer Zeit 9.30 Uhr. Wenn Demarche in Belgrad morgen Nachmittag 5 Uhr gemacht wird, würde sie also noch während Anwesenheit Poincarés in Petersburg bekannt werden.«

Darauf antwortet Tschirschky am 23.:

> »K. u. k. Regierung dankt für Information. Baron Giesl ist angewiesen, Übergabe um eine Stunde zu verschieben.«

So kam es, dass die Note am 23. um 6 Uhr abends überreicht wurde. Man sieht, welche Sorgen die österreichischen und deutschen Minister vor Ausbruch des Weltkrieges plagten.

## Eine falsche Rechnung

Man hatte beabsichtigt, überraschend loszuschlagen, um Europa, ehe es recht zur Besinnung gekommen war, vor vollendete Tatsachen zu stellen, denen es sich am ehesten beugen mochte. In dieser Weise hoffte man durch die Überrumpelung mit der Kriegserklärung den Weltfrieden zu erhalten.

Das war eine Friedenspolitik eigener Art, dennoch wagt noch das deutsche Weißbuch vom Juni 1919 die friedlichen Absichten der Reichsregierung von 1914 zu beteuern. Diese sollen daraus hervorgehen, dass sie wohl die Möglichkeit eines Krieges mit Russland in Betracht zog, aber mit der Wahrscheinlichkeit eines allgemeinen Krieges nicht rechnete.

Sie hoffte sogar, Russland werde sich wieder, wie schon bei den früheren Balkankrisen, einschüchtern lassen, wenn man es überrumpelte, vor vollendete Tatsachen stellte und nicht nachgab. Im Übrigen verließ man sich auf sein Glück.

Noch am 28. Juli berichtete Baron Beyens aus Berlin:

> »In Wien wie in Berlin war man überzeugt, trotz der jüngst erst zwischen dem Zaren und Poincaré ausgetauschten offiziellen Versicherungen über die vollständige Rüstung der Armeen des Zweibundes sei Russland nicht imstande, einen europäischen Krieg zu unternehmen und es würde nicht wagen, sich in ein so furchtbares Abenteuer zu stürzen. Die beunruhigende Lage im Innern, revolutionäre Umtriebe, unvollständige Rüstung, unvollkommene Verkehrswege – alle diese Gründe zwängen die russische Regierung, ohnmächtig der Exekution Serbiens zuzusehen. Dieselbe geringschätzige Meinung hegte man, wenn nicht von der französischen Armee, so doch von dem Geist, der in den Regierungskrisen Frankreichs herrscht ...
> Die Meinung, dass Russland einem europäischen Krieg nicht gewachsen ist, herrschte nicht nur im Schoß der kaiserlichen Regierung, sondern auch bei den deutschen Industriellen, deren Spezialität Kriegslieferungen sind. Der Kompetenteste unter ihnen, um ein Beispiel anzuführen, Herr Krupp von Bohlen, versicherte einem meiner Kollegen, die russische Artillerie sei weit davon entfernt, gut und vollständig zu sein, während die deutsche niemals besser gewesen sei. Er fügte hinzu: Es wäre für Russland ein Wahnsinn, unter diesen Bedingungen den Krieg an Deutschland zu erklären.«

Diese Mitteilung Beyens wird bestätigt durch den oben mitgeteilten Bericht Szögyenys über sein Gespräch mit Wilhelm am 5. Juli, der seinerseits wieder seine Bestätigung findet in dem, was Tirpitz in seinen Erinnerungen vom 6. Juli erzählt:

> »Nach den Ausführungen, die er (Kaiser Wilhelm) am Vormittag des 6. Juli meinem Amtsvertreter im Park des Potsdamer Neuen Palais machte, hielt der Kaiser ein Eingreifen Russlands zur Deckung Serbiens für nicht wahrscheinlich, weil der Zar die Königsmörder nicht unterstützen würde und Russland zurzeit militärisch und finanziell kriegsunfähig wäre. Der Kaiser setzte ferner etwas sanguinisch voraus, Frankreich würde Russland bremsen, wegen Frankreichs ungünstiger Finanzlage und seines Mangel an schwerer Artillerie. Von England sprach der Kaiser nicht. An Verwicklungen mit diesem Staat wurde überhaupt nicht gedacht.« (S. 209)

In gleichem Sinne äußerte sich Jagow am 18. Juli in einem Briefe an Lichnowsky:

> »Je entschlossener sich Österreich zeigt, je energischer wir es stützen, um so eher wird Russland still bleiben. Einiges Gepolter wird in Petersburg, zwar nicht ausbleiben, aber im Grunde ist Russland jetzt nicht schlagfertig. Frankreich und England werden jetzt auch den Krieg nicht wünschen. In einigen Jahren wird Russland nach aller kompetenten Annahme schlagfertig sein. Dann erdrückt es uns durch die Zahl seiner Soldaten, dann hat es seine Ostseeflotte und seine strategischen Bahnen gebaut. Unsere Gruppe wird inzwischen immer schwächer. In Russland weiß man es wohl und will deshalb für einige Jahre absolut noch Ruhe. Ich glaube gern Ihrem Vetter Benckendorff, dass Russland jetzt keinen Krieg mit uns will. Dasselbe versichert Sasonow. Aber die Regierung in Russland, die heute noch friedliebend und halbwegs deutschfreundlich ist, wird immer schwächer, die Stimmung des Slawentums immer deutschfeindlicher ... Ich will keinen Präventivkrieg. Aber wenn der Kampf sich bietet, dürfen wir nicht kneifen.«

Also Jagow glaubt nicht, dass Russland im Moment Krieg führen kann und wird. Er will auch einen Präventivkrieg nicht geradezu erzwingen. Aber wenn er doch kommt, ist er eigentlich ein Glücksfall für das Deutsche Reich und seinen Verbündeten.

Das war in jenen Tagen eine verbreitete Meinung nicht nur in Österreich, sondern auch in Deutschland. Unmittelbar nach Kriegsausbruch erklärte Herr Paul Rohrbach, eine alldeutsche Größe und mit den Gedankengängen des deutschen Generalstabs wohl vertraut:

> »Für uns, d.h. für Deutschland und Österreich-Ungarn, bestand die Hauptsorge diesmal darin, dass wir durch eine vorübergehende und scheinbare Nachgiebigkeit Russlands moralisch gezwungen werden konnten, *zu warten, bis Russland und Frankreich wirklich bereit waren.*« (Der Krieg und die deutsche Politik, Dresden, Verlag »Das größere Deutschland«, S. 82, 83)

Für die Kriegsbegierde dieser Kreise ist es bezeichnend, dass sie den Krieg, als er wirklich hereinbrach, nicht angstvoll oder mit Trauer, als eine furchtbare Katastrophe, sondern mit Jubel, als eine Erlösung begrüßten.

Am 7. Juni 1915 erzählte der König von Bayern:

> »Auf die Kriegserklärung Russlands folgte die Frankreichs, und als dann auch noch die Engländer über uns herfielen, da habe ich gesagt:

›*Ich freue mich darüber, und ich freue mich deswegen, weil wir jetzt mit unsern Feinden Abrechnung halten können*; und weil wir jetzt endlich einen direkten Ausgang vom Rhein zum Meere bekommen.‹«

Das war die Friedensliebe deutscher Regenten beim Ausbruch des Krieges. Aber sicher waren nicht alle so dumm und leichtfertig, den Krieg zu ersehnen. Die entscheidenden Männer des Auswärtigen Amtes »riskierten« ihn allerdings, hofften indes doch, es werde wieder so gehen, wie 1909 und 1913, wo Russland wegen mangelnder Rüstung zurückwich. Sie zogen nicht in Betracht, dass das russische Reich diesmal auf eine besonders harte Probe gestellt würde: Es sollte ohne Schwertstreich alle seine politischen Positionen auf dem Balkan räumen, diesen völlig an Österreich ausliefern.

Indes, wenn man überraschend handelte, Russland keine Zeit ließ, sich mit seinen Freunden zu verständigen, dann war es am ehesten möglich, es »friedlich« auf die Knie zu zwingen. Sollte es sich aber unerwarteterweise wehren, dann hatte man militärisch auch die besten Aussichten, wenn man dem Gegner möglichst wenig Zeit ließ, sich vorzubereiten.

## Die Einschläferung Europas

Die öffentliche Meinung musste unter allen Umständen eingeschläfert werden bis zu dem Zeitpunkt, wo man losgehen konnte. Das war nicht so einfach. Man wollte das Ausland kalmieren und gleichzeitig die eigene Bevölkerung in Kriegsstimmung versetzen, was unbedingt notwendig war, wollte man nicht von Anfang an in seinen Aktionen gelähmt sein. Und anderseits scheint keiner der beiden Verbündeten dem andern recht getraut zu haben. Jeder witterte bei dem andern »Flauheit«, wenn die Presse nicht energisch hetzte.

Das gab zu mancher erbaulichen Darlegung Anlass. So telegraphiert am 18. Juli Jagow an Tschirschky:

> »Norddeutsche bringt morgen Bemerkungen zum österreichisch-serbischen Streit, die mit Rücksicht auf europäische Diplomatie absichtlich mild gefasst sind. Das hochoffiziöse Blatt sollte nicht vorzeitig alarmieren. Bitte dafür zu sorgen, dass dies nicht fälschlicherweise als deutsches Abrücken von dortiger Entschlossenheit gedeutet wird.«

Vorher schon, am 15. Juli, hatte Berchtold sich zu Szögyeny nach Berlin geäußert:

> »Aus dieser auch uns nicht erwünschten Verzögerung lässt sich auch die Haltung unserer offiziösen Presse unschwer erklären. Wir müssen momentan einerseits ein Abflauen der unserer Politik günstigen öffentlichen Meinung der Monarchie verhindern, anderseits nicht durch eine die Situation systematisch zuspitzende Sprache unserer Presse bei andern Mächten etwa einen Mediationsgedanken aufkommen lassen.«

Zu der Regelung der Sprache der Presse gesellten sich noch andere Einschläferungsmittel. Vor allem das Verreisen der militärischen Chefs. Wir haben schon gesehen, dass der Kriegsminister und der Chef des Generalstabs in Österreich ausdrücklich zu dem Zweck der Irreführung Europas auf Urlaub geschickt wurden.

Wilhelm bemerkt dazu, das sei kindisch. Das ist nicht recht zu verstehen, denn er selbst ging damals auch auf Urlaub.

Hier ist nochmals auf die so geheimnisvollen Besprechungen zurückzukommen, die Wilhelm vor Antritt seiner Nordlandfahrt noch abgehalten hat. Und zwar so geheim als möglich abgehalten, um nicht vorzeitig zu alarmieren. Die strenge Geheimhaltung bezeugt der Schlusssatz der Busscheschen Aufzeichnung vom August 1917: »Quelle durchaus zuverlässig.« Es handelte sich demnach nicht um eine in Regierungskreisen allgemein bekannte Tatsache, sondern um eine, von der nur wenige Vertraute wussten.

Wenn die Öffentlichkeit etwas von einem Kriegsrat erfahren hätte, dann war sofort der Katze die Schelle angehängt, dann wusste alle Welt, was in jenen Beratungen ausgeheckt worden war. So unumgänglich notwendig die Zusammenkunft mit Militärs unmittelbar nach der Besprechung des Kaisers mit Bethmann dadurch geworden war, dass der Kaiser sofort darauf seine Nordlandreise antrat, so war nicht minder notwendig die ängstliche Geheimhaltung jener Zusammenkunft.

Diese Nordlandreise war vorher geplant gewesen. Ihre Verschiebung hätte Verdacht erregen können. Sie wurde nun ebenfalls ein Mittel, Europa in Sicherheit zu wiegen. Wie konnte eine Ahnung des Ernstes der Situation aufkommen, wenn der deutsche Kaiser mit seiner Flotte eine Spazierfahrt nach dem Norden unternahm!

Am 7. Juli trat er seine Reise an, von der er erst am 27. zurückkehrte. Natürlich stand er auch auf hoher See in steter Verbindung mit Berlin. Das Bestreben, Europa einzuschläfern, zeitigte da manche eigenartigen Blüten.

So telegraphiert am 11. Juli der Graf Wedel im Gefolge des Kaisers von Bergen aus:

> »Bei Vorlage des vom Auswärtigen Amt redigierten üblichen Glückwunschtelegrammentwurfs für morgigen Geburtstag des Königs von Serbien haben S. M. mir befohlen, bei Ew. Exz. anzufragen, ob ein solches Telegramm im gegenwärtigen Augenblick notwendig und unbedenklich erscheint.«

Worauf Jagow antwortet:

> »Da Wien noch keinerlei Schritte in Belgrad unternommen hat, würde Unterlassung des gewohnten Telegramms zu sehr auffallen und eventuell zu frühzeitige Beunruhigung herbeiführen. Befürworte daher Absendung.«

So wurde auf den lieben Vetter, den man für einen bluttriefenden Mörder erklärte, rasch noch auf zärtlichste Weise vom Himmel aller Segen herabgefleht, bevor man ihm den Dolch in den Rücken stieß. So vergnüglich die Lustfahrt vor dem Beginn des großen Mordens sein mochte, sie machte Wilhelm schließlich nervös, als die Entscheidung nahte. Der Reichskanzler wollte ihn solange als möglich forthaben, damit Europa ruhig bleibe, nicht Lunte rieche. Wilhelm dagegen begann zu fürchten, die brennende Lunte könne eine vorzeitige Explosion hervorrufen und er sei dann mit seiner Flotte an der norwegischen Küste den Engländern preisgegeben oder Russland bekomme bei Kriegsbeginn freie Hand in der Ostsee. Er drängte heim.

Am 18. Juli bat Jagow den Grafen Wedel um genaue Angabe der Reiseroute der »Hohenzollern« und fügte hinzu:

> »Da wir eventuellen Konflikt zwischen Österreich und Serbien zu lokalisieren wünschen, dürfen wir Welt durch verfrühte Rückkehr S. M. nicht alarmieren, anderseits müsste Allerhöchst derselbe erreichbar sein, falls nicht vorherzusehende Ereignisse auch für uns wichtige Entscheidungen (Mobilmachungen) benötigen sollten. Eventuell wäre an Kreuzen in der Ostsee für letzte Reisetage zu denken.«

Am 19. Juli befiehlt Wilhelm, die Flotte bis zum 25. zusammenzuhalten, so dass sie »Befehl zum Abbruch der Reise schnell ausführen kann.«

Bethmann, der in jener Krisenzeit statt in Berlin auf Hohenfinow weilt (auch zur Beruhigung der Nerven Europas?) telegraphiert daraufhin am 21. ans Auswärtige Amt:

> »Befehl S. M. wegen Zusammenhaltens der Flotte bis 25. lässt mich besorgen, dass, wenn alsdann Ultimatum abgelehnt ist, auffällige Flottenbewegungen von Balmholm aus (wo der Kai-

> ser weilte) befohlen werden könnten. Auf der andern Seite könnte im Falle einer Krise falscher Standort der Flotte verhängnisvoll werden!«

Daher bat Bethmann um die Ansicht des Admiralstabs. Dieser antwortete am 22. Juli, im Falle einer Kriegserklärung Englands sei »mit Sicherheit mit einem Überfall unserer Flotte durch die englische zu rechnen.«

Jagow telegraphiert dem Reichskanzler beruhigend, England sei ganz friedlich, lasse seine Flotte, die zu Manövern zusammengezogen war, am 27. auseinandergehn.

Am 23. telegraphiert dann der Reichskanzler an den Grafen Wedel, die österreichische Note werde »heute Nachmittag« überreicht, das Ultimatum laufe am 25. ab. Deutschland werde zunächst sagen, die ganze Geschichte gehe es nichts an.

> »Erst Eingreifen anderer Mächte würde uns in den Konflikt einbeziehen. Dass dies *sofort* geschieht, namentlich, dass England sich gleich zum Eingreifen entschließt, ist nicht anzunehmen: Schon die Reise des Präsidenten Poincaré, der heute Abend Kronstadt verlässt, den 25. Stockholm, den 27. Kopenhagen, den 29. Christiania besucht und den 31. Dünkirchen eintrifft, dürfte alle Entschlüsse verzögern.
> Englische Flotte soll nach Mitteilungen des Admiralstabes den 27. auseinandergehn und Heimathäfen aufsuchen. Etwaige vorzeitige Rückberufung unserer Flotte könnte allgemeine Beunruhigung hervorrufen und namentlich in England als verdächtig angesehen werden.«

Doch Wilhelm traut dem Frieden nicht, er gibt am 25. der Flotte den Befehl, sich zu sofortiger Heimreise bereitzuhalten. Bethmann beschwört den Kaiser, noch zu warten. Darüber kommt es zu einem Zornesausbruch des Kaisers. Das Telegramm des Reichskanzlers mit Wilhelms Hinzufügungen lautet:

> »Der Chef des Admiralstabes der Marine teilt mir mit, dass Ew. M. mit Rücksicht auf ein Wolfftelegramm (*unerhört! W.*) der Flotte Befehl zur schleunigen Vorbereitung der Heimreise erteilt haben (*unglaubliche Zumutung! Ist mir gar nicht eingefallen!!! Auf die Meldung meines Gesandten von der Mobilmachung in Belgrad! Dieses kann Mobilmachung Russlands, wird Mobilmachung Österreichs nach sich ziehen! In diesem Fall muss ich meine Streitmacht zu Lande und zu Wasser beisammenhaben. In der Ostsee ist kein einziges Schiff!! Ich pflege im Übrigen militärische Maßnahmen nicht nach einem Wolfftelegramm zu treffen, sondern*

> *nach der allgemeinen Lage, und die hat der Zivilkanzler* (Zivil vom Kaiser unterstrichen. K.) *noch nicht begriffen. W.*)
> Admiral von Pohl dürfte E. M. inzwischen die Meldungen E. M. Marineattachés in London und des Vertrauensmannes der Marine in Portsmouth unterbreitet haben, wonach die englische Marine keinerlei auffällige Maßnahmen trifft (*braucht sie nicht! Sie ist bereits kriegsbereit, wie die Revue eben gezeigt hat, und hat mobilisiert! W.*), vielmehr die früher vorgesehenen Dislokationen planmäßig ausführt.
> Da auch die bisherigen Meldungen E. M. Botschafters in London erkennen lassen, dass Sir E. Grey vorläufig wenigstens an eine direkte Teilnahme Englands an einem eventuellen europäischen Kriege nicht denkt und auf tunlichste Lokalisierung des Österreich-ungarisch-serbischen Konflikts hinwirken will, wage ich alleruntertänigst zu befürworten, dass E. M. vorläufig keine verfrühte Heimreise der Flotte befehlen. (*Wenn Russland mobilmacht, muss meine Flotte schon in der Ostsee sein, also fährt sie nach Haus. W.*)«

Am 26. Juli beschwört Bethmann nochmals seinen kaiserlichen Herrn, »vorläufig in Norwegen zu bleiben, da dies England seine geplante Vermittlungsaktion in Petersburg, das ersichtlich schwankend ist, wesentlich erleichtern wird.« Wozu Wilhelm bemerkt:

> »Woher ist das (Petersburgs Schwanken) zu entnehmen? Aus dem mir vorgelegten Material nicht.«

Und vorher schon sagt er zu dem Wunsch, in Norwegen zu bleiben:

> »Es gibt eine russische Flotte! In der Ostsee sind jetzt auf Übungsfahrten begriffen 5 russische Torpedobootsflottillen, welche ganz oder teilweise in 16 Stunden vor den Belten stehen und dieselben sperren können. Port Arthur sollte eine Lehre sein! Meine Flotte hat Marschorder nach Kiel und dahin fährt sie!«

Man sieht, Wilhelm rechnet nach der Übergabe des Ultimatums an Serbien mit dem sofortigen Ausbruch des Weltkriegs. Er dampfte daher eilends heim, Bethmann Hollweg zum Trotz. Er beginnt sein aktives Eingreifen in die Kriegspolitik damit, dass er seinen eigenen »aller untertänigste zu befürworten wagenden« Kanzler wie einen Stiefelputzer anschnauzt als ein Subjekt, das die allgemeine Lage noch nicht begriffen hat. Die militaristische Überhebung glaubt, den Kanzler besonders verächtlich zu behandeln, wenn sie ihn als »*Zivil-*

kanzler« anspricht, der auf die militärischen Maßnahmen nicht den geringsten Einfluss hat.

Auf der andern Seite bezeugt das Telegramm nicht nur die Unterwürfigkeit Bethmanns, der sich weniger als Zivil*kanzler*, denn als Zivil*knecht* gebärdet, sondern auch die Kurzsichtigkeit und Dummpfiffigkeit seiner Politik, die sich einbildete, die Engländer über die Gefährlichkeit des österreichischen Ultimatums dadurch wenigstens für einige Tage wegzutäuschen, wenn er den Kaiser länger an der norwegischen Küste ließ.

Übrigens erwies sich auch seine Spekulation auf Poincarés Reise als verfehlt. Er hatte gehofft, sie werde alle Entschlüsse der Entente verzögern und Österreich bis über den 31. Juli hinaus freie Hand gegenüber Serbien lassen. Aber Poincaré hatte es mit der Heimkehr ebenso eilig wie Wilhelm, und angesichts der gefahrdrohenden Situation mit Recht. Er sagte Besuche ab und traf schon am 29. Juli in Frankreich ein.

Nicht minder eifrig hatte gleichzeitig Österreich die Politik der Einschläferung Europas betrieben. Doch fassten die österreichischen Diplomaten die Sache plumper an. Auch stießen sie von vornherein auf größeres Misstrauen. Seit der Aufdeckung ihrer Fälscherkunststücke gegen Serbien stand der Ruf ihrer Wahrheitsliebe fast ebenso niedrig im Kurs, wie heute die österreichische Valuta. Sie machten diesem Rufe alle Ehre, indem sie die beruhigendsten Versicherungen über ihre versöhnlichen Absichten abgaben, unmittelbar vor der Übergabe ihres Ultimatums, das absichtlich so brutal gehalten war, dass es unannehmbar erschien. Der französische Botschafter Dumaine in Wien berichtet am 26. Juli:

> »Herr Schebeko (russischer Botschafter in Wien) ist plötzlich von einer Reise nach Russland zurückgekehrt. Er hatte sie erst nach der vom Grafen Berchtold gegebenen Versicherung angetreten, dass die an Serbien gerichteten Forderungen *höchst annehmbar seien.*«

Am 23. Juli berichtet der stellvertretende Minister des Äußern in Paris, Herr Bienvenu Martin an die französischen Botschafter:

> »Herr Dumaine, den ich beauftragt hatte, die Aufmerksamkeit der österreichischen Regierung auf die in Europa entstandene Unruhe zu lenken, erhielt auf seine Frage von dem Freiherrn von Macchio die Versicherung, der Ton der österreichischen Note und die darin gestellten Bedingungen *ließen auf eine friedliche Lösung rechnen.* Ich weiß nicht, wie weit man diesen

> Versicherungen Glauben beimessen kann, *wenn man die Gepflogenheiten der kaiserlichen Kanzlei in Betracht zieht.*«

Die Gepflogenheiten der Diplomatie keines Landes zeichnen sich durch übermäßige Aufrichtigkeit aus. Aber zu einer so kurzsichtigen Perfidie, die heute etwas behauptet, dessen Verlogenheit sie selbst morgen an den Tag bringen muss, gehört nicht nur eine Schamlosigkeit, sondern auch eine Dummheit, die doch, trotz Oxenstierna, außergewöhnlich ist.

Nach derartiger Vorbereitung der öffentlichen Meinung wurde das Ultimatum an Serbien am 23. Juli abends überreicht.

## 12. Das Ultimatum an Serbien

### Die Überreichung der Note

Am 23. Juli wurde die österreichische Note in Belgrad übergeben. Sie war in Wirklichkeit ein Ultimatum, das binnen 48 Stunden bedingungslose Annahme der von Österreich erhobenen Forderungen verlangte. Der österreichische Gesandte in Belgrad, Freiherr von Giesl, hatte die Note am 23. in einem Telegramm nach Wien denn auch als »Ultimatum« bezeichnet, erhielt aber daraufhin die Belehrung, sie sei nur eine »befristete Demarche«, da ihre Ablehnung nicht gleich mit der Kriegserklärung, sondern zunächst nur mit dem Abbruch der diplomatischen Beziehungen beantwortet werden sollte.

Mit derartigen kleinlichen Haarspaltereien hofften die Staatsweisen vom Ballplatz, in Europa noch ein paar Tage länger den Schein ihrer Friedfertigkeit aufrechterhalten zu können.

Am 24. Juli sollte die Note den Mächten überreicht werden, am 25. hatte Serbien sie zu beantworten. Diese unanständige Eile war nach so langem Zögern absichtlich gefordert worden, um jede Beratung Serbiens mit den Mächten und der Mächte untereinander unmöglich zu machen und jede Intervention auszuschließen.

Deutschland beeilte sich sofort, alle Welt und auch die eigenen Vertreter im Ausland zu versichern, dass es von der Note keine Kenntnis gehabt und auf sie nicht den mindesten Einfluss genommen habe, dass es von ihr ebenso überrascht worden sei, wie die übrigen Mächte. So telegraphierte Jagow an den deutschen Gesandten in Stockholm am 23. Juli, 2 Uhr nachmittags:

> »*Allem Anschein* nach soll Österreich-Ungarn, welches sich durch die großserbische Agitation in seiner Existenz bedroht

fühlt, sehr ernste Forderungen in Belgrad stellen. *Dieselben sind uns nicht bekannt*, wir betrachten sie als interne Angelegenheit Österreich-Ungarns, auf welche uns Einwirkung auch nicht zustehen würde.«

An die Botschafter in Paris, London und Petersburg telegraphierte Zimmermann am 24. Juli:

> »In hiesigen diplomatischen Kreisen ist Ansicht verbreitet, dass wir Österreich-Ungarn zu scharfer Note an Serbien veranlasst und uns an deren Abfassung beteiligt haben. Gerücht scheint von Cambon auszugehen. Bitte ihm nötigenfalls dort entgegenzutreten. *Wir haben keinerlei Einfluss auf Inhalt der Note geübt und ebenso wenig wie andere Mächte Gelegenheit gehabt, dazu vor Publikation in irgendeiner Weise Stellung zu nehmen.*«

An dieser erbaulichen Instruktion ist nur das eine richtig, dass Cambon in der Tat von Anfang an den Braten roch. Er berichtet am 24. Juli über eine Unterredung mit Jagow:

> »Ich fragte ihn, ob wirklich das Berliner Kabinett die österreichischen Forderungen in keiner Weise gekannt habe, bevor sie Belgrad mitgeteilt wurden. Als er dies bejahte, sagte ich ihm, ich sei sehr überrascht, ihn so eifrig sich für Ansprüche ins Zeug legen zu sehen, deren Umfang und Tragweite er nicht gekannt hatte.
> ›Wohl beachtet‹, unterbrach mich Herr v. Jagow, ›nur weil wir persönlich miteinander plaudern, erlaube ich Ihnen, mir das zu sagen.‹« (Französ. Gelbbuch von 1914, Nr. 30)

Die gleiche Versicherung des tugendhaft entrüsteten Jagow erhielt der britische Geschäftsträger, Sir H. Rumboldt, der darüber am 25. Juli nach London berichtete:

> »Der Staatssekretär wiederholte sehr ernsthaft, dass, obwohl er bezichtigt worden sei, den ganzen Inhalt der Note gekannt zu haben, er tatsächlich diese Kenntnis nicht gehabt habe.« (Blaubuch, 1914, Nr. 18)

Über diese Besprechung berichtete Cambon am gleichen Tage:

> »Der britische Geschäftsträger hat sich ebenfalls, wie ich es gestern getan habe, bei Herrn v. Jagow erkundigt, ob Deutschland keine Kenntnis von der österreichischen Note gehabt habe, bevor sie abgeschickt worden sei, und hat eine so unzweideutig verneinende Antwort erhalten, dass er nicht weiter bei dem Thema bleiben konnte. Aber er konnte nicht umhin,

> seine Verwunderung über die Blankovollmacht auszusprechen, die Deutschland Österreich gegeben habe.« (Gelbbuch, Nr. 41)

Sir Horace Rumboldt, der damals jene Versicherungen bekam, war derselbe, dessen Äußerungen über »Deutschlands gewohnheitsmäßige Verlogenheit« das Weißbuch vom Juni 1919 zitiert, wie wir schon gesehen haben. Vielleicht kam er Ende Juli 1914 zuerst zu dieser Auffassung.

Wenn das Berliner Auswärtige Amt behauptete, es habe »keinerlei Einfluss auf den Inhalt der österreichischen Note geübt und ebenso wenig wie andere Mächte Gelegenheit gehabt, dazu vor der Publikation«, also vor dem 24. Juli, in irgendeiner Weise Stellung zu nehmen«, so ist nach dem bisher schon Mitgeteilten klar, dass es damit eine bewusste Unwahrheit sagte. Die deutsche Regierung hat genau gewusst, die Note werde so gefasst sein, dass kein Staat, der seine Selbstbestimmung achtete, sie annehmen konnte. Die deutsche Regierung hat diese Absicht Österreichs nicht nur gewusst, sondern gebilligt und ermutigt.

Später hat ja das Auswärtige Amt sich über seine Kenntnis der Note vorsichtiger ausgedrückt. Es leugnete bloß die Kenntnis ihres *Wortlauts*. Den habe man nicht früher kennengelernt als die übrigen Mächte, also erst, nachdem die Note bereits in Belgrad überreicht war.

Nicht einmal diese Ausflucht ist stichhaltig. *Bereits am 21. Juli* erhielt Tschirschky ein Exemplar der Note. Er telegraphierte sie nicht nach Berlin. Vielleicht um das Geheimnis des Chiffrenschlüssels nicht zu gefährden.

Er übersandte die Note brieflich. Sie langte daher erst am 22. Juli nachmittags im Auswärtigen Amte an. Die anderen Mächte erhielten die Note aber erst am 24.; es ist also, selbst wenn man nicht den Inhalt der Note, sondern nur ihre Schlussfassung in Betracht zieht, falsch, dass Deutschland die Note nicht früher kannte, als die andern Großmächte.

Herr Dr. Gooß muss diese unbequeme Tatsache zugeben, er sucht sich oder vielmehr die Bethmannsche Regierung damit zu retten, dass er behauptet, der Text der Note konnte dem Auswärtigen Amt in Berlin

> »doch erst in einem Zeitpunkt zukommen, in dem eine Beeinflussung des Wiener Kabinetts durch eingehende Beratung und Antragstellung nicht mehr möglich war.«

Herr v. Jagow berichtet in seinem Buch über den Ausbruch des Weltkriegs, dass Graf Szögyeny in den Abendstunden des 22. Juli zwischen 7 und 8 Uhr zu ihm kam und ihm das Ultimatum brachte.

> »Nach dem Besuche des Grafen Szögyeny wurde mir dann auch eine inzwischen eingegangene Mitteilung des Ultimatums seitens unseres Botschafters in Wien vorgelegt.« (S. 110)

Diese Verspätung ist sicher auffallend. Über 24 Stunden brauchte das Ultimatum, um von Wien nach Berlin zu kommen! Aber auch da wäre es noch früh genug angekommen, dass man seine Übergabe in Belgrad zu verhindern vermochte, wenn man wollte. Jagow behauptet, er habe sofort gesagt, die Note sei »reichlich scharf und über den Zweck hinausgehend«. Der Reichskanzler sei derselben Ansicht gewesen.

> »Graf Szögyeny erwiderte, da sei nun nichts mehr zu machen, denn das Ultimatum sei schon nach Belgrad gesandt und solle dort am nächsten Morgen übergeben werden.«

Und dabei beruhigten sich Reichskanzler und Staatssekretär.

In einer Fußnote bemerkte Jagow nach den Ausführungen im Text seines Buches nur beiläufig:

> »Der Botschafter muss sich, falls nicht in Wien Schwankungen betr. des Moments der Übergabe stattgefunden haben, hier geirrt haben, denn in Wirklichkeit ist das Ultimatum erst abends um 6 Uhr überreicht.«

Das soll wohl heißen, dass Jagow durch Szögyeny über den Zeitpunkt der Überreichung des Ultimatums getäuscht wurde! Er hätte gegen diese Überreichung sicher protestiert, wenn er gewusst hätte, dass diese erst um 6 Uhr abends und nicht morgens stattfinden werde.

Wusste er das aber nicht? Wir haben doch eben gesehen (S. 64), wie eifrig Jagow sich bemühte, herauszufinden, zu welcher Abendstunde am 23. Poincaré Petersburg verlasse. Und der Staatssekretär hatte noch am Abend des 22. eine Mitteilung darüber nach Wien telegraphiert, die bewirkte, dass die Zeit der Überreichung von 5 auf 6 Uhr abends verschoben wurde. Und jetzt will er uns glauben machen, er habe gar nichts davon gewusst, und gemeint, die Note an Serbien werde schon am Morgen übergeben! Am 11. August 1917 schrieb der Staatssekretär Zimmermann an den Unterstaatssekretär v. d. Bussche:

> »Lieber Bussche.
> Sachlich stimmte die Angabe der Evening News insofern, als wir allerdings das serbische Ultimatum etwa zwölf Stunden vor Übergabe erhielten. Dagegen ist mir durchaus nicht erinnerlich, dass ich dies einem amerikanischen Diplomaten auf die Nase gebunden habe. *Ein Dementi kann danach erfolgen.* Ob es indes mit Rücksicht auf die schließlich doch nicht ewig zu verheimelnde Tatsache unserer Kenntnis zweckmäßig erscheint, lasse ich dahingestellt.
> Besten Gruß
> Ihr Zimmermann.«

Aber warum jener Eifer, alle Kenntnis von der Note zu leugnen, deren Inhalt und Text man später doch mit aller Macht verteidigte?

Hier wurde absichtlich ein falsches Spiel mit verteilten Rollen gespielt. Am 20. Juli war den österreichischen Botschaftern die Note zugegangen mit dem Auftrage, sie am 24. Juli bei den Regierungen, bei denen sie akkreditiert waren, zu überreichen.

Graf Szögyeny erlaubte sich daraufhin zu bemerken, mit Deutschland solle doch eine Ausnahme gemacht werden. Darauf erwiderte ihm Berchtold am 22. Juli:

> »Der bewusste Erlass hatte Deutschland gegenüber lediglich formale Bedeutung. Die *offizielle* Übergabe unserer Note sollte in Berlin unter denselben Modalitäten erfolgen, wie bei den anderen Signatarmächten. *Streng vertraulich* haben wir Herrn von Tschirschky die erwähnte Note schon gestern mitgeteilt. Sie ist durch den Herrn Botschafter jedenfalls bereits nach Berlin vorgelegt worden.«

Also auch in Bezug auf die Note sollte Europa absichtlich belogen werden.

## Die Lokalisierung des Krieges

Die deutsche Regierung hatte sehr gute Gründe, nicht merken zu lassen, dass sie vom österreichischen Ultimatum gewusst hatte oder gar, dass sie mit Österreich verschworen war.

Sie hatte, wie wir gesehen, zum Krieg gegen Serbien am 5. Juli ihren Segen gegeben. Sie war auch bereit, den Krieg gegen Russland und Frankreich zu »riskieren« – aber mehr wollte sie nicht. Sie rechnete auf Italiens Mitwirkung und Englands Neutralität. Sie bedurfte auch, um in den Krieg eintreten zu können, der Begeisterung des eigenen Volkes. Nun wusste sie ganz genau, dass dieses in seiner großen

Mehrheit höchst friedliebend sei und ihr die schärfste Opposition erwachsen würde, wenn es erführe, dass das österreichische Verfahren gegen Serbien vom Kaiser und seinen Ministern nicht nur gekannt, sondern auch gebilligt und gefördert wurde. Die ganze Aktion wäre damit von vornherein aufs schwerste bedroht gewesen.

Unmittelbar nach dem Bekanntwerden des österreichischen Ultimatums an Serbien erließ der Vorstand der deutschen Sozialdemokratie einen Aufruf (25. Juli), in dem es hieß:

> »Die vom österreichischen Imperialismus entfesselte Kriegsfurie schickt sich an, Tod und Verderben über ganz Europa zu bringen. Verurteilen wir auch das Treiben der großserbischen Nationalisten, so fordert doch die *frivole Kriegsprovokation* der österreichisch-ungarischen Regierung den schärfsten Protest heraus. Sind doch die Forderungen dieser Regierung so brutal, wie sie in der Weltgeschichte noch nie an einen selbständigen Staat gestellt sind, und können sie doch nur darauf berechnet sein, den Krieg *geradezu zu provozieren.*
> Das klassenbewusste Proletariat Deutschlands erhebt im Namen der Menschlichkeit und der Kultur flammenden Protest gegen *dies verbrecherische Treiben der Kriegshetzer.* Es fordert gebieterisch von der deutschen Regierung, dass sie ihren Einfluss auf die österreichische Regierung zur Aufrechterhaltung des Friedens ausübt.«

Hätte das deutsche Proletariat vom wirklichen Stande der Dinge eine Ahnung gehabt, hätte es gewusst, dass das »verbrecherische Treiben der Kriegshetzer« ein abgekartetes Spiel zwischen Wien und Berlin war, dann wäre es nicht so naiv gewesen, die deutsche Regierung aufzufordern, auf die österreichische im Sinne des Friedens zu wirken, dann hätte es sich einmütig ebenso gegen die deutsche wie gegen die österreichische Regierung gewendet und große Massen auch der nichtproletarischen arbeitenden Schichten des deutschen Volkes hätten sich ihm angeschlossen. Bei einer solchen Stimmung hätte die deutsche Regierung unmöglich einen großen Krieg entfesseln können. Die deutsche Sozialdemokratie konnte den Weltfrieden retten. Ihr Ansehen und damit das des deutschen Volkes in der Welt wäre unendlich gewachsen durch die Niederlage, die sie der kriegerischen deutschen Regierung bereitete.

Das zu vermeiden, gab es nur ein Mittel: Die Mitwisserschaft und Mitschuld der deutschen Regierung musste sorgfältig verschwiegen werden.

Nicht minder war das notwendig, wollte man Italiens Hilfe und Englands Neutralität gewinnen.

Beide wandten sich, wie übrigens alle Welt, sofort gegen Österreich. Da galt es für Deutschland, den überraschten friedlichen Nachbarn zu spielen, den wohl die Bundestreue an die Seite der befreundeten Macht rufe, deren grenzenlose Bedrängnis die schnöde Bluttat von Sarajevo enthüllt habe, der aber bereit sei, zu vermitteln und den Frieden zu erhalten. Wenn er dabei mit dem nimmersatten Russland in Konflikt kam – ei nun, es kann der Beste bekanntlich nicht in Frieden leben, wenn es dem bösen Nachbar nicht gefällt.

Ein Unglück nur, dass Deutschland sich darauf versteifte, den Frieden in eigenartiger Form zu retten. Es verlangte nämlich die *Lokalisierung* des Streitfalles. Konnte es etwas Vernünftigeres geben? Man musste trachten, dass der Konflikt örtlich begrenzt bleibe, nicht weitere Dimensionen annehme.

In dem von Eisner veröffentlichten Bericht der Berliner bayerischen Gesandtschaft vom 18. Juli hieß es:

> »(Im Interesse der *Lokalisierung* des Krieges wird die Reichsleitung sofort nach Übergabe der österreichischen Note in Belgrad eine diplomatische Aktion bei den Großmächten einleiten.)
> Sie wird mit dem Hinweis darauf, dass der Kaiser auf der Nordlandreise und der Chef des großen Generalstabs sowie der preußische Kriegsminister in Urlaub seien, vorgeben, durch die Aktion Österreichs genau so überrascht worden zu sein, wie die andern Mächte.
> (Sie wird darauf hinarbeiten, dass die Mächte sich auf den Standpunkt stellen, dass die Auseinandersetzung zwischen Österreich und Serbien eine Angelegenheit dieser beiden Staaten sei.)«

Die in Klammern gesetzten Stellen fehlen in der Eisnerschen Publikation. Sie gehören zu denjenigen, durch deren Weglassung Eisner den Sinn des Berichtes in einer für Deutschland ungünstigen Weise entstellt haben soll. Das kann nur jemand sagen, der sich einbildet, das Streben nach Lokalisierung des Krieges sei eine ernsthafte Friedensaktion gewesen. In Wirklichkeit bedeutete es eine Störung und Sabotierung jeder Friedensaktion. Die Behauptung, dass die Niederwerfung Serbiens durch Österreich bloß diese beiden Staaten angehe, hieß nichts anderes, als dass Österreich allein künftighin auf dem Balkan etwas zu sagen habe, hieß verlangen, dass Russland seine Ausschaltung dort freiwillig zugebe, dass es sich für geschlagen erkläre, ehe es einen Kanonenschuss abgefeuert. Dies Streben nach Lokalisierung des Konfliktes stellte Russland vor die Alternative: Entweder sich unterwerfen oder Österreich den Krieg erklären.

Die Forderung der Lokalisierung war also das richtige Mittel, Russland geradezu zum Krieg zu zwingen.

Die Alternative der »Lokalisierung« des Konfliktes war seine Lösung durch die Intervention Europas, das heißt, entweder durch ein Schiedsgericht oder durch die Vermittlung der nicht direkt beteiligten Großmächte. Nur diese Europäisierung des Problems bot die Aussicht, dass der lokale Krieg nicht ein europäischer wurde. Aber freilich, sie bot Österreich nicht die Aussicht, dass ihm freie Hand bei der militärischen Zerschmetterung Serbiens gelassen werde. Und deshalb musste auf der feuergefährlichen Methode der Lokalisierung mit aller Zähigkeit bestanden werden. Sie bedeutete wieder, wie in der Annexionskrise von 1909, eine Spekulation auf Russlands Schwäche und daneben auf Englands und Frankreichs Friedfertigkeit. In der Tat heißt es in dem bayerischen Bericht weiter:

> »Herr Zimmermann nimmt an, dass sowohl England wie Frankreich, denen ein Krieg zurzeit kaum erwünscht wäre, auf Russland in friedlichem Sinne einwirken werde; außerdem baut er darauf, dass das Bluffen eines der beliebtesten Requisite der russischen Politik sei und dass der Russe zwar gern mit dem Schwerte droht, es im entscheidenden Moment aber doch nicht gern für andere zieht.«

Wenn es aber anders kam, bot die Forderung der »Lokalisierung« des Krieges immer noch ihre großen Vorteile. Sie konnte nur scheitern an den Ansprüchen Russlands: so stand man vor der Welt oder wenigstens vor dem eigenen Volke als die Macht da, die den Frieden gewollt hatte – und dabei auf Russlands Widerstand gestoßen war. Nun versuchte man, diese Macht als den Friedensbrecher zu denunzieren.

Die Forderung der Lokalisierung des Krieges wurde wieder ein neues Moment, das die strengste Geheimhaltung des Einvernehmens zwischen Deutschland und Österreich erheischte. Denn es ist klar, dass Deutschland nicht erklären konnte, der ganze Konflikt gehe nur Österreich und Serbien unter Ausschluss jeder anderen Macht an, wenn es selbst an der Vorbereitung dieses Konfliktes ganz energisch mitgewirkt hatte.

Wir sehen, Deutschland wie Österreich hatten allen Grund, ihr Zusammenwirken von den Potsdamer Entschlüssen am 5. Juli an bis zur Überreichung des Ultimatums in Belgrad am 23. Juli vor aller Welt zu verheimlichen.

## Die Sabotierung der Friedensbemühungen

Es war nicht leicht, gleichzeitig um den Frieden ernstlich besorgt zu erscheinen und Österreich »seinen« Krieg mit Serbien zu sichern, sowie diesen zu »lokalisieren«, das heißt, Russland vor die Alternative zu stellen, entweder Österreich den Krieg zu erklären oder sich ihm kampflos zu unterwerfen.

Vor allem galt es, die Mächte nicht zur Besinnung und Verständigung kommen zu lassen, immer wieder neue vollzogene Tatsachen zu schaffen, ehe eine Intervention Platz zu greifen vermochte.

Am 23. Juli, abends, überreichte der österreichische Gesandte die Note seiner Regierung in Belgrad. Erst am Tage darauf wurde sie den Regierungen Frankreichs, Englands, Italiens, Russlands übermittelt. Am 25. aber wurde schon die Antwort Serbiens verlangt! Paschitsch erteilte diese Antwort trotzdem zum gewünschtem Zeitpunkte. Es war ein ausführliches Schriftstück, das wider Erwarten im Wesentlichen allen Forderungen der österreichischen Regierung zustimmte, trotz ihrer unerhörten Härte.
Und Österreich? Amtlich wurde aus Wien gemeldet:

> »Minister Präsident Paschitsch erschien wenige Minuten vor *sechs* Uhr in der k. u. k. Gesandtschaft in Belgrad und erteilte eine ungenügende Antwort auf die österreichisch-ungarische Note. Baron Giesl notifizierte ihm hierauf den Abbruch der diplomatischen Beziehungen und verließ mit dem Gesandtschaftspersonal um *sechs Uhr dreißig* Minuten Belgrad.«

Also ganze dreißig Minuten nach Übergabe der Note war die österreichische Gesandtschaft schon unterwegs nach Wien. Baron Giesl hatte den Abbruch der diplomatischen Beziehungen verkündigt, ehe er die serbische Antwort nur recht*gelesen*, geschweige denn geprüft zu haben vermochte.

Während Wien sich dieser Eile befleißigte, um zum ersehnten Krieg mit Serbien zu kommen, ehe Europa recht wusste, was vorging, zeigte Berlin nicht die mindeste Eile, Europa erkennen zu lassen, wie es über diese Vorkommnisse dachte.

Am 27. Juli fand Herr von Jagow den Mut, dem französischen Botschafter in Berlin zu sagen, *er habe noch nicht Zeit gefunden*, die serbische Antwort zu lesen.

Es war für die Großmächte nicht leicht, sich bei diesem Vorgehen zurechtzufinden. Aber so wenig Zeit sie hatten, sich untereinander zu verständigen, eins wurde ohne Weiteres klar: Der Weltfriede war aufs Äußerste bedroht, wenn es zum Krieg zwischen Österreich und Serbien kam. Ebenso sehr wie Österreich zu diesem Krieg drängte (und mit ihm Deutschland, was damals freilich noch niemand wusste), ebenso sehr suchten Russland, Frankreich, England ihn zu verhindern. Nicht weil ihre Regenten die reinen Friedensengel waren, sondern weil Russland und Frankreich für den Waffengang unzureichend gerüstet waren. Und auch England wurde durch seine irischen Verlegenheiten gehemmt. Insofern hatten also die Zentralmächte richtig gerechnet. Die Mächte kamen daher alle von selbst übereinstimmend dahin, auf der einen Seite eine Verlängerung der für die Antwort gestellten Frist von Österreich anzustreben, um Zeit zu Verhandlungen zu finden und anderseits Serbien zur Nachgiebigkeit zu raten. Sowohl Frankreich wie Italien und England, ja selbst Russland bemühten sich in diesem Sinne, so weit es bei der Kürze der Zeit möglich war.

Österreich lehnte jede Fristverlängerung ab unter stiller Mithilfe Deutschlands. Die Antwort Serbiens aber fiel, wie schon bemerkt, äußerst entgegenkommend aus. Nichtsdestoweniger brach Österreich am 25. die diplomatischen Beziehungen ab, begann sofort zu mobilisieren und erklärte am 28. Juli den Krieg. Am 29. bombardierte es Belgrad. Jeder dieser Schritte war eine neue Provokation, brachte eine neue Steigerung der allgemeinen Erregung, eine neue Erschwerung jeder friedlichen Lösung. Trotzdem schritt Österreich unbeirrt auf der eingeschlagenen Bahn weiter vorwärts und wurde dabei von Deutschland gestützt, das gleichzeitig von Friedensbeteuerungen überfloss.

Österreich lehnte alle Vermittlungsvorschläge ab, die gemacht wurden, und von denen keiner von Deutschland ausging. Dieses begnügte sich damit, die Vorschläge anderer entweder einfach weiterzugeben oder sie gleich von vornherein als unvereinbar mit Österreichs Selbständigkeit zurückzuweisen. Auch das dringendste Befragen konnte ihm keinen eigenen Vorschlag entlocken, während England wie Russland sich in Versuchen überboten, einen Ausweg aus der verfahrenen Situation zu finden.

Sehr gut hat schon Fürst Lichnowsky diese Situation gekennzeichnet:

> »Es hätte natürlich nur eines Winkes von Berlin bedurft, um den Grafen Berchtold zu bestimmen, sich mit einem diplomatischen Erfolg zu begnügen und sich bei der serbischen Antwort zu beruhigen. Dieser Wink ist aber nicht ergangen. Im Gegenteil, es wurde zum Krieg gedrängt. Es wäre ein zu schöner Erfolg gewesen! ...
> Der Eindruck befestigte sich immer mehr, dass wir den Krieg unter allen Umständen wollten. Anders war unsere Haltung

> in einer Frage, die uns doch direkt gar nichts anging, nicht zu verstehen. Die inständigen Bitten und bestimmten Erklärungen des Herrn Sasonow, später die geradezu demütigen Telegramme des Zaren, die wiederholten Vorschläge Sir Edwards, die Warnungen des Marquis San Giuliano und des Herrn Bollati, meine drängenden Ratschläge, alles nützte nichts, in Berlin blieb man dabei: Serbien muss massakriert werden.« (S. 29, 30)

Die Telegramme des Zaren durfte man in der Tat »demütige« nennen. Er flehte darin förmlich darum, dass man ihm die furchtbare Alternative erspare zwischen dem Krieg oder der bedingungslosen Unterwerfung, die er beide gleich fürchtete, weil die eine wie die andere ihn mit einer Katastrophe, mit dem Untergang bedrohte.

Aber ließen gerade diese demütigen Telegramme nicht erwarten, man würde wieder, wie 1909, Russland auf die Knie zwingen, diesmal aber noch gründlicher, wenn man nur fest blieb? So schien alles nach Wunsch für die Mittelmächte zu gehen.

Wilhelm zeigte sich in jenen Tagen noch sehr übermütig und aggressiv.

Wie er über die österreichische Note dachte, ehe er die serbische Antwort gelesen, zeigen seine Bemerkungen zu einem Telegramm aus Belgrad vom 24. Juli, von ihm gelesen am 25. – Es teilt mit:

> »Der energische Ton und die präzisen Forderungen der österreichischen Note sind der serbischen Regierung vollständig unerwartet gekommen.«

Wilhelm:

> »Bravo! Man hatte es den Wienern nicht mehr zugetraut!«

Das Telegramm fährt fort:

> »Seit heute früh tagt der Ministerrat unter dem Vorsitz des Kronprinzen-Regenten.«

Wilhelm:

> »Es scheint. Seine Majestät haben sich gedrückt!«

Der hohe deutsche Herr ahnte nicht, wie noch manche Majestät sich »drücken« sollte, und zwar noch in ganz anderer Weise!

Telegramm:

> »Der Ministerrat kann aber zu keinem Entschluss kommen.«

Wilhelm:

> »Die stolzen Slawen!«

Zum Schluss des Telegramms bemerkt er:

> »Wie hohl zeigt sich der ganze sogenannte serbische Großstaat. So ist es mit allen slawischen Staaten beschaffen. *Nur feste auf die Füße des Gesindels getreten!*«

Das war die Sprache des Friedenskaisers unmittelbar vor Ausbruch des Krieges! Weit entfernt, das österreichische brüske Vorgehen unangenehm zu empfinden, tadelte er jedes auch nur scheinbare Einlenken, ja jede Geste der Höflichkeit des Bundesgenossen.
Am 24. Juli telegraphierte Tschirschky aus Wien:

> »Um Russland seine guten Dispositionen zu zeigen, hat Graf Berchtold heute Vormittag den russischen Geschäftsträger zu sich gebeten.«

Dazu bemerkte Wilhelm am 26. Juli:

> »Gänzlich überflüssig. Wird den Eindruck der Schwäche erwecken und den Eindruck der Entschuldigung hervorrufen, was Russland gegenüber unbedingt falsch ist und vermieden werden muss. Österreich hat seine guten Gründe, hat daraufhin den Schritt getan, nun kann er nicht hinterher quasi zur Diskussion gestellt werden.«

Tschirschky lässt Berchtold weiter sagen:

> »Österreich werde kein serbisches Territorium beanspruchen.«

Das veranlasst Wilhelm zu dem Ausruf:

> »Esel! Den Sandschak *muss* es wieder nehmen, sonst kommen die Serben an die Adria.«

Berchtold:

> »Österreich wolle keine Verschiebung der Machtverhältnisse auf dem Balkan herbeiführen.«

Wilhelm:

> »Die kommt ganz von selbst und muss kommen. *Österreich muss auf dem Balkan präponderant werden* den anderen kleineren gegenüber *auf Kosten Russlands*, sonst gibt es keine Ruhe.«

Zum Schluss des Berichts bemerkt er:

»Schwächlich!«

Mit Ungeduld empfand er die Notwendigkeit, sich selbst wenigstens äußerlich zurückzuhalten, wie das die Deutschland zugeteilte Rolle verlangte.

Am 26. Juli, als Wilhelm sich anschickte, wieder deutschen Boden zu betreten, telegraphierte ihm Bethmann:

> »Sollte Russland sich zum Konflikt mit Österreich anschicken, beabsichtigt England Vermittlung zu versuchen und erhofft dabei französische Unterstützung. Solange Russland keinen feindlichen Akt vornimmt, glaube ich, dass unsere auf eine *Lokalisierung* gerichtete Haltung auch eine *ruhige bleiben muss.* General von Moltke ist heute aus Karlsbad zurückgekehrt und teilt diese Ansicht.«

Hinter dem Wort »Lokalisierung« macht Wilhelm ein Ausrufungszeichen und zu den Worten »eine ruhige bleiben muss« bemerkt er sarkastisch:

> »Ruhe ist die erste Bürgerpflicht! Nur Ruhe, immer nur Ruhe!! Eine ruhige Mobilmachung ist eben auch was Neues.«

Als es wirklich zur Mobilmachung kam, verging Wilhelm allerdings der Sarkasmus.

Zu alledem stimmt sehr gut eine Depesche, die Graf Szögyeny am 25. Juli von Berlin nach Wien richtete. Sie lautet:

> »Hier wird allgemein vorausgesetzt, dass auf eventuelle abweisende Antwort Serbiens *sofort unsere Kriegserklärung* verbunden mit kriegerischen Operationen erfolgen werde. Man sieht hier in jeder Verzögerung des Beginns der kriegerischen Operationen große Gefahr betreffs Einmischung anderer Mächte. Man rät uns *dringendst, sofort vorzugehen* und die Welt vor ein fait accompli zu stellen.«

Das bedeutet doch das energischste Drängen zu raschestem Losschlagen.

Die Herren Prof. Hans Delbrück, Max Weber und Mendelssohn-Bartholdy sowie der Herr Graf Montgelas fassen in ihren Darlegungen über den Ursprung des Krieges (Weißbuch vom Juni 1919) das Telegramm viel gemütlicher auf. Sie sagen:

> »Das Telegramm des österreichisch-ungarischen Botschafters des Grafen Szögyeny vom 25. Juli 1914, das *für den Fall einer*

> *Kriegserklärung* auf raschen Beginn der militärischen Operationen drängt, hält sich in dem Rahmen der schon erörterten Auffassung, dass eine *örtliche* Begrenzung des Streits, somit auch eine *rasche Erledigung dieses Streites* das beste Mittel zur Vermeidung einer Ausdehnung des Brandes sei.« (S. 39)

Das Telegramm verlangt klipp und klar *sofortige Kriegserklärung*, verbunden mit kriegerischen Operationen. Der Kommentar der vier Herren verwandelt das unvermerkt in die Forderung sofortiger kriegerischer Operationen *für den Fall einer Kriegserklärung!* Und aus der Forderung, die Welt vor ein fait accompli zu stellen, wird ein Wunsch nach einer »raschen Erledigung dieses Streits«.

Das Telegramm so zu deuten, dazu gehört unglaublich viel guter Wille. Außerhalb Deutschlands wird der schwer zu finden sein. Dem Telegramm des Grafen Szögyeny vom 25. Juli sollte durch eine sehr freie Umdeutung sein unbequemer Inhalt genommen werden. Dieses Auskunftsmittel versagt bei einer anderen Depesche desselben Diplomaten vom 27. Juli.

Beide Telegramme waren der im Januar 1919 gebildeten »Kommission der alliierten und assoziierten Regierungen für die Feststellung der Verantwortlichkeit der Urheber des Krieges und die aufzuerlegenden Strafen« in die Hände gefallen und wurden in ihrem Berichte veröffentlicht, der eine ebenso kurze wie im Wesentlichen zutreffende Skizze der Entstehung des Krieges gibt.

Die deutsche Regierung konnte darauf mit einer Veröffentlichung der Akten des Auswärtigen Amtes über die Urheberschaft am Krieg antworten oder schweigen. Sie tat weder das eine noch das andere, sondern beauftragte die bereits genannten vier Herren, als »unabhängige Deutsche«, dem Bericht der Kommission eine Kritik entgegenzusetzen. Nach welchen Methoden diese arbeiteten, haben wir eben an der Behandlung gesehen, die sie dem einen Telegramm Szögyenys zuteilwerden ließen. Vielleicht wäre es zweckmäßiger gewesen, wenn man nicht »unabhängige Deutsche«, sondern »deutsche Unabhängige« mit dem Bericht betraut hätte.

Nicht besser machten sie es mit dem andern Telegramm vom 27. Juli. Es ist an Berchtold gerichtet und lautet:

> »Staatssekretär erklärte mir in streng vertraulicher Form sehr entschieden, dass in der nächsten Zeit eventuell Vermittlungsvorschläge Englands durch die deutsche Regierung zur Kenntnis Ew. Exz. gebracht würden.
> Die deutsche Regierung versichert aufs Bündigste, dass sie sich in keiner Weise mit den Vorschlägen identifiziere, sogar ent-

> schieden gegen deren Berücksichtigung sei und dieselben nur, um der englischen Bitte Rechnung zu tragen, weitergibt.«

Diese Depesche ist sicher eine sehr ernsthafte Sache. Sie erheischte von Seiten der vier unabhängigen Deutschen vor allem, dass sie prüften, ob sie im Einklang stehe zu der Politik, die Deutschland bis zum 27. getrieben. Sie erinnert an Jagows Telegramm vom 18. Juli, in dem er mitteilt, die milde Sprache der Norddeutschen Allgemeinen Zeitung sei nur zur Irreführung der »europäischen Diplomatie« bestimmt und dürfe Berchtold nicht beeinflussen. Die vier Historiker haben es vorgezogen, anders zu verfahren:

> »Die Kommission hat sich sowohl an den ehemaligen Reichskanzler von Bethmann Hollweg sowie an den Staatssekretär von Jagow gewendet und von beiden übereinstimmend die Auskunft erhalten, dass der Bericht unmöglich zutreffend sein könne. Wir halten die Mitteilungen dieser beiden Männer für glaubwürdig.«

Es fragt sich bloß, ob diese Versicherung der Angeklagten allein schon genügt, der übrigen Menschheit das gleiche Zutrauen zu ihrer Unschuld beizubringen. Die Glaubwürdigkeit der beiden Männer ist ja gerade das, was in Frage gestellt ist durch das Zeugnis eines ihnen durchaus nicht feindseligen Mannes, der alles Interesse hatte, die Wahrheit über sie zu berichten, und der unmittelbar nach der Unterredung mit Jagow seine Angaben über sie niederschrieb, in der bestimmtesten Form. Und zwar wiederholt. Die oben angeführte Stelle steht am Anfang des Berichts. An dessen Ende heißt es:

> »Zum Schluss wiederholte mir Staatssekretär seine Stellungnahme und bat mich, um jedwedem Missverständnis vorzubeugen, Ew. Exzellenz zu versichern, dass er auch in diesem eben angeführten Fall dadurch, dass er als Vermittler aufgetreten sei, absolut nicht für eine Berücksichtigung des englischen Wunsches sei.«

Ein so bestimmtes Zeugnis kann doch nicht auf die vage Auskunft der Angeschuldigten »es könne unmöglich zutreffend sein« ohne Weiteres von der Hand gewiesen werden.

Doch der Rettungskommission kommt Hilfe. Zur rechten Zeit reicht ihr Dr. Gooß die rettende Planke, und durch ihn fühlt sie sich berechtigt, das so bestimmte Zeugnis Szögyenys für unglaubwürdig zu erklären, weil er – *»über seine Jahre gealtert war«*. (S. 39)

Eine besondere Ehrenrettung des damaligen Regimes ist darin gerade nicht zu finden. Man bedenke die damalige Situation. Die deutsche und die österreichische Regierung bereiteten einen Krieg vor, bei dem es auf Leben und Tod der Staaten gehen konnte. Da hieß es, die besten Kräfte auf die entscheidenden Posten stellen. Das dringendste Erfordernis war, dass zwischen den beiden verbündeten Regierungen nicht das geringste Missverständnis aufkam, jeder genau über die Absichten des andern unterrichtet war. Der österreichische Botschafter in Berlin bildete das verbindende Mittelglied zwischen den beiden Staaten; von seiner Klugheit, Klarheit und Korrektheit hing das Leben von Völkern und Regierungen ab. Nur zweierlei ist möglich: Entweder Graf Szögyeny war wirklich der senile Trottel, als den ihn die Weißwäscher Wilhelms und seiner »Handlanger« jetzt hinstellen, dann handelte die österreichische Regierung unglaublich leichtfertig und gewissenlos, dass sie an diesem wichtigsten Posten einen verblödeten Faselhans ließ, und nicht minder leichtfertig und gewissenlos die deutsche Regierung, dass sie ihre schwierigsten und wichtigsten Aufträge in solcher Situation einem Idioten anvertraute, der nicht recht wusste, worüber man mit ihm sprach. Eine schwerere Anklage gegen beide Regierungen ist nicht denkbar. Die Entschuldigung ist in diesem Falle schlimmer als das Verbrechen selbst. Denn es ist für eine Nation immer noch besser, von klugen und kenntnisreichen Halunken geführt zu werden, als von ehrlichen Trotteln. Jene werden das Volk nicht leichtfertig in Situationen hineinführen, die den ganzen Staat und damit auch seine Leiter gefährden. Das kann nur ein Dummkopf. Am schlimmsten natürlich ist es, wenn Unehrlichkeit, Leichtsinn und Dummheit sich vereinigen. Die eine Alternative, die wirkliche Senilität Szögyenys, exkulpiert also die deutsche Regierung nicht, sie verlegt nur ihre Schuld auf ein anderes Gebiet, als das angegebene.

Szögyeny war sicherlich 1914 schon ein alter Herr, 73 Jahre alt, dem mitunter ein Lapsus in der Berichterstattung passierte. Doch erweist sich auch vieles von dem, was er vorbringt, als vollständig richtig und in dem vorliegenden Fall ist seine Aussage, wie schon bemerkt, sehr bestimmt. Sie ist daher sicher zu prüfen.

Bei näherem Zusehen finden wir tatsächlich, dass sehr wichtige Punkte des Berichts ihre Bestätigung in den deutschen Akten finden.

Auch die Wiedergabe der Motivierung, mit der Jagow seine bedenkliche Äußerung vom 27. begründete, entspricht vollständig den damaligen Gedankengängen der deutschen Regierung. Szögyeny gibt sie mit den Worten wieder:

> »Die deutsche Regierung gehe von dem Gesichtspunkte aus, dass es von der größten Bedeutung sei, dass England im jet-

> zigen Moment nicht gemeinsame Sache mit Russland und Frankreich mache. Daher müsse alles vermieden werden, dass der bisher gut funktionierende Draht zwischen Deutschland und England abgebrochen werde. Würde nun Deutschland Sir Edward Grey glatt erklären, dass es seine Wünsche an Österreich-Ungarn, von denen England glaubt, dass sie durch Vermittlung Deutschlands eher Berücksichtigung bei uns finden, nicht weitergeben will, so würde eben dieser vorerwähnte, unbedingt zu vermeidende Zustand eintreten.«

Man sieht, der Herr Graf war sicher kein glänzender Stilkünstler; jedoch inhaltlich, wenn auch nicht formell in dem gleichen Sinne, wie es hier Szögyeny darstellt, äußert sich am selben Tage Bethmann in einem Telegramm an Tschirschky, in dem er Greys Vorschlag mitteilt und dann fortfährt:

> »Nachdem wir bereits einen englischen Konferenzvorschlag abgelehnt haben, ist es uns unmöglich, auch diese englische Anregung *a limine* abzuweisen. Durch eine Ablehnung jeder Vermittlungsaktion würden wir von der ganzen Welt für die Konflagration verantwortlich gemacht und als die eigentlichen Treiber zum Kriege hingestellt werden. Das würde auch unsere eigene Stellung im Lande unmöglich machen, *wo wir als die zum Kriege Gezwungenen dastehen müssen.* Unsere Situation ist um so schwieriger, als Serbien scheinbar sehr weit nachgegeben hat. Wir können daher die Rolle des Vermittlers nicht abweisen und müssen den englischen Vorschlag dem Wiener Kabinett zur Erwägung unterbreiten, zumal London und Paris fortgesetzt auf Petersburg einwirken. Erbitte Graf Berchtolds Ansicht über die englische Anregung ebenso wie über Wunsch Herrn Sasonows mit Wien direkt zu verhandeln.«

Dieser sonderbare Vermittler sah eine Schwierigkeit der Situation darin, dass die Serben *nachgaben*, was eine Schwierigkeit nur für den war, der den Krieg suchte, gleichzeitig aber als der zum Krieg gezwungene dastehen wollte. Er empfiehlt auch nicht den englischen Vorschlag, sondern gibt, ihn bloß weiter und entschuldigt sich, dass die Verhältnisse ihn dazu nötigten.
Nach London aber telegraphiert er:

> »In dem von Sir Edward Grey gewünschten Sinne haben wir Vermittlungsaktion in Wien sofort aufgenommen.«

Der Erfolg dieser »Vermittlungsaktion« war am 28. Juli die Kriegserklärung Österreichs an Serbien.

Trotzdem machte England noch einen Versuch zur Rettung des Weltfriedens. Am 29. berichtete Lichnowsky in einem Telegramm, das uns in einem anderen Zusammenhang noch eingehend beschäftigen wird:

> »Sir E. Grey wiederholte seine bereits gemeldete Anregung, dass wir uns an einer solchen Vermittlung zu vieren, *die wir grundsätzlich bereits angenommen hätten*, beteiligen sollten ... Sollten Ew. Exzellenz jedoch die Vermittlung übernehmen, *die ich heute früh in Aussicht stellen konnte*, so wäre ihm das natürlich ebenso recht.«

Die beiden gesperrt gedruckten Sätze fehlen in der für Wilhelm angefertigten Abschrift des Telegramms. Sollte das Zufall sein? Es lässt annehmen, man habe dem Kaiser verheimlichen wollen, dass man jene Art der Vermittlung grundsätzlich angenommen hätte«. Das würde sehr gut zu der Politik Jagows passen, über die Szögyeny berichtete.

Wie es sich mit dessen Bericht auch verhalten möge, auf jeden Fall war die deutsche Politik in den ersten Tagen nach der Überreichung des Ultimatums der Art, dass sie mit Recht steigendes Misstrauen auch der Neutralen zu ihrer Ehrlichkeit und Friedensliebe hervorrief.

Ein Wechsel in ihrer hartnäckigen Sabotierung jeglicher Friedensarbeit bereitet sich vor am 28. Juli.

## Beginnende Unsicherheit in Deutschland

Wir wissen bereits, dass die deutsche Regierung wohl den Krieg Österreichs mit Serbien wollte, auch vor dem mit Russland und eventuell mit Frankreich nicht zurückscheute, aber dabei das dringende Bedürfnis hatte, ihr eigenes Volk hinter sich und Italien neben sich, sowie England nicht gegen sich zu haben.

Dies wurde ihr ungemein erschwert durch Österreichs Tolpatschigkeit und Verbohrtheit auf der einen Seite und auf der anderen durch Serbiens Klugheit.

Als Wilhelm die Antwort las, die Serbien auf das österreichische Ultimatum vom 25. erteilte, musste er sich gestehen, dass seine eigene Sache dadurch sehr ins Unrecht gesetzt war. Das wurde ihm sichtlich unangenehm.

Er las am 28. Juli die Antwort der serbischen Regierung und machte dazu die Bemerkung:

> »Eine brillante Leistung für eine Frist von bloß 48 Stunden! Das ist mehr als man erwarten konnte! Ein großer moralischer Erfolg für Wien, aber damit fällt jeder Kriegsgrund fort und Giesl hätte ruhig in Belgrad bleiben sollen! Daraufhin hätte *ich* niemals Mobilmachung empfohlen.«

Das hinderte ihn freilich nicht, am 4. August in seiner Thronrede emphatisch zu erklären:

> »Mein hoher Verbündeter, der Kaiser und König Franz Josef, *war gezwungen, zu den Waffen zu greifen.*«

Am 28. Juli las man's anders, und nicht bloß in einer flüchtigen Bemerkung. Am gleichen Tage schrieb Wilhelm einen Brief an Bethmann Hollweg, den die »Deutsche Politik« vom 18. Juli d. J. bereits abgedruckt hat. Wir teilen ihn nochmals mit, weil er wichtig ist. Die beiden in Klammem befindlichen, sehr bemerkenswerten Äußerungen sind in der Wiedergabe der »Deutschen Politik« fortgefallen.
Der Brief lautet:

> Ew. Exzellenz.
> Nach Durchlesung der serbischen Antwort, die ich heute Morgen erhielt, bin ich der Überzeugung, dass im Großen und Ganzen die Wünsche der Donaumonarchie erfüllt sind. Die paar Reserven, welche Serbien zu einzelnen Punkten macht, können m. E. durch Verhandlungen wohl geklärt werden. Aber die Kapitulation (demütigster Art) liegt darin orbi et urbi verkündet und durch sie entfällt *jeder Grund zum Kriege.* Dennoch ist dem Stück Papier wie seinem Inhalt nur beschränkter Wert beizumessen, solange er nicht in die Tat umgesetzt wird. Die Serben sind Orientalen, daher verlogen, falsch und Meister im Verschleppen. Damit diese schönen Versprechungen Wahrheit und Tatsache werden, muss eine douce violence geübt werden. Das würde dergestalt zu machen sein, dass Österreich ein Faustpfand (Belgrad) für die Erzwingung und Durchführung der Versprechungen besetzte und so lange behielte, bis tatsächlich die petita durchgeführt sind. Das ist auch notwendig, um der zum dritten Male *umsonst* mobilisierten Armee eine äußere satisfaction d'honneur zu geben, den Schein eines Erfolges dem Ausland gegenüber, und das Bewusstsein, wenigstens auf fremdem Boden gestanden zu haben, ihr zu ermöglichen. Ohne dem dürfte bei Unterbleiben eines Feldzugs eine sehr üble Stimmung gegen die Dynastie aufkommen, die höchst bedenklich wäre. Falls Ew. Exz. die-

> se meine Auffassung teilen, so würde ich vorschlagen, Österreich zu sagen: Der Rückzug Serbiens (in sehr demütigender Form) sei erzwungen und man gratuliere dazu. Natürlich sei damit ein *Kriegs*grund *nicht mehr vorhanden*. Wohl aber eine *Garantie* nötig, dass die *Versprechungen ausgeführt würden*. Das würde durch die *vorübergehende* militärische Besetzung eines Teiles von Serbien wohl erreichbar sein. Ähnlich wie wir 1871 in Frankreich Truppen stehen ließen, bis die Milliarden gezahlt waren. Auf *dieser Basis* bin ich bereit, den Frieden in Österreich zu *vermitteln*. Dagegen laufende Vorschläge oder Proteste anderer Staaten würde ich unbedingt abweisen, um so mehr als alle mehr oder weniger offen an mich appellieren, den Frieden erhalten zu helfen. Das werde ich tun auf meine Manier und so schonend für das österreichische Nationalgefühl und für die *Waffenehre* seiner *Armee* als möglich. Denn an letztere ist bereits seitens des obersten Kriegsherrn appelliert worden, und sie ist dabei, dem Appell zu folgen. Also muss sie unbedingt eine sichtbare satisfaction d'honneur haben, das ist *Vorbedingung* für meine Vermittlung. Daher wollen Ew. Exz. in dem skizzierten Sinne einen Vorschlag mir unterbreiten, der nach Wien mitgeteilt werden soll. Ich habe in obigem Sinne an Chef des Generalstabs durch Plessen schreiben lassen, der ganz meine Ansicht teilt. Wilhelm I. R.

Die »Deutsche Politik« bemerkt dazu:

> »All das zeigt einwandfrei, dass auch der Kaiser nicht einmal den österreichisch-serbischen Krieg gewollt hat.«

In Wirklichkeit könnte man höchstens sagen: *in jenem Moment* nicht gewollt hat. Dass er früher mit dem Krieg einverstanden war, ja zu ihm drängte, haben wir gesehen. Noch am 25. Juli hatte er gefunden, man müsse »dem Gesindel auf die Füße treten«.

Auch am 28. Juli ist sich Wilhelm des Ernstes der Situation nicht völlig bewusst. Er spielt immer noch mit dem Feuer, wenn er eine »douce violence«, einen sanften Zwang, gegenüber den Serben verlangt, die in so auffallendem Gegensatz zu den Wahrheitsfanatikern unter den Österreichern und Deutschen »verlogen und falsch« sind. Und es ist sehr charakteristisch für sein militärisches Denken, aber auch für sein Komödiantentum, dass er sagt, der »zum dritten Mal umsonst mobilisierten Armee« müsse jetzt endlich einmal eine »äußere satisfaction d'honneur«, »der Schein eines Erfolges« gegeben werden – das ist »Vorbedingung für meine Vermittlung«, von der

der Frieden der Welt abhängt! Die Befriedigung der Offizierseitelkeit steht ihm noch über dem Weltfrieden!

Die Erkenntnis vom 28. verdichtete sich auch noch nicht zu einem ernstlichen Druck auf Österreich, das just an diesem Tage den Krieg erklärte und am nächsten Belgrad bombardierte, um doch nicht zum dritten Mal umsonst mobilisiert zu haben.

Wilhelm lehnt nach wie vor die besten Vorschläge ab, aus der gespannten Situation herauszukommen. Das bezeugen seine Bemerkungen zu einem Bericht des deutschen Militärbevollmächtigten in Petersburg, Chelius vom 28. Juli, den Wilhelm am 29. Juli las. Er lautet:

> »Für S. M. Fürst Trubetzkoi aus der Umgebung des Kaisers äußerte sich heute zu mir wie folgt: Nachdem nunmehr die Antwort Serbiens veröffentlicht ist, muss man seinen guten Willen anerkennen (*das war zu erwarten. W.*), den Wünschen Österreichs voll und ganz nachzukommen, sonst hätte Serbien nicht in so freundnachbarlichem Ton die unerhört scharfe Note Österreichs beantwortet, sondern sie einfach – (ein Wort unverständlich). Die beiden strittigen Punkte konnte Serbien nicht einfach annehmen, ohne Gefahr einer Revolution und will sie einem Schiedsspruch unterbreiten (*Kann sich Österreich nicht darauf einlassen. W.*). Dies ist durchaus loyal und Österreich würde eine schwere Verantwortung auf sich nehmen, durch Nichtanerkennung dieser Haltung Serbiens einen europäischen Konflikt heraufzubeschwören. (*Das ist die Sorge, die mich erfüllt nach Durchlesung der Serbenantwort. W.*)
> Als ich erwiderte, die Verantwortung fiele auf Russland, welches doch außerhalb des Konfliktes stände (*richtig! W.*), sagte Fürst Trubetzkoi: ... Wir können unsere Brüder nicht im Stiche lassen (*Königs- und Fürstenmörder. W.*). Österreich kann sie vernichten (*will es nicht. W.*) und das können wir nicht zugeben ... Wir glauben, dass der Deutsche Kaiser dem verbündeten Österreich einen wohlmeinenden Rat geben wird, den Bogen nicht zu überspannen (*das sind vage Phrasen, um die Verantwortung auf mich abzuschieben. Das lehne ich ab. W.*), den guten Willen Serbiens mit den gegebenen Versprechungen anzuerkennen und die Mächte oder den Haager Schiedsspruch die strittigen Punkte entscheiden zu lassen (*Blödsinn. W.*) ... Die Rückkehr Ihres Kaisers hat uns alle sehr beruhigt, denn wir vertrauen S. M. und wollen keinen Krieg, auch Kaiser Nikolaus nicht. Es wäre gut, wenn sich die beiden Monarchen einmal telegraphisch verständigen. (*Ist erfolgt. Ob eine*

> *Verständigung erfolgt, ist mir zweifelhaft. W.*) Dies ist die Ansicht eines der einflussreichsten Männer des Hauptquartiers und wohl die Ansicht der ganzen Umgebung.«

Man sieht, auch am 29. besteht noch Wilhelm darauf, einen Appell an das Haager Schiedsgericht oder an eine Konferenz der Mächte als »Blödsinn« zu erklären. Anderseits zweifelt er selbst daran, dass eine direkte Verständigung Deutschlands mit Russland Erfolg verspricht. Danach scheint er doch mit der Unvermeidlichkeit des allgemeinen Krieges zu rechnen, und die Sorge, die ihn erfüllt, und der er in einer seiner Glossen Ausdruck gibt, scheint nicht die Sorge vor dem europäischen Konflikt zu sein, sondern die Sorge, dass man durch Österreichs Dummheit mit dem Odium belastet wird, den Krieg selbst heraufbeschworen zu haben. Auch aus manchen Äußerungen Bethmanns geht nicht immer klar hervor, ob ihm die Erhaltung des Friedens am Herzen liegt, oder ob er nur nach dem Muster Bismarcks von 1871 dafür besorgt ist, dass die andern als das Karnickel erscheinen, das angefangen hat. Man erinnere sich der Depesche vom 27. Juli an Tschirschky, in der er sagt, dass wir als »die zum Kriege Gezwungenen dastehen müssen«.

Auf den gleichen Ton ist die Depesche gestimmt, die der Reichskanzler an den Botschafter in Wien am 28. Juli sandte. Er beschwerte sich, dass Österreich Deutschland trotz wiederholter Anfragen im Unklaren über seine Absichten gelassen habe.

> »Die nunmehr vorliegende Antwort der serbischen Regierung auf das österreichische Ultimatum lässt erkennen, dass Serbien den österreichischen Forderungen doch in so weitgehendem Maße entgegengekommen ist, dass bei einer völlig intransigenten Haltung der österreichisch-ungarischen Regierung mit einer allmählichen Abkehr der öffentlichen Meinung von ihr in ganz Europa gerechnet werden muss.
> Nach Angaben des österreichischen Generalstabes wird ein aktives militärisches Vorgehen gegen Serbien erst am 12. August möglich sein. Die kaiserliche Regierung kommt infolgedessen in die außerordentlich schwierige Lage, dass sie in der Zwischenzeit den Vermittlungs- und Konferenzvorschlägen der anderen Kabinette ausgesetzt bleibt, und wenn sie weiter an ihrer bisherigen Zurückhaltung solchen Vorschlägen gegenüber festhält, *das Odium, einen Weltkrieg verschuldet zu haben, schließlich auch in den Augen des deutschen Volkes auf sie zurückfällt. Auf einer solchen Basis aber lässt sich ein erfolgreicher Krieg nach drei Fronten nicht einleiten. Es ist eine gebieterische Pflicht, dass die Verantwortung* für das eventuelle Übergreifen

des Konfliktes auf die nicht unmittelbar Beteiligten *unter allen Umständen Russland trifft.*«

Bethmann Hollweg rät daher Wien, seine bestimmte Erklärung zu wiederholen, dass es territoriale Erwerbungen in Serbien nicht suche und nur vorübergehend Belgrad und mehrere Punkte in Serbien besetzen wolle, als Garantie für die Erfüllung der österreichischen Forderungen.

»Erkennt die russische Regierung die Berechtigung dieses Standpunkts nicht an, so wird sie die öffentliche Meinung ganz Europas gegen sich haben, die im Begriffe steht, sich von Österreich abzuwenden. Als eine weitere Folge wird sich die allgemeine diplomatische und wahrscheinlich auch die militärische Lage sehr wesentlich zugunsten Österreich-Ungarns und seiner Verbündeten verschieben.
Ew. Exz. wollen sich umgehend in diesem Sinne dem Grafen Berchtold gegenüber nachdrücklich aussprechen und eine entsprechende Demarche in Petersburg anregen. Sie werden es dabei sorgfältig zu vermeiden haben, *dass der Eindruck entsteht, als wünschten wir Österreich zurückzuhalten.* Es handelt sich lediglich darum, einen Modus zu finden, der die Verwirklichung des von Österreich-Ungarn angestrebten Ziels, der großserbischen Propaganda den Lebensnerv zu unterbinden, ermöglicht, ohne gleichzeitig einen Weltkrieg zu entfesseln, *und wenn dieser schließlich nicht zu vermeiden ist, die Bedingungen, unter denen er zu führen ist, für uns nach Tunlichkeit zu verbessern.*«

Man wird zugeben, dass es schwer ist, zu entscheiden, was dem Reichskanzler noch am 28. Juli mehr am Herzen lag: den Weltkrieg zu vermeiden oder »die Bedingungen, unter denen er zu führen ist, für uns nach Tunlichkeit zu verbessern.«

Wilhelm selbst äußerte sich durchaus nicht sehr entgegenkommend gegenüber dem Hilferuf, den der Zar an ihn richtete, in seinem ersten Telegramm vom 29. Juli. Es lautete in deutscher Übersetzung:

»An S. M. den Kaiser.
Neues Palais.
Ich bin froh, dass Du zurück bist. In diesem so ernsten Augenblick bitte ich Dich inständig, mir zu helfen. Ein unwürdiger Krieg (*!! W.*) ist an ein schwaches Land erklärt worden. Die Entrüstung darüber, die ich völlig teile, ist in Russland ungeheuer. Ich sehe voraus, dass sehr bald der über mich ge-

> brachte Druck mich überwältigen wird, und ich gezwungen sein werde, weitgehende Maßregeln zu treffen, die zum Kriege führen werden. Um zu versuchen, ein solches Unheil, wie ein europäischer Krieg, abzuwenden, bitte ich Dich im Namen unserer alten Freundschaft, zu tun, was Du kannst, um Deinen Bundesgenossen zu hindern, zu weit zu gehen? *(Worin besteht das? W.)* Niky.«

Angesichts dessen, dass Wilhelm selbst eben erklärt hatte, zum Krieg gegen Serbien liege gar keine Veranlassung vor, sollte man annehmen, dieser Hinweis auf die furchtbaren Folgen des kriegerischen Vorgehens Österreichs gegen Serbien müsste Wilhelm zu raschem Eingreifen veranlassen. Nichts von alledem. Nikolaus bittet ihn, alles aufzubieten, um Österreich zu hindern, dass es nicht zu weit geht, Wilhelm fragt: Worin besteht das?

Wilhelm hält den Krieg gegen Serbien für völlig unbegründet, und protestiert doch durch zwei Ausrufungszeichen dagegen, dass dieser Krieg ein »unwürdiger« (ignoble, im deutschen Weißbuch übersetzt mit »schmählich«, was zu stark ist) genannt wird.

Doch Wilhelm begnügt sich damit nicht. Er hängt dem Telegramm noch folgende Reflexionen an:

> »Eingeständnis der Schwäche seiner selbst und Versuch, die Verantwortung mir zuzuschieben. Das Telegramm enthält eint versteckte Drohung und einem Befehl ähnliche Aufforderung, den Alliierten in den Arm zu fallen. Falls Ew. Ex. mein Telegramm gestern Abend abgesandt haben, muss es sich mit diesem gekreuzt haben.[1]
>
> Wir werden nun sehen, wie das meine wirkt. Der Ausdruck, ›ignoble war‹ (unwürdiger Krieg. K.) lässt nicht auf monarchisches Solidaritätsgefühl des Zaren schließen, sondern auf eine panslawistische Auffassung, das heißt, die Sorge vor einer capitis diminutio auf dem Balkan im Fall österreichischer Erfolge. Diese konnten ruhig in ihrer Gesamtwirkung erst abgewartet werden. Es ist später immer noch Zeit zum Verhandeln und eventuell zum Mobilmachen, wozu *jetzt* gar kein Grund für Russland ist. Statt uns die Sommation zu stellen, den Alliierten zu stoppen, sollte S. M. sich an den Kaiser Franz Josef

1 Das war in der Tat der Fall. Das Telegramm des Zaren traf am 29. Juli 1 Uhr morgens in Berlin ein, das Telegramm des Kaisers an den Zaren war am 28. 10:45 abends nach einem Konzept Stumms fertiggestellt und am 29. um 1:45 *morgens* zum Berliner Haupttelegraphenamt gegeben. Es ging also erst ab, nachdem das Telegramm des Zaren bereits in Berlin war, dieses bildet nicht eine Beantwortung des Kaisertelegramms, wie man nach dem deutschen Weißbuch annehmen muss, wo das Telegramm Wilhelms vom 28. um 10:45 nachmittags, und das des Zaren vom 29. um 1 Uhr *nachmittags* datiert ist. K.

> wenden und mit ihm verhandeln, um die Absichten S. M. kennenzulernen.
> Sollten nicht Kopien der beiden Telegramme an S. M. den König nach London zur Information gesandt werden?
> Die Sozi machen antimilitaristische Umtriebe in den Straßen; das darf nicht geduldet werden, *jetzt* auf keinen Fall.
> Im Wiederholungsfall werde ich Belagerungszustand proklamieren und die Führer samt und sonders tutti quanti einsperren lassen. Loebell und Jagow dahin instruieren. Wir können jetzt keine Soz. Propaganda mehr dulden!«

Diese Propaganda richtete sich gegen den Krieg Österreichs mit Serbien, den Wilhelm selbst als völlig ungerechtfertigt bezeichnete. Statt dem den Weltfrieden gefährdenden Verbündeten in den Arm zu fallen, will der Kaiser jene »tutti quanti einsperren lassen«, die gegen den Krieg protestieren und er verlangt, dass man Österreichs Kriegführung gewähren lasse, und die »Gesamtwirkung« ihrer Erfolge erst abwarte.

## 13. Italien

Zur Zeit der Absendung des Ultimatums an Serbien hatte bei den regierenden Herren in Berlin und Wien noch unbekümmerte Selbstzuversicht geherrscht, die glaubte, den Sieg schon in der Tasche zu haben, sei es den *diplomatischen*, wenn Russland sich kampflos der ihm zugedachten capitis diminutio unterwarf, wie Wilhelm sich ausdrückte, das heißt, seiner schimpflichen Degradierung. Oder den *militärischen*, wenn Russland sich dazu, verführen ließ, zum Schwerte zu greifen.

Doch diese Zuversicht war auf die Erwartung aufgebaut, dass es gelingen werde, im deutschen Volke für den Konflikt den nötigen Resonanzboden zu finden, Italien als Bundesgenossen zur Seite zu erhalten und England zu veranlassen, neutral zu bleiben.

Da kam die Antwort Serbiens. Je mehr sie wirkte, desto bedenklicher wurde die allgemeine Stimmung gegen Österreich und seine Förderer. So entstand jene Unsicherheit, deren Anzeichen wir eben kennengelernt hatten.

Wir haben Wilhelms Entrüstung über die »Sozi« gesehen. Nicht weniger Kopfschmerzen bereitete ihm sein italienischer Bundesgenosse.

Hätten die Verschworenen von Potsdam die Wirklichkeit so gesehen, wie sie war, und nicht, wie sie nach ihren Wünschen sein sollte, dann durften sie von vornherein nicht auf Italiens Unterstützung rechnen, mussten sie eher auf seine Gegnerschaft gefasst sein.

Denn auf dem Balkan war Italien ebenso sehr Österreichs Rivale wie Russland, Ja, die österreichischen Wege kreuzten weit mehr als die russischen die Straße, die Italien zu gehen gedachte, da dieses ebenso wie Österreich Ausdehnungsgelüste auf der westlichen Seite des Balkans hatte. Zwischen Russland und Italien war daher nach der Annexion Bosniens durch Österreich 1909 eine starke Annäherung in der Balkanpolitik eingetreten.

Wohl konnte auch Serbien ein Konkurrent des italienischen Imperialismus auf dem Balkan werden. Aber es war damals noch klein, ein Ländchen mit 3 Millionen Einwohnern, also ganz ungefährlich im Gegensatz zur großen Habsburger Monarchie mit ihren 50 Millionen.

Und nicht nur der Imperialismus, auch die Demokratie Italiens stand im Gegensatz zu Österreich, das 1 Million Italiener in seinen Gebieten unterdrückte und verfolgte.

Italien war in Wirklichkeit bloß der Bundesgenosse Deutschlands, nicht Österreichs. Zwischen Italienern und Österreichern bestand bittere Feindschaft, die so groß war, dass schon 1909 der Chef des österreichischen Generalstabs, Conrad v. Hötzendorf, zum Krieg gegen Italien gedrängt hatte. Die Stimmung der schwarzgelben Generalstäbler und Diplomaten war nicht verbessert worden dadurch, dass 1913 Italien Österreichs Pläne eines Krieges gegen Serbien vereitelte.

So wenig trauten die Verschworenen dem »Bundesgenossen«, dass sie es für notwendig hielten, vor ihm ebenso wie vor der übrigen Welt das Unternehmen gegen Serbien auf das Sorgfältigste geheim zu halten. Er wurde nicht bloß scheinbar, wie die deutsche Regierung, sondern tatsächlich durch das österreichische Ultimatum überrascht.
Dass die italienische Regierung darob sehr erbittert wurde, musste man voraussehen. Und selbst wenn sie sich an Österreichs Seite hätte stellen wollen, wäre es ihr schwergefallen. Denn die öffentliche Meinung nahm in Italien sofort gegen Österreich und für Serbien Partei. Eine italienische Regierung war aber weit weniger selbstherrlich als eine deutsche oder österreichische. Sie durfte nicht wagen, sich einer stark ausgesprochenen Volksstimmung entgegenzustemmen.

Das einzige Mittel, Italien zu gewinnen, hätte unter diesen Umständen darin bestehen können, dass Österreich Italien ausgiebige Kompensationen gewährt, die auch vom Volke akzeptiert wurden, z.B. die Abtretung des Trentino.

Eine vorausschauende Politik hätte sich darüber vergewissern müssen, ehe sie sich auf das Kriegsabenteuer einließ – wenn sie dieses schon einmal für geboten hielt. Von ihrem eigenen, imperialistischen Standpunkt aus hätten Wilhelm und Bethmann, ehe sie in Potsdam Österreich unbedingte Unterstützung beim Krieg gegen Serbien versprachen, von Österreich die Zusicherung erlangen müssen, dass es zu bestimmten Konzessionen an Italien bereit sei.

Aber dazu hatte man damals zu große Eile. Das Unternehmen, das den furchtbaren Weltkrieg heraufbeschwor, wurde, ganz abgesehen von allen moralischen Bedenken, mit solcher Kopflosigkeit und Leichtfertigkeit in Gang gebracht, dass man in Berlin zunächst gar nicht daran dachte, Wien auf Kompensationen für Italien festzulegen. Hatte man ja nicht einmal gefragt, welches die Ziele des Krieges gegen Serbien waren! Wie über diese Kriegsziele fing man auch über Italien erst hinterdrein an nachzudenken. Zehn Tage nach der Potsdamer Zusammenkunft, am 15. Juli, telegraphierte Jagow an Tschirschky in Wien:

> »So austrophob im Allgemeinen die italienische öffentliche Meinung ist, so serbophil hat sie sich bisher immer gezeigt. Es ist auch für mich kein Zweifel, dass sie bei einem österreichisch-serbischen Konflikt sich prononziert auf Seite Serbiens stellen wird. Eine territoriale Ausbreitung der Österreich-ungarischen Monarchie, selbst eine Ausdehnung ihres Einflusses im Balkan wird in Italien perhorresziert und als eine Schädigung der Position Italiens daselbst angesehen. Infolge einer optischen Täuschung wird angesichts der unvermeidlichen Bedrohung durch das benachbarte Österreich die in Wirklichkeit viel größere slawische Gefahr verkannt. Ganz abgesehen davon, dass die Politik der Regierung in Italien nicht unwesentlich von den Stimmungen der öffentlichen Meinung abhängt, so beherrscht die obige Auffassung doch auch die Köpfe der Mehrzahl der italienischen Staatsmänner. Ich habe bei ihnen jedes Mal, wenn eine Bedrohung Serbiens durch Österreich in Frage kam, eine außerordentliche Nervosität konstatieren können. Durch eine Parteinahme Italiens für Serbien würde fraglos die russische Aktionslust wesentlich ermutigt. In Petersburg würde man damit rechnen, dass Italien nicht nur seinen Bundespflichten nicht nachkommt, sondern sich womöglich direkt gegen Österreich-Ungarn wendet. Ein Zusammenbruch der Monarchie würde für Italien ja auch die Aussicht auf Gewinnung einiger langbegehrter Landesteile eröffnen.

Es ist daher meiner Ansicht nach von *größter* Bedeutung, dass Wien sich mit dem Kabinett von Rom über seine im Konfliktfall zu verfolgenden Ziele in Serbien auseinandersetzt und es auf seiner Seite oder – da ein Konflikt mit Serbien allein keinen casus foederis bedeutet – strikte neutral hält. Italien hat nach seinen Abmachungen mit Österreich bei jeder Veränderung im Balkan zugunsten der Donaumonarchie ein Recht auf Kompensationen. Diese würden also das Objekt und den Köder für die Verhandlungen mit Italien bilden. Nach unseren Nachrichten würde z.B. die Überlassung von Valona in Rom nicht als annehmbare Kompensation angesehen werden. Italien scheint überhaupt von dem Wunsche, sich auf der altera sponda der Adria festzusetzen, zurzeit abgekommen zu sein.
Wie ich streng vertraulich bemerke, dürfte als einzige vollwertige Kompensation in Italien die Gewinnung des Trento erachtet werden. Dieser Bissen wäre allerdings so fett, dass damit auch der austrophoben öffentlichen Meinung der Mund gestopft werden könnte. Dass die Hergabe eines alten Landesteils der Monarchie mit den Gefühlen des Herrschers wie des Volkes in Österreich sehr schwer vereinbar wäre, lässt sich nicht verkennen. Es fragt sich aber andererseits, welchen Wert die Haltung Italiens für die österreichische Politik hat, welchen Preis man dafür zahlen will und ob der Preis im Verhältnis zu dem anderwärts erstrebten Gewinne steht.
Eure Exzellenz bitte ich, die Haltung Italiens zum Gegenstand einer eingehenden vertraulichen Rücksprache mit dem Grafen Berchtold zu machen und dabei eventuell auch die Frage der Kompensationen zu berühren. Ob bei diesem Gespräch die Frage des Trento erwähnt werden kann, muss ich Ihrer Beurteilung und Kenntnis der dortigen Dispositionen anheimstellen.
Die Stellungnahme Italiens wird jedenfalls für Russlands Haltung bei dem serbischen Konflikt von Bedeutung sein; sollte sich aus letzterem eine *allgemeine Konflagration* ergeben, so würde sie auch für uns von größter militärischer Wichtigkeit sein.
Zur Vermeidung von Missverständnissen bemerke ich noch, dass wir dem römischen Kabinett keinerlei Mitteilung über die Verhandlungen zwischen Wien und Berlin gemacht haben und dass folglich auch die Kompensationsfrage von uns nicht erörtert worden ist.«

Jagow hatte gut reden. Er hätte die Beschränktheit und Verstocktheit seiner österreichischen Freunde besser kennen sollen. Von Kompensationen wollte man in Wien nichts wissen.

So berichtet Tschirschky am 20. Juli über eine Besprechung mit Berchtold:

> »Graf Berchtold sagte, seiner Ansicht nach würde, wie die Dinge liegen, die Kompensationsfrage jetzt überhaupt nicht aktuell werden; in der gestrigen Besprechung sei, besonders auf Drängen des Grafen Tisza, der hervorgehoben habe, weder ihm noch irgendeiner ungarischen Regierung könne eine Stärkung des slawischen Elements in der Monarchie durch Angliederung serbischer Gebietsteile zugemutet werden, beschlossen worden, von jeder *dauernden* Einverleibung fremden Gebiets abzusehen. Hiermit wird dann jeder irgendwie stichhaltige Grund für Italien, Kompensationen zu fordern, wegfallen. Auf meine Bemerkung, dass seitens Italien selbst schon die Niederwerfung Serbiens und die damit verbundene Ausdehnung des Einflusses der Monarchie am Balkan als eine Schädigung seiner Position angesehen werden und möglicherweise zu Reklamationen führen würde, meinte der Minister, dieser Standpunkt stehe im Widerspruch mit den wiederholten Erklärungen des Marquis von San Giuliano, dass Italien ein starkes Österreich brauche.«

Nachdem der österreichische Graf diese tiefe Weisheit zum Besten gegeben, sprach er weiter über das Nationalitätenprinzip, das von Italien selbst durch die Besetzung Libyens durchbrochen worden sei, und fuhr fort:

> »Wenn man sich übrigens in Rom augenblicklich eine weitgehende österreichisch-italienische Kooperation praktisch nicht vorstellen kann, so läge durchaus kein Anlass zu einer solchen vor. Österreich verlange weder eine Kooperation noch eine Unterstützung, sondern lediglich Enthaltung feindlichen Vorgehens gegen den Bundesgenossen.«

Im Übrigen machten dem tatenlustigen Minister die Italiener keine Sorgen:

> »Er gebe sich über die antiösterreichische und proserbische Stimmung San Giulianos und der Italiener keinen Illusionen hin, *sei aber fest davon überzeugt, dass Italien militärisch und innerpolitisch kaum daran denken könne, aktiv einzugreifen.* Herr v. Merey (der österreichische Botschafter in Rom) glaube und er, der Minister, hielte diese Ansicht für begründet, dass es San

> Giuliano hauptsächlich darauf ankomme. Österreich zu bluffen und für sich Schutz vor der öffentlichen Meinung Italiens zu suchen.«

Schon nach diesen Proben von Leichtfertigkeit und Beschränktheit hätte der deutschen Regierung vor dem Bundesgenossen bange werden müssen, mit dem sie sich in ein Abenteuer einließ, das zu einer »allgemeinen Konflagration« zu führen drohte.

Wilhelm selbst blieb jedoch zunächst noch hoffnungsfroh. Jagow telegraphierte ihm am 25. Juli einen Bericht Flotows aus Rom, der am 24. abends von dort abgegangen war. Es heißt dort:

> »In mehrstündiger, ziemlich erregter Konferenz mit Ministerpräsident Salandra und Marquis di San Giuliano führte letzterer aus, dass der Geist des Dreibundvertrages bei einem so folgenreichen aggressiven Schritt Österreichs verlangt hätte, sich vorher mit den Bundesgenossen ins Einvernehmen zu setzen. Da dies bei Italien nicht geschehen sei, so kann sich Italien bei weiteren Folgen aus diesem Schritt nicht für engagiert halten. Außerdem verlange Artikel 7 des Dreibundvertrages (den ich hier nicht habe), dass bei Veränderungen auf dem Balkan die Kontrahenten sich vorher verständigten und dass, wenn einer der Kontrahenten territoriale Veränderung herbeiführe, der andere entschädigt würde.
>
> Auf meine Bemerkung, dass, soviel ich wisse, Österreich erklärt habe, territoriale Erwerbungen nicht zu beabsichtigen, sagte der Minister, dass eine solche Erklärung nur sehr bedingt abgegeben worden sei. Österreich habe vielmehr erklärt, territoriale Erwerbungen *jetzt* nicht zu beabsichtigen, vorbehaltlich späterer etwa notwendig werdender anderer Entschlüsse. Der Minister meinte, man werde es ihm daher nicht verdenken, wenn er rechtzeitig Vorsichtsmaßregeln ergreife.
>
> Der Text der österreichischen Note sei so unerhört aggressiv und ungeschickt abgefasst, dass die gesamte öffentliche Meinung Europas und mit ihr Italiens (*es hat in Albanien still mausen wollen und das hat Österreich verpurrt. W.*) gegen Österreich sein würden. Dagegen könne keine italienische Regierung ankämpfen. (*Blech. W.*)
>
> Nach meinem Eindruck ist die einzige Möglichkeit, Italien festzuhalten, die, ihm zu rechter Zeit Kompensationen zu versprechen (*der kleine Dieb muss eben immer was mitschlucken. W.*), wenn Österreich territoriale Besitznahme oder Besetzung des Lovćen vornimmt.«

Jagow bemerkt zu diesem Telegramm, der italienische Gesandte in Berlin, Bollati, habe Kompensationen verlangt, andernfalls müsse die Politik Italiens darauf gerichtet sein, eine österreichische Gebietserweiterung zu verhindern. Wilhelm unterstreicht das Wort »Kompensationen« und fügt hinzu; »Albanien«. An den Schluss des Telegrammes aber setzt er die klassische Bemerkung:

> »Das ist lauter Quatsch und wird sich schon von selbst geben im Laufe der Ereignisse.«

Im Auswärtigen Amt und selbst im Generalstab sah man indes Italiens Haltung weniger hoffnungsfreudig an, und Wilhelm selbst begann, nachdem er wieder festes Land betreten, die Dinge etwas nüchterner zu betrachten, namentlich als er sah, wie die serbische Antwort wirkte. Die deutsche Regierung fuhr fort, Österreich zu drängen, dass es Italien Kompensationen gewähre.
Flotow berichtete am 25. Juli aus Rom:

> »Bei gestriger Diskussion mit Herrn Salandra und Marquis di San Giuliano, die wiederholt zu scharfen Zusammenstößen zwischen dem Marquis di San Giuliano und mir führte, schienen sich auf italienischer Seite drei Punkte abzuzeichnen: Erstens Furcht vor der öffentlichen Meinung Italiens, zweitens das Bewusstsein militärischer Schwäche und drittens, der Wunsch, bei dieser Gelegenheit etwas für Italien herauszuschlagen, wenn möglich das Trentino.«

Dazu bemerkt Bethmann Hollweg:

> »S. M. hält es für unbedingt erforderlich, dass sich Österreich mit Italien *rechtzeitig* wegen der Kompensationsfrage verständigt. Das soll Herrn von Tschirschky zur Weitergabe an Graf Berchtold im ausdrücklichen Auftrage S. M. mitgeteilt werden.«

Flotow fährt in seinem Bericht fort:

> »Die Möglichkeit, dass Italien sich eventuell auch gegen Österreich wenden könnte, sprach Marquis di San Giuliano nicht direkt aus, sie klang nur in leisen Andeutungen durch ... Wie schon gemeldet, vertrat Marquis di San Giuliano aufgrund der Fassung der österreichischen Note mit Nachdruck die These, dass das Vorgehen Österreichs gegen Serbien ein aggressives sei, dass daher auch alle sich etwa ergebenden Einmischungen Russlands und Frankreichs den Krieg nicht zu einem defensiven machen würden, und dass damit der casus foederis nicht

> gegeben sei. Ich habe diesen Standpunkt schon aus taktischen Gründen lebhaft bekämpft. Voraussichtlich wird aber Italien an dieser Möglichkeit zu entschlüpfen festhalten.
> Das Gesamtresultat ist also: Auf eine aktive Hilfe Italiens in einem etwa entstehenden europäischen Konflikt wird man schwerlich rechnen können. Eine direkte feindliche Haltung Italiens gegen Österreich dürfte sich, soweit sich heute übersehen lässt, durch ein kluges Verhalten Österreichs verhindern lassen.«

Am 26. berichtet Flotow weiter:

> »Marquis di San Giuliano fährt fort, mir zu sagen, dass das Vorgehen Österreichs für Italien höchst bedenklich sei, da Österreich morgen wegen der Irredenta dasselbe Vorgehen gegen Italien richten könne. Zu solchen Schritten könne daher Italien nicht seine Zustimmung geben. Nach vertraulichen Nachrichten aus Bukarest sei S. M. der König von Rumänien der gleichen Ansicht wegen der in Ungarn lebenden Rumänen ...
> Den österreichischen Versicherungen, kein serbisches Territorium zu beanspruchen, glaubt der Minister immer noch nicht ... Der Minister deutete wieder an, ohne Kompensation sei Italien gezwungen, Österreich in den Weg zu treten.«

Wer dem Weltfrieden wirklich dienen wollte, musste natürlich auf Österreich vor allem dahin drücken, dass es sich mit der serbischen Antwort begnügte. Statt dessen drückte man auf Österreich, damit es sich mit Italien verständige, um stärker zu sein, für den Fall, dass der serbische Krieg zu einem europäischen Konflikt werde. Je mehr dessen Wahrscheinlichkeit wächst, desto dringender die Mahnungen an Wien.
Am 26. telegraphiert Bethmann Hollweg an Tschirschky in Wien:

> »Auch der Chef des Generalstabs hält es für dringend erforderlich, dass Italien fest beim Dreibund gehalten wird. Eine Verständigung Wiens mit Rom ist daher nötig. Wien darf derselben nicht mit fraglichen Vertragsdeutungen ausweichen, sondern muss dem Ernst der Lage entsprechend seine Entschlüsse fassen.«

Immer dringlicher werden die Aufforderungen. Am 27. telegraphiert Jagow an den Botschafter in Wien:

> »S. M. der Kaiser hält es für unbedingt erforderlich, dass Österreich sich mit Italien *rechtzeitig* über Artikel 7 und Kompen-

> sationsfragen verständigt. S. M. haben ausdrücklich befohlen, das Ew. Exz. zur Weitergabe an Graf Berchtold mitzuteilen.«

Aber weder dem Chef des Generalstabes noch dem Kaiser selbst gelang es, die passive Resistenz der Herren vom Ballplatz zu überwinden, die einmal entschlossen waren, in den Italienern nicht den Bundesgenossen, sondern den Feind zu sehen.

Und wie Italien drohte bei dieser verbissenen Verbohrtheit auch der andere Bundesgenosse zu versagen, den Deutschland noch hatte, Rumänien.

Das musste denn doch bedenklich stimmen. Noch mehr aber die Haltung Englands.

## 14. England

### Bis zum 29. Juli

Die deutsche Regierung hatte erwartet, es werde ihr gelingen, England neutral zu erhalten, wenn es zum Konflikt mit Russland und Frankreich kommen sollte. Man mochte darauf rechnen, dass Irland vor offener Rebellion zu stehen schien, und dass der pazifistische Gedanke nirgends stärker war als gerade in England, nicht nur bei seinen Arbeitern, sondern auch bei einem großen Teil seiner Bourgeoisie. Selbst vielen bürgerlichen Elementen, die an einem Kolonialkrieg nichts auszusetzen hatten, graute vor einem europäischen Krieg mit seinen vernichtenden ökonomischen Folgen.

Die deutsche Regierung durfte also wohl erwarten, dass gegen einen Krieg mit Deutschland sich starke Widerstände im englischen Parlament regen würden. Aber sie vergaß, dass dies bloß von einem durch nichts provozierten Angriffskrieg galt. Die deutschen Flottenrüstungen hatten die gesamte Bevölkerung Englands mit wachsenden Besorgnissen vor einer geplanten deutschen Invasion erfüllt. Ein Krieg zur Niederwerfung Frankreichs oder gar eine Besetzung Belgiens durch Deutschland musste den stärksten Abwehrwillen des englischen Volkes hervorrufen.

Damit scheint die deutsche Regierung nicht ernsthaft gerechnet zu haben. Ihr ganzes Vorgehen war auf die Voraussetzung der englischen Neutralität aufgebaut.

In einem von Pourtalès erstatteten Bericht über ein Gespräch mit Sasonow (vom 21. Juli) hieß es:

> »Der Minister wies im Laufe des Gesprächs wiederholt darauf hin, dass nach den ihm vorliegenden Nachrichten die Lage auch in Paris und London ernst angesehen werde. Er war dabei sichtlich bestrebt, bei mir den Eindruck zu erwecken, dass auch in England die Haltung Österreich-Ungarns sehr missbilligt werde.«

Mit großer Entschiedenheit bemerkte dazu Wilhelm: »Er irrt!« Hätte er Lichnowskys Berichte mit größerer Aufmerksamkeit und geringerer Voreingenommenheit gelesen – dann wäre er vorsichtiger gewesen.

Aber richtig ist es, dass die englische Regierung beim Ausbruch des serbisch-österreichischen Konfliktes zunächst eine neutrale Haltung einzunehmen suchte, um zwischen Österreich und Russland zu vermitteln.

In gleichem Sinne sprach sich damals auch der englische König zu Wilhelms Bruder, dem Prinzen Heinrich, aus. Dieser schrieb am 28. Juli von Kiel aus:

> »Mein lieber Wilhelm,
> Vor meiner Abreise von London, und zwar am Sonntagmorgen (26. Juli) hatte ich auf mein Ansuchen eine kurze Unterredung mit Georgie, welcher sich über den Ernst der augenblicklichen Lage vollkommen im Klaren war und versicherte, er und seine Regierung würden nichts unversucht lassen, um den Kampf zwischen Österreich und Serbien zu lokalisieren. Deshalb hat seine Regierung den Vorschlag gemacht, Deutschland, England, Frankreich und Italien, wie Du längst weißt, möchten intervenieren, um zu versuchen, Russland im Zaume zu halten. Er hoffe, dass Deutschland in der Lage sein werde, trotz seines Bündnisverhältnisses zu Österreich, diesem Vorschlag beizutreten, um den europäischen Krieg zu vermeiden, dem, wie er sagt, wir näher seien als je zuvor. Er sagte weiter wörtlich: ›we shall try all we can to keep out of this and shall remain neutral‹ (wir werden alles aufbieten, nicht hineingezogen zu werden und werden neutral bleiben). Dass diese Äußerung ernst gemeint war, davon bin ich überzeugt, ebenso wie davon, dass England auch neutral bleiben wird. Ob es dies jedoch auf die Dauer wird können, darüber kann ich nicht urteilen, hege aber meine Bedenken wegen des Verhältnisses zu Frankreich.
> Georgie war sehr ernst gestimmt, folgerte logisch und hatte das ernsteste und aufrichtige Bestreben, dem eventuellen Weltbrand vorzubeugen, wobei er stark auf Deine Mithilfe rechnete. – Den Inhalt der Unterredung teilte ich Lichnowsky

> mit (schon am 26. Juli, K.), mit der Bitte, diesen dem Kanzler zu übermitteln ...
> Dein treu gehorsamer Bruder
> Heinrich.«

Der Bericht über das Gespräch zeichnet sich nicht durch übermäßige Logik aus. Er sagt, die englische Regierung schlage vor, dass Deutschland, England, Frankreich und Italien zusammentreten, um *Russland* im Zaume zu halten, und hoffe, dass Deutschland sich durch sein Bündnisverhältnis zu *Österreich* nicht hindern lasse, diesem Vorschlag beizutreten. Es ist offenbar, dass das Bundesverhältnis in Frage nur kommen konnte, wenn es galt, Österreich im Zaume zu halten. Wahrscheinlich hat »Georgie« von Russland *und* Österreich gesprochen. Deshalb wollen wir doch nicht gleich die Glaubwürdigkeit des ganzen Briefes wegen Senilität à la Szögyeny bestreiten. Was die Neutralität anbelangt, so war offenbar nur gesagt worden, wir werden *versuchen*, neutral zu bleiben, solange wir können. Heinrich zweifelt selbst, dass dies auf die Dauer möglich sein werde. Wilhelm aber sah hierin ein unter allen Umständen bindendes Versprechen. Dabei hatte er schon vor dem Ultimatum an Serbien die englische Neutralität, die er nicht mir erwartete, sondern gewissermaßen als sein gutes Recht forderte, in dem Sinne aufgefasst, dass England sich jeder Einwirkung auf Österreich zu enthalten habe und diesem freien Lauf lassen müsse.

Das geht hervor aus seinen Glossen zu einem Bericht Lichnowskys vom 22. Juli. Wir bringen diesen vollständig mit Wilhelms Zusätzen in Klammem:

> »Sir Edward Grey wird, wie ich vertraulich erfahre, dem Grafen Mensdorff morgen erklären, die britische Regierung werde ihren Einfluss dahin zur Geltung bringen, dass die österreichisch ungarischen Forderungen, falls sie *gemäßigt* seien und sich mit *der Selbständigkeit des serbischen Staates* vereinbaren ließen (*darüber zu befinden, steht ihm nicht zu, das ist Sache S. M. des Kaisers Franz Josef. W.*), von der serbischen Regierung angenommen würden. In ähnlichem Sinne glaube er auch, dass Sasonow seinen Einfluss in Belgrad geltend machen werde. Voraussetzung für diese Haltung sei aber, dass von Wien aus keine unbewiesenen Anklagen à la Friedjung vorgebracht würden und dass die österreichisch-ungarische Regierung in der Lage sei, den Zusammenhang zwischen dem Mord von Sarajevo mit den politischen Kreisen Belgrads unzweideutig festzustellen. (*Ist ihre Sache. W.*) Alles hängt von der Art ab, wie man in Wien die Note gestalte und von den Ergebnis-

sen der bisherigen Untersuchung. Aufgrund leichtfertiger Behauptungen (*Was ist leichtfertig? Wie kann Grey so ein Wort über den alten, ehrwürdigen Herrn gebrauchen! W.*) sei es jedoch *unmöglich*, in Belgrad Vorstellungen zu machen.
Ich bemühe mich unterdessen, hier dahin zu wirken, dass man mit Rücksicht auf das berechtigte Verlangen Österreichs nach einer Genugtuung und endlichen Einstellung der dauernden Beunruhigungen für eine bedingungslose Annahme der österreichischen Forderungen eintritt, selbst wenn sie der *nationalen Würde Serbiens* (*gibt es nicht! W.*) nicht vollauf Rechnung tragen sollten.
Ich begegne hierbei der Erwartung, dass es unserem Einfluss in Wien gelungen ist, unerfüllbare Forderungen zu unterdrücken (*Wie käme ich dazu! Geht mich gar nichts an! Was heißt unerfüllbar? Die Kerle haben Agitation mit Mord getrieben und müssen geduckt werden! Das ist eine ungeheuerliche britische Unverschämtheit. Ich bin nicht berufen, à la Grey, S. M. dem Kaiser Vorschrift en über die Wahrung seiner Ehre zu machen. W.*) Man rechnet mit Bestimmtheit damit, dass wir mit Forderungen, die offenkundig den Zweck haben, den Krieg herbeizuführen, uns nicht identifizieren würden, und dass wir keine Politik unterstützen, die den Sarajevoer Mord nur als Vorwand benützt für österreichische Balkanwünsche und für die Vernichtung des Friedens von Bukarest. Im Übrigen hat mir Sir Edward Grey auch heute wieder sagen lassen, dass er in Petersburg bestrebt ist, im Sinne des österreichischen Standpunktes zu wirken. Es hat aber hier nicht angenehm berührt, dass Graf Berchtold es bisher ganz auffallend vermieden hat, mit Sir Maurice de Bunsen über die serbische Frage zu sprechen.«

Jagow fügt zu diesem Bericht Lichnowskys hinzu:

»Ew. Majestät Botschafter in London erhält Instruktion zur Regelung seiner Sprache, dass wir österreichische Forderungen nicht kannten, sie aber als interne Fragen Österreich-Ungarns betrachten, auf die uns Einwirkung nicht zustände.«

Dazu bemerkt Wilhelm:

»Richtig! Das soll Grey aber recht ernst und deutlich gesagt werden, damit er sieht, dass ich keinen Spaß verstehe. Grey begeht den Fehler, dass er Serbien mit Österreich und anderen Großmächten auf eine Stufe stellt! Das ist unerhört! Serbien ist eine Räuberbande, die für Verbrechen gefasst werden muss! Ich werde mich in nichts einmischen, was der Kaiser zu beur-

> teilen allein befugt ist. Ich habe diese Depesche erwartet und sie überrascht mich nicht! Echt britische Denkweise und herablassend befehlende Art, die ich abgewiesen haben will!«

In dieser Weise gedachte Wilhelm um die englische Neutralität zu werben. Natürlich haben seine Diplomaten Wasser in seinen gärenden Wein gegossen; aber die sachliche Schwierigkeit blieb bestehen: Der Gegensatz zwischen dem österreichischen und dem britischen Standpunkt war zu groß, als dass England hätte fortfahren können, wie es beabsichtigt, für jenen einzutreten und ausschließlich Russland den Zaum aufzulegen.

Das zeigt sich sofort nach dem Bekanntwerden des österreichischen Ultimatums. Schon am 24. Juli berichtet Lichnowsky:

> »Sir E. Grey ließ mich soeben zu sich bitten. Der Minister war sichtlich stark unter dem Eindruck der österreichischen Note, die seiner Ansicht nach alles überträfe, was er bisher in dieser Art jemals gesehen habe. Er sagte, er habe bisher keine Nachricht aus Petersburg und wisse daher nicht, wie man dort die Sache auffasse. Er bezweifele aber sehr, dass es der russischen Regierung möglich sein werde, der serbischen die bedingungslose Annahme der österreichischen Forderungen zu empfehlen. Ein Staat, der so etwas annehme, höre doch eigentlich auf, als selbständiger Staat zu zählen. (*Das wäre sehr erwünscht. Es ist kein Staat im europäischen Sinn, sondern eine Räuberbande. W.*) Es sei für ihn, Sir E. Grey, auch schwer, in diesem Augenblick in Petersburg irgendwelche Ratschläge zu geben. Er könne nur hoffen, dass dort eine milde (*!! W.*) und ruhige Auffassung der Lage Platz greife. Solange es sich um einen ... lokalisierten Streit zwischen Österreich und Serbien handle, ginge ihn, Sir E. Grey, die Sache nichts an (*richtig. W.*), anders würde die Sache aber sofort, wenn die öffentliche Meinung in Russland die Regierung zwinge, gegen Österreich vorzugehen.
>
> Auf meine Bemerkung, dass man die Balkanvölker nicht mit demselben Maßstab messen dürfe, wie europäische Kulturvölker (*richtig, sind eben keine! W.*) und dass man daher ihnen gegenüber, das habe schon die barbarische Art ihrer Kriegführung gezeigt, eine andere Sprache führen müsse, wie etwa gegen Briten und Deutsche (*richtig! W.*), entgegnete der Minister, dass, wenn auch er diese Auffassung vielleicht teilen könne, er doch nicht glaube, dass sie in Russland geteilt werde. (*Dann sind die Russen eben auch nicht besser. W.*)

> Die Gefahr eines europäischen Krieges sei, falls Österreich serbischen Boden betrete (*das wird sicher kommen, W.*), in nächste Nähe gerückt. Die Folgen eines solchen Krieges zu *vier*, er betonte ausdrücklich die Zahl *vier*, und meinte damit Russland, Österreich-Ungarn, Deutschland und Frankreich, (*er vergisst Italien. W.*) seien vollkommen unabsehbar. Wie auch immer die Sache verlaufe, eines sei sicher, dass nämlich eine gänzliche Erschöpfung und Verarmung Platz greife, Industrie und Handel vernichtet und die Kapitalkraft zerstört würde. Revolutionäre Bewegungen wie im Jahre 1848 infolge der darniederliegenden Erwerbstätigkeit würden die Folge sein. (*! W.*)
> Was Sir E. Grey am meisten beklagt, neben dem Ton der Note, tat die kurze Befristung, die den Krieg beinahe unvermeidlich mache. Er sagte mir, er würde bereit sein, mit uns zusammen im Sinne einer Fristverlängerung in Wien vorstellig zu werden, (*nutzlos! W.*) da sich dann vielleicht ein Ausweg (*?!! W.*) finden lasse. Er bat mich, diesen Vorschlag Ew. Exz. zu übermitteln.
> Ferner regte er an, dass für den Fall einer gefährlichen Spannung die vier nicht unmittelbar beteiligten Staaten England, Deutschland, Frankreich und Italien zwischen Russland und Österreich-Ungarn die Vermittlung übernehmen sollten. (*Ist überflüssig, da Österreich schon Russland orientiert hat und Grey ja nichts anderes vorschlagen kann. Ich tue nicht mit, nur wenn Österreich mich ausdrücklich darum bittet, was nicht wahrscheinlich. In Ehren- und vitalen Fragen konsultiert man andere nicht. W.*)
> Der Minister ist sichtlich bestrebt, alles zu tun, um einer europäischen Verwicklung vorzubeugen und konnte sein lebhaftes Bedauern über den herausfordernden Ton der österreichischen Note und die kurze Befristung nicht verhehlen.
> Von anderer Seite wird mir im Foreign Office gesagt, dass man Grund zur Annahme habe, dass Österreich die Widerstandskraft Serbiens sehr unterschätze. Es werde auf jeden Fall ein langwieriger erbitterter Kampf werden, der Österreich ungemein schwächen und an dem es sich verbluten werde. (*Unsinn! Er kann England Persien bringen ... W.*) Auch will man wissen, dass die Haltung Rumäniens mehr als ungewiss sei und dass man in Bukarest erklärt hätte, man würde gegen jeden sein, der angriffe.«

An diesem Dokument sind drei Punkte besonders bemerkenswert. Einmal die Gemütsruhe, mit der Wilhelm noch am 26. Juli dem Krieg entgegensieht. Dass Österreich sich an ihm verbluten könne, erklärt er für Unsinn. Die Befürchtung, er werde allen Beteiligten ökonomischen Ruin und die Revolution bringen, erscheint ihm so lächerlich, dass er sie mit einem Ausrufungszeichen abtut.

Zum zweiten sieht man, dass Wilhelm am 26. Juli, an dem er den Lichnowskyschen Bericht las, noch auf Italiens Eintritt in den Krieg, natürlich an Deutschlands Seite rechnete.

Endlich aber ist zu bemerken, dass Grey den Krieg, den er fürchtet, nur als Krieg von vieren bezeichnet, von England nicht spricht. Er sucht also noch neutral zu sein. Und er musste es, wenn er als Vermittler auftreten wollte.

Zum Gelingen dieser Vermittlung gehörte aber, dass Deutschland ebenfalls ehrlich neutral war. Das erschien von vornherein zweifelhaft, und im Verlauf der Verhandlungen verstärkte sich immer mehr der Verdacht, dass es seine neutrale Haltung nur vorschützte, um Österreich unauffällig helfen zu können, das sich in seiner Kriegspolitik durch nichts beirren ließ.

England musste mit der Möglichkeit rechnen, dass Deutschland mit Österreich zum Krieg gegen Russland und Frankreich drängte, bei dem es im Bunde mit Italien ja des Sieges sicher sein konnte. Wenn diese Absicht bestand, dann war zu befürchten, dass Deutschland durch die Aussicht auf Englands Neutralität in seinen kriegerischen Tendenzen bestärkt wurde. Da galt es, Deutschland zu warnen, dass es auf diese Neutralität nicht zählen dürfe. Diese Warnung konnte noch den Frieden retten, der aufs Äußerste bedroht war. Sie erfolgte am 29. Juli.

## Der 29. Juli

Die Warnung fand einen vorbereiteten Boden. Wir haben bereits den Umschwung der Stimmung in Berlin konstatiert, der am 28. Juli einsetzt, wohl hervorgerufen durch die sozialistischen Demonstrationen gegen den Krieg in Berlin, dann durch Lichnowskys Vorstellungen und Italiens Widerhaarigkeit, was die Möglichkeit aufdämmern ließ, dass aus dem fröhlichen Krieg von zwei zu zwei ein sehr ekliger von zwei zu vier werden konnte.

Bethmann versuchte nun, England durch Versprechungen zu gewinnen. In einem Gespräch mit Sir Ed. Goschen bemerkt er am 29. Juli:

> »Wir können dem englischen Kabinett – voraussichtlich dessen neutraler Haltung – versichern, dass wir selbst im Falle eines Krieges keine territoriale Bereicherung auf Kosten Frankreichs in Europa anstreben. Wir können ihm ferner zusichern, dass wir die Neutralität und Integrität Hollands solange re-

> spektieren werden, als diese von unseren Gegnern respektiert wird.«

Gleichzeitig präludiert er damals schon den Einbruch in Belgien:

> »Was Belgien betrifft, so wissen wir nicht, zu welchen Gegenoperationen uns die Aktion Frankreichs in einem etwaigen Kriege nötigen könnte. Aber vorausgesetzt, dass Belgien nicht gegen uns Partei nimmt, würden wir auch für diesen Fall uns zu einer Versicherung bereitfinden, wonach Belgiens Integrität nach Beendigung des Krieges nicht angetastet werden darf. Diese eventuellen Zusicherungen erschienen uns als geeignete Grundlagen für eine weitere Verständigung mit England, an der unsere Politik bisher dauernd gearbeitet hat. Die Zusicherung einer neutralen Haltung Englands im gegenwärtigen Konflikt would enable me to a general neutrality agreement in the future of which it would be premature to discuss the details in the present moment (würde mich in die Lage versetzen, ein allgemeines Neutralitätsabkommen in der Zukunft abzuschließen, dessen Details im gegenwärtigen Augenblick zu diskutieren verfrüht wäre).«

Die Stilisierung des englisch gefassten Satzes hat Bethmann große Schwierigkeiten bereitet. Zuerst hatte er geschrieben:

> »und die Inaussichtnahme eines allgemeinen Neutralitätsvertrages für die Zukunft würden wir mit einer Flottenverständigung beantworten können.«

Dann strich er den Satz und schrieb:

> »würde für uns die Möglichkeit schaffen, einen allgemeinen Neutralitätsvertrag für die Zukunft in Aussicht zu nehmen. Ich kann mich über die Details und die Basis eines solchen Vertrages heute nicht näher äußern, da ja England dabei sich über die ganze Frage äußern würde.«

Aber auch diese Fassung gefiel ihm nicht, und so wählte er die englisch niedergeschriebene.

Dieses Suchen ist sehr charakteristisch. Bethmann Hollweg trachtete unmittelbar vor dem Krieg, England zu veranlassen, dass es Frankreich und Belgien der deutschen Übermacht preisgab. Eine Aussicht, das zu erreichen, hätte er nur dann gehabt, wenn er England die beruhigendsten Versicherungen bezüglich der deutschen Welt- und Flottenpolitik gab. Auch dann war die Aussicht nicht groß, denn den Versprechungen stand die Realität der deutschen Flotte gegenüber. Immerhin wäre dann ein Erfolg denkbar gewesen. Doch selbst damals, als Deutschland jener furchtbaren Krisis entgegenging, konnte Bethmann Hollweg sich nicht entschließen, eine Flottenverständigung als Lockmittel auch nur zu erwähnen, er wusste nichts als eine vage Phrase über einen »allgemeinen Neutralitätsvertrag für die Zukunft« vorzubringen, was natürlich nicht die mindeste Garantie dafür bot, dass ein siegreiches Deutschland nicht seine dann unwiderstehliche Übermacht auch gegen England wende.

Der Antrag wurde denn auch von Grey abgewiesen. Sehr energisch, als eine schandbare Zumutung, einen Handel mit Deutschland auf Kosten Frankreichs abzuschließen, dessen Kolonien Deutschland preisgegeben würden. Aber noch ehe die englische Regierung von dem Vorschlag Kunde erhielt, hatte sie bereits Deutschland in ernstlichster Weise gewarnt und es wissen lassen, dass sie wohl als Neutraler vermitteln wollte zwischen Österreich und Serbien sowie Russland, dass sie aber in einem Krieg zwischen Deutschland und Frankreich nicht ihre Neutralität zusagen könne.

Diese Mitteilung, die eigentlich selbstverständlich war, traf Wilhelm wie ein Donnerschlag. Wut und Furcht stritten in ihm und ließen ihn völlig den Kopf verlieren, wie wir gleich sehen werden.

Am 29. Juli sandte Lichnowsky zwei Depeschen nach Berlin. In der einen teilte er unter anderem mit, dass Sir E. Grey die Lage überaus ernst beurteile.

> »Den unangenehmsten Eindruck hat auf ihn ein gestriges Telegramm Sir Maurice de Bunsens (engl. Botschafter in Wien, K.) gemacht, wonach Graf Berchtold den Vorschlag Sasonows, den Grafen Szapary (österreichischen Botschafter in Petersburg, K.) zu ermächtigen, mit ihm in Besprechung des serbisch-österreichischen Streits einzugehen, unbedingt abgelehnt hat.«

Der Minister erörterte dann weiter die Möglichkeiten einer Vermittlung und Verständigung, um den Weltkrieg zu vermeiden.
Wichtiger ist die nächste Depesche:

> »Sir E. Grey ließ mich soeben nochmals zu sich bitten. Der Minister war vollkommen ruhig, aber sehr ernst und empfing mich mit den Worten, – dass die Lage sich immer mehr zuspitze. (*Das stärkste und unerhörteste Stück englischen Pharisäertums, das ich je gesehen! Mit solchen Halunken mache ich nie ein Flottenabkommen. W.*) Sasonow habe erklärt, nach der Kriegserklärung (an Serbien. K.) nicht mehr in der Lage zu sein, mit Österreich direkt zu verhandeln, und hier bitten lassen, die

Vermittlung wieder aufzunehmen. (*Trotz Appells des Zaren an mich! Damit bin ich außer Kurs gesetzt. W.*) Als Voraussetzung für diese Vermittlung betrachtet die russische Regierung die vorläufige Einstellung der Feindseligkeiten.

Sir E. Grey wiederholt seine bereits gemeldete Anregung, dass wir uns an einer solchen Vermittlung zu vieren, die wir bereits grundsätzlich angenommen hätten, beteiligen sollten. Ihm persönlich schien eine geeignete Grundlage für eine Vermittlung, dass Österreich etwa nach Besetzung von Belgrad oder anderer Plätze seine Bedingungen kundgäbe. (*Gut. Haben wir seit Tagen bereits zu erreichen versucht. Umsonst! W.*) Sollten Ew. Exzellenz jedoch die Vermittlung übernehmen, wie ich heute früh in Aussicht stellen konnte, so wäre ihm das natürlich ebenso recht. Aber eine Vermittlung schiene ihm nunmehr dringend geboten, falls es nicht zu einer europäischen Katastrophe kommen sollte. (*Anstatt der Vermittlung ein ernstes Wort in Petersburg und Paris, dass England ihnen nicht hilft, würde die Situation sofort beruhigen. W.*)

Sodann sagte mir Sir E. Grey, er hätte mir eine freundschaftliche und private Mitteilung zu machen, er wünsche nämlich nicht, dass unsere so herzlichen persönlichen Beziehungen und unser intimer Gedankenaustausch über alle politischen Fragen mich irreführten und er mochte sich für später den Vorwurf (*der bleibt. W.*) der Unaufrichtigkeit ersparen. (*Aha! Der gemeine Täuscher! W.*)

Die britische Regierung wünsche nach wie vor mit uns die bisherige Freundschaft zu pflegen und sie könne, solange der Konflikt sich auf Österreich und Russland beschränke, abseits stehen. (*Das heißt, wir sollen Österreich sitzen lassen. Urgemein und mephistophelisch! Aber echt englisch. W.*) Würden wir aber und Frankreich hineingezogen, so sei die Lage sofort eine andere und die britische Regierung würde unter Umständen sich zu schnellen Entschlüssen gedrängt sehen. (*sind schon gefasst. W.*) In diesem Falle *würde es nicht angehen, lange abseits zu stehen und zu warten.* (*d.h. sie werden uns anfallen. W.*) Wenn der Krieg ausbricht, wird es die größte Katastrophe, die die Welt jemals gesehen. Es liege ihm fern, irgendeine Drohung aussprechen zu wollen, er habe mich nur vor Täuschungen und sich vor dem Vorwurf der Unaufrichtigkeit bewahren wollen (*gänzlich missglückt. Unaufrichtig ist er alle diese Jahre trotzdem gewesen bis in seine letzte Rede. W.*) und daher die Form einer privaten Verständigung gewählt.

Sir E. Grey fügte noch hinzu, die *Regierung* (*wir auch! W.*) müsse auch mit der öffentlichen (*neu kreierten! W.*) Meinung rechnen. (*Wenn sie will, kann sie die öffentliche Meinung wenden und dirigieren, da ihr die Presse unbedingt gehorcht. W.*) Bisher sei dieselbe im Allgemeinen für Österreich günstig gewesen, da man die Berechtigung einer gewissen Genugtuung anerkenne, jetzt aber fange sie an, infolge der österreichischen Hartnäckigkeit vollkommen umzuschlagen. (*Mit Hilfe der Jingopresse! W.*)
Meinem italienischen Kollegen, der mich soeben verlässt, hat Sir E. Grey gesagt, er glaube, falls die Vermittlung angenommen werde, Österreich jede mögliche Genugtuung verschaffen zu können, ein demütigendes Zurückweichen Österreichs käme gar nicht in Frage, da die Serben auf alle Falle gezüchtigt und unter der Zustimmung Russlands genötigt werden würden, sich den österreichischen Wünschen unterzuordnen. Österreich könne also auch ohne Krieg, der den europäischen Frieden in Frage stelle, Bürgschaften für die Zukunft erlangen. Lichnowsky.«

Dazu macht Wilhelm noch folgende Schlussbemerkung:

»England decouvriert sich im Moment, wo es dar Ansicht ist, dass wir im Lappjagen eingestellt sind und sozusagen erledigt! Das gemeine Krämergesindel hat uns mit Diners und Reden zu täuschen versucht. Die gröbste Täuschung, die Worte des Königs für mich an Heinrich: ›We shall remain neutral and try to keep out of this as long as possible.‹ Grey straft den König Lügen und diese Worte an Lichnowsky sind der Ausfluss des bösen Gewissens, dass er eben das Gefühl gehabt hat, uns getäuscht zu haben. Zudem ist es tatsächlich eine Drohung mit Bluff verbunden, um uns von Österreich loszulösen und an der Mobilmachung zu hindern und die Schuld am Kriege zuzuschieben. Er weiß ganz genau, dass wenn er nur ein einziges, ernstes scharfes abmahnendes Wort in Paris und Petersburg spricht und sie zur Neutralität ermahnt, beide sofort stille bleiben werden. Aber er hütet sich, das Wort auszusprechen, sondern droht uns stattdessen! Gemeiner Hundsfott! England *allein* trägt die Verantwortung für Krieg und Frieden, nicht wir mehr! Das muss auch öffentlich klargestellt werden.«

Die Maßlosigkeiten im Ausdruck bezeugen deutlich die Hochgradigkeit der Enttäuschung, die Wilhelm durch Greys Wink erfuhr, den jeder einigermaßen nüchterne und geschulte Politiker voraussehen musste, den auch Prinz Heinrich gleich erwartet hatte, als König Georg ihm ankündigte, er werde versuchen, neutral zu bleiben, solange es gehe.

Schon in dem von Eisner veröffentlichten Bericht des bayerischen Legationsrats Schön vom 18. Juli hatte es geheißen:

> »Ein Krieg zwischen Zweibund und Dreibund dürfte England im jetzigen Zeitpunkt schon mit Rücksicht auf die Lage in Irland wenig willkommen sein. Kommt es gleichwohl dazu, so würden wir aber nach hiesiger Auffassung die englischen Vettern auf der Seite unserer Gegner finden, da England befürchtet, dass Frankreich im Falle einer Niederlage auf die Stufe einer Macht zweiten Ranges herabsinken und damit die balance of power (das europäische Gleichgewicht) gestört wurde, deren Erhaltung England im eigenen Interesse für geboten erachtet.«

Das hatte Wilhelm in seinem politischen Kalkül völlig vergessen, und er hatte das Trachten nach möglichster Neutralität im Stadium der Vermittlung, das Grey in Aussicht gestellt, für ein bindendes Versprechen der Neutralität unter allen Umständen, auch für den Fall eines Krieges gegen Frankreich gehalten, ja überdies die Neutralität als Verpflichtung Englands aufgefasst, die deutsche Politik blindlings in Petersburg und Paris zu unterstützen.

Eine sinnlosere Politik ist kaum denkbar.

Tags darauf äußert sich Wilhelm noch ausführlicher über die englische Warnung, im Anschluss an einen Bericht des Herrn von Pourtalès in Petersburg über eine Unterredung mit Sasonow.

Der russische Minister suchte den deutschen Botschafter zu überreden, bei der deutschen Regierung die ersehnte

> »Teilnahme an der Konversation zu vieren zu befürworten, um Mittel ausfindig zu machen, Österreich auf freundschaftlichem Wege (ist die russische Mobilmachung ein freundschaftlicher Weg?! *W.*) zu bewegen, die die Souveränität Serbiens antastenden Forderungen fallen zu lassen.«

Dieser vernünftige Vorschlag, der die Wahrung des Friedens wahrscheinlich machte und dem »im Prinzip« das deutsche Auswärtige Amt England gegenüber zugestimmt hatte, begegnet dem Widerstand des deutschen Gesandten in Petersburg, der ihn mit der geistreichen Bemerkung abtut:

> »Russland verlange von uns Österreich gegenüber dasjenige zu tun, was Österreich Serbien gegenüber vorgeworfen werde.«

Zu dieser lächerlichen Auffassung bemerkt Wilhelm prompt:

> »Sehr gut.«

Herr Pourtalès redet dann Sasonow zu, doch Österreich in Serbien gewähren zu lassen:

> »Beim *Friedensschluss* werde immer noch Zeit sein, auf Schonung serbischer Souveränität zurückzukommen.« (*Gut! W.*)

Nachdem der deutsche Botschafter unter dem lebhaften Beifall seines kaiserlichen Herrn in dieser famosen Weise an der Verständigung zwischen Russland und Österreich gearbeitet hat, kommt er auf die russische Teilmobilisierung zu sprechen, die der österreichischen folgte, und spricht »keine Drohung aus, sondern eine freundschaftliche Warnung«:

> »Sasonow erklärte, dass Rückgängigmachung des Mobilisierungsbefehls nicht mehr möglich und dass österreichische Mobilmachung daran schuld sei.«

Daran fügt Wilhelm eine lange Abhandlung:

> »Wenn Mobilmachung nicht mehr rückgängig zu machen ist – *was nicht wahr ist* – warum hat dann der Zar meine Vermittlung drei Tage nachher angerufen, ohne die Erlassung des Mobilmachungsbefehls zu erwähnen? Das zeigt doch klar, dass die Mobilmachung ihm selbst übereilt erschienen ist und er hinterher zur Beruhigung seines erwachten Gewissens pro forma diesen Schritt bei uns tat, obwohl er wusste, dass es zu nichts mehr nütze sei, da er sich nicht stark genug fühlt, die Mobilmachung zu stoppen. Leichtsinn und Schwäche sollen die Welt in den furchtbarsten Krieg stürzen, der auf den Untergang Deutschlands schließlich abzielt. Denn das lässt jetzt für mich keinen Zweifel mehr zu: England, Russland und Frankreich haben sich *verabredet* – unter Zugrundelegung des casus foederis für uns Österreich gegenüber – den österreichisch-serbischen Konflikt zum *Vorwand* nehmend, gegen uns den *Vernichtungskrieg* zu führen. Daher Greys zynische Bemerkung zu Lichnowsky: Solange der Krieg auf Russland und Österreich beschränkt bleibe, würde England still sitzen, erst wenn wir uns und Frankreich *hineinmischen*, würde er gezwungen sein, aktiv gegen uns zu werden, d.h. entweder wir sollen unseren Bundesgenossen schnöde verraten und Russland *preisgeben* – damit den Dreibund sprengen oder für unsere *Bundes*treue von der Tripelentente gemeinsam überfallen

und bestraft werden, wobei ihrem Neid endlich Befriedigung wird, uns gemeinsam total zu ruinieren. Das ist in nuce die wahre, nackte Situation, die langsam und sicher durch Edward VII. eingefädelt, fortgeführt, durch abgeleugnete Besprechungen Englands mit Paris und Petersburg systematisch ausgebaut, schließlich durch Georg V. zum Abschluss gebracht und ins Werk gesetzt wird. Dabei wird uns die Dummheit und Ungeschicklichkeit unseres Verbündeten zum Fallstrick gemacht. Also die berühmte ›Einkreisung‹ Deutschlands ist nun doch endlich zur vollsten Tatsache geworden, trotz aller Versuche unserer Politiker und Diplomaten sie zu hindern. Das Netz ist uns plötzlich über den Kopf gezogen und hohnlächelnd hat England den glänzendsten Erfolg seiner beharrlich durchgeführten pure *antideutschen Weltpolitik*, gegen die wir uns machtlos erwiesen haben, indem es uns *isoliert* im Netz zappelnd aus unserer Bundestreue zu Österreich den Strich zu unserer polnischen und ökonomischen Vernichtung dreht. Eine großartige Leistung, die Bewunderung verdient, selbst bei dem, der durch sie zugrunde geht! Edward VII. ist nach seinem Tode noch stärker als ich, der ich lebe! Und da hat es Leute gegeben, die geglaubt haben, man könnte England gewinnen oder beruhigen durch diese oder jene kleine Maßregeln!!! Unablässig, unnachgiebig hat es sein Ziel verfolgt mit Noten, Feiertagsvorschlägen, scares, Haldane usw. bis es soweit war. Und wir sind ins Garn gelaufen und haben sogar das Einertempo im Schiffbau eingeführt, in rührender Hoffnung, England damit zu beruhigen!!! Alle Warnungen, alle Bitten meinerseits sind nutzlos verhallt. Jetzt kommt der englische sogenannte Dank dafür! Aus dem Dilemma der Bundestreue gegen den ehrwürdigen alten Kaiser wird uns die Situation geschaffen, die England den erwünschten Vorwand gibt, uns zu vernichten, mit dem heuchlerischen Schein des Rechts, nämlich Frankreich zu helfen wegen Aufrechterhaltung der berüchtigten balance of power in Europa, d.h. Ausspielung aller europäischen Staaten zu Englands Gunsten gegen uns! Jetzt muss dieses ganze Getriebe schonungslos aufgedeckt und ihm öffentlich die Maske christlicher Friedfertigkeit in der Öffentlichkeit schroff abgerissen werden und die pharisäische Friedensheuchelei an den Pranger gestellt werden!! Und unsere Konsuln in Türkei und Indien, Agenten usw. müssen die ganze mohammedanische Welt gegen dieses verhasste, verlogene, gewissenlose Krämervolk zum wilden Aufstand entflammen.

> Denn wenn wir uns verbluten sollen, soll England wenigstens Indien verlieren.«

Diese Philippika kennzeichnet Wilhelm. Nachdem er durch seine Verschwörung mit Österreich Deutschland in eine so furchtbare Lage gebracht, denkt er nicht daran, wie er es wieder aus ihr herausbringt, sondern nur an den Theatereffekt, wie er das ganze Getriebe seiner Gegner schonungslos aufdeckt, ihm die Maske christlicher Friedfertigkeit schroff abreißt und die pharisäische Friedensheuchelei an den Pranger stellt.

Sein eigenes »Getriebe«, das die Aufdeckung so gar nicht verträgt, mit entsprechender »christlicher Friedfertigkeit« und »pharisäischer Friedensheuchelei« hat er vollständig vergessen.

Dabei aber scheint ihm der Krieg bereits eine ausgemachte Sache. Die einzige Tat, die ihm nach seinen pomphaften Redensarten einfällt, ist nicht ein Versuch, den Frieden zu retten, sondern nur ein Aufruf zum Aufstand der ganzen mohammedanischen Welt. Er findet sich bereits ab mit dem Gedanken, dass Deutschland im kommenden Krieg verblutet, wenn nur England auch einen tüchtigen Knacks davonträgt. Im Grunde bezeugt aber dieses ganze wirre Gerede nur völlige Kopflosigkeit. Italiens Absage und Englands Warnung schlagen den Kaiser vor den Kopf und rauben ihm den Rest von Besinnung.

## 15. Letzte Versuche zur Rettung des Friedens

Anders ist die Wirkung auf den Zivilkanzler. Er versucht zu retten, was zu retten ist. Dazu wird es aber dringend notwendig, dem Bundesgenossen gegenüber auch einmal etwas anderes zu entwickeln als »Nibelungentreue«. Dessen Dummheit und Halsstarrigkeit haben bewirkt, nicht nur, dass der europäische Krieg über Nacht hereinzubrechen drohte, damit hätte man sich abgefunden, mit seiner Möglichkeit rechnete man von vornherein. Aber diese Dummheit und Halsstarrigkeit drohte zu bewirken, dass die Zentralmächte in den Krieg hineingingen unter den ungünstigsten Umständen, ohne Italien, vielleicht gegen Italien, und gegen England, und vor dem eigenen Volke beladen mit dem furchtbaren und lähmenden Vorwurf, leichtfertig diese entsetzliche Katastrophe herbeigeführt zu haben.

Der stärkste Druck musste auf Wien ausgeübt werden, um es endlich zu einer vernünftigeren Politik zu veranlassen.

Aber mit dieser Tendenz kreuzte sich eine andere militaristische, die, nachdem die Mobilisierungen einmal eingesetzt hatten, den Krieg für unvermeidlich hielt und gerade, weil die Zahl der Feinde so groß wurde, zu raschestem Losschlagen drängte als der einzigen Möglichkeit, sich zu behaupten, indem man durch einige überraschende entscheidende Schläge das militärische Übergewicht gewann, das schwankende Italien vielleicht mit sich riss und England einschüchterte.

Zwei entgegengesetzte Tendenzen kämpften so um die Entscheidung, die von dem haltlosen Kaiser abhing. Daher die widersprechenden Erscheinungen unmittelbar vor dem Ausbruch des Krieges: auf der einen Seite das Drängen auf Österreich im Sinne des Friedens und gleichzeitig die Überstürzung der Mobilisierung und der Kriegserklärungen.

Man hat in diesen Widersprüchen eine berechnete, abgefeimte Perfidie gesehen. Ich sehe darin nur ein Ergebnis der Verwirrung, die seit Englands Warnung in den leitenden Kreisen Deutschlands eintrat, und die durch Österreichs Haltung noch vermehrt wurde. Die Einwirkung dieses kostbaren Bundesgenossen darf nicht vergessen werden. Einige Illustrationen seien hier gegeben.

Je näher der Krieg drohte, um so wichtiger wurde es, Italien zu gewinnen. Noch am 29. Juli schrieb der Reichskanzler an Jagow:

> »Ist nicht doch noch ein Telegramm nach Wien notwendig, in dem wir scharf erklären, dass wir die Art, wie Wien die Kompensationsfrage mit Rom behandelt, für absolut ungenügend ansehen und die Verantwortung, die sich daraus für die Haltung Italiens in einem etwaigen Kriege ergibt, voll Wien zuschieben? Wenn an dem Vorabend einer möglichen europäischen Konflagration Wien in dieser Weise den Dreibund zu sprengen droht, gerät das gesamte Bündnis ins Wanken. Die Erklärung Wiens, dass es sich im Falle dauernder Besetzung serbischer Gebietsteile mit Italien benehmen werde, steht überdies im Gegensatz zu seinen in Petersburg bezüglich seines territorialen Desinteressements abgegebenen Versicherungen. Die in Rom abgegebenen Erklärungen werden mit Sicherheit in Petersburg bekannt. Eine Politik mit doppeltem Boden können wir als Bundesgenossen nicht unterstützen.
>
> Ich halte das für notwendig. Sonst können wir in Petersburg nicht weiter vermitteln und geraten gänzlich ins Schlepptau Wiens. Das will ich nicht, auch auf die Gefahr, des Flaumachens beschuldigt zu werden.

> Falls keine Bedenken Ihrerseits, bitte ich um schleunige Vorlegung eines entsprechenden Telegramms.«

Genützt haben die dringenden Mahnungen dieser Art bei den obstinaten Wiener Diplomaten nichts. Berchtold beharrte darauf, ausweichende Antworten zu geben, und er wurde noch übertrumpft durch den fanatischen Italienerfeind Herrn von Merey, den die österreichische Staatsweisheit zum Botschafter in Rom gemacht hatte. Am 29. Juli schrieb er nach Wien, je entgegenkommender Österreich sei, desto anmaßender und begehrlicher würde Italien werden, und am 31. Juli beschwerte er sich darüber, dass entgegen seinen Ratschlägen Graf Berchtold unter dem Druck der deutschen Regierung Italien in der Kompensationsfrage bereits zu Dreivierteln entgegengekommen sei, was natürlich übertrieben war, denn mehr als unbestimmte Andeutungen konnten Berchtold nicht entlockt werden. Vielmehr musste Jagow sich über Merey beschweren, dass er die ihm zugegangenen Weisungen in der Kompensationsfrage nicht ausführe.

Graf Berchtold selbst berichtete im Ministerrat vom 31. Juli, er habe

> »den k. u. k. Botschafter in Rom bisher beauftragt, mit vagen Phrasen auf die Kompensationsforderungen zu antworten und dabei immer wieder nachdrücklich zu betonen, dass dem Wiener Kabinett der Gedanke an territoriale Erwerbungen fernliege. Wenn die Monarchie aber dazu gezwungen würde, eine nicht nur vorübergehende Okkupation vorzunehmen, so wäre noch immer Zeit, der Kompensationsfrage näherzutreten.« (Gooß, S. 305)

Bei dieser hinhaltenden, geradezu äffenden Politik ging natürlich Italien den Mittelmächten verloren.

Viel wichtiger, als Bundesgenossen zu werben, war es indes, aus der Kriegsgefahr selbst herauszukommen.

Angesichts der Mobilisierungen war diese Gefahr so groß geworden, dass der rascheste Weg, ihr zu entrinnen, am ehesten gewählt werden musste. Dazu könnte sich der Reichskanzler nicht entschließen, wohl angesichts der Abneigung seines Herrn gegen jede Vermittlung zu vieren und gegen das Haager Schiedsgericht.

Noch am 29. Juli, abends, kam jenes bekannte Telegramm des Zaren an, das später so viel Aufsehen erregte, da in dem deutschen Weißbuch bei Kriegsbeginn, das alle damaligen Zarentelegramme brachte, gerade dieses »vergessen« wurde. Es lautet:

> »Dank für Dein versöhnliches und freundliches Telegramm. Dagegen war die offizielle Mitteilung, die heute von Deinem

> Botschafter meinem Minister gemacht wurde, in einem ganz anderen Ton gehalten. Ich bitte Dich, diesen Unterschied zu erklären. (*Nanu! W.*) Es wäre gut, das österreichisch-serbische Problem der Haager Konferenz zu übermitteln. (*! W.*) Ich vertraue auf Deine Weisheit und Freundschaft. Dein Dich liebender Nicky. (*Danke gleichfalls. W.*)«

Darauf telegraphierte umgehend Bethmann Hollweg an den Botschafter in Petersburg:

> »Bitte Ew. Exz. durch sofortige Aussprache mit Herrn Sasonow angeblichen Widerspruch zwischen Ihrer Sprache und dem Telegramm S. M. aufzuklären. *Der Gedanke der Haager Konferenz wird natürlich in diesem Falle ausgeschlossen sein.*«

Angesichts dieser Abneigung gegen den direkten Weg zum Frieden blieb nur der indirekte übrig, der des Drucks auf das schwerfällige bornierte Österreich, in dem der Krieg bereits alle militaristischen Instinkte entfesselt hatte.

In der Nacht vom 29. zum 30. Juli war man nicht mehr so ängstlich bestrebt, wie noch am 28., jeden Eindruck zu vermeiden, »als wünschten wir Österreich zurückzuhalten«. (Vergl. S. 95)

Am 30. Juli, 3 Uhr morgens, wurde dem Botschafter in Wien vom Reichskanzler das Telegramm Lichnowskys mit Greys Warnung mitgeteilt und daran folgende Ausführungen geknöpft:

> »Wir stehen somit, falls Österreich jede Vermittlung ablehnt, vor einer Konflagration, bei der England gegen uns, Italien und Rumänien nach allen Anzeichen nicht mit uns gehen würden und wir zwei gegen vier Großmächte ständen. Deutschland fiele durch Gegnerschaft Englands das Hauptgewicht des Kampfes zu. Österreichs politisches Prestige, die Waffenehre seiner Armeen, sowie seine berechtigten Ansprüche Serbien gegenüber könnten durch Besetzung Belgrads oder anderer Plätze hinreichend gewahrt werden. Es würde durch Demütigung Serbiens seine Stellung im Balkan wie Russland gegenüber starkmachen. Unter diesen Umständen müssen wir der Erwägung des Wiener Kabinetts dringend und nachdrücklich anheimstellen, die Vermittlung zu den angegebenen ehrenvollen Bedingungen anzunehmen. Die Verantwortung für die sonst eintretenden Folgen wäre für Österreich und uns eine ungemein schwere.«

Noch energischer klingt in seinem Schluss das Telegramm, das der Reichskanzler dem Botschafter in Wien zur selben Stunde, 30. Juli 2:55 morgens, unter Mitteilung eines Berichts aus Petersburg sandte:

> »Wir können Österreich-Ungarn nicht zumuten, mit Serbien zu verhandeln, mit dem es im Kriegszustand begriffen ist. Die Verweigerung jedes Meinungsaustauschs mit Petersburg aber würde schwerer Fehler sein, *da er kriegerisches Eingreifen Auslands geradezu provoziert*, das zu vermeiden Österreich-Ungarn in erster Linie interessiert ist.«

Das Telegramm fuhr fort:

> »Wir sind zwar bereit, unsere Bündnispflicht zu erfüllen, *müssen es aber ablehnen, uns von Wien leichtfertig und ohne Beachtung unserer Ratschläge in einen Weltbrand* hineinziehen zu lassen. Auch in italienischer Frage scheint Wien unsere Ratschläge zu missachten.
> Bitte sich gegen Graf Berchtold sofort mit *allem Nachdruck* und *großem Ernst* auszusprechen.«

Österreich setzte dem deutschen Drängen passive Resistenz entgegen. Das brachte Bethmann Hollweg nachgerade zur Verzweiflung. Am 30. Juli um 9 Uhr abends sandte er an Tschirschky in Wien ein Telegramm, Nr. 200.

> »Wenn Wien, wie nach dem telefonischen Gespräch Ew. Exz. mit Herrn v. Stumm anzunehmen, *jedes Einlenken in Sonderheit den letzten Greyschen Vorschlag ablehnt*, ist es kaum mehr möglich, Russland die Schuld an der ausbrechenden europäischen Konflagration zuzuschieben. S. M. hat auf Bitten des Zaren die Intervention in Wien übernommen, *weil er sie nicht ablehnen konnte, ohne den unwiderleglichen Verdacht zu erzeugen, dass wir den Krieg wollen.* Das Gelingen dieser Intervention ist allerdings erschwert dadurch, dass Russland gegen Österreich mobilisiert hat. Dies haben wir heute England mit dem Hinzufügen mitgeteilt, dass wir eine Aufhaltung der russischen und französischen Kriegsmaßregeln in Petersburg und Paris bereits in freundlicher Form angeregt haben, einen neuen Schritt in dieser Richtung also nur durch ein Ultimatum tun könnten, das den Krieg bedeuten würde. Wir haben deshalb Sir Eduard Grey nahegelegt, seinerseits nachdrücklich in diesem Sinne in Paris und Petersburg zu wirken und erhalten soeben seine entsprechende Zusicherung durch Lichnowsky. Glücken England diese Bestrebungen, während Wien

> alles ablehnt, so dokumentiert Wien, dass es unbedingt einen Krieg will, in den wir hineingezogen sind, während Russland schuldfrei bleibt. Das ergibt für uns der eigenen Nation gegenüber eine ganz unhaltbare Situation. Wir können deshalb nur dringend empfehlen, dass Österreich den Greyschen Vorschlag annimmt, der seine Position in jeder Beziehung wahrt.
> Ew. Exz. wollen sich sofort nachdrücklichst in diesem Sinne Graf Berchtold, eventuell auch Graf Tisza gegenüber äußern.«

Man kann auch bei diesem Telegramm in Zweifel sein, ob es Bethmann Hollweg mehr darum zu tun war, den Frieden zu erhalten oder die Verantwortung für den Krieg Russland zuzuschieben. Aber der Druck auf Wien war da, und er sollte schließlich doch im Sinne des Friedens wirken.

Nun stieß dieser Druck auf den ebenso hartnäckigen wie tückischen Widerstand Österreichs, das sich durchaus nicht scheute, den deutschen Bundesgenossen ebenso zu betrügen wie die übrige Welt, indem es dessen Drängen zum Schein nachgab, in Wirklichkeit aber nichts Ernsthaftes tat.

In dem Wiener Ministerrat vom 31. Juli berichtete Graf Berchtold:

> »Seine Majestät haben den Antrag genehmigt, dass das Wiener Kabinett zwar sorgsam *vermeide*, den englischen Antrag in *meritorischer* Hinsicht *anzunehmen*, dass es aber in der *Form* seiner Antwort Entgegenkommen zeige und dem Wunsche des deutschen Reichskanzlers, die (englische) Regierung nicht vor den Kopf zu stoßen, auf diese Weise entgegenkomme.«

Der Herr Graf fügte hinzu:

> »Wenn die Aktion jetzt nur mit einem Prestigegewinn endigte, so wäre sie nach der Ansicht des Vorsitzenden. (Berchtold) ganz umsonst unternommen worden. *Die Monarchie hatte von einer einfachen Besetzung Belgrads gar nichts*, selbst wenn Russland hierzu seine Einwilligung geben würde.«

Berchtold teilte seine Ansicht mit, auf den englischen Vorschlag in sehr verbindlicher Form zu antworten, dabei aber Bedingungen zu stellen, deren Ablehnung er voraussehen musste, und zu vermeiden, auf den »meritorischen Teil«, das heißt, aus dem österreich-parlamentarischen Kauderwelsch ins deutsche übersetzt, auf die Sache selbst einzugehen.

Tisza schloss sich Berchtold vollständig an. Er war ebenfalls der Ansicht,

> »dass es verhängnisvoll wäre, auf das Meritum, (das heißt, den Inhalt) des englischen Vorschlags einzugehen. Die Kriegsoperationen gegen Serbien müssten jedenfalls ihren Fortgang nehmen. Es frage sich aber, ob es notwendig sei, schon jetzt die neuen Forderungen an Serbien den Mächten überhaupt bekanntzugeben, und er würde vorschlagen, die englische Anregung dahin zu beantworten, dass die Monarchie prinzipiell bereit wäre, derselben näher zu treten, jedoch nur unter der Bedingung, dass die Operationen gegen Serbien fortgesetzt würden und die russische Mobilisierung eingestellt werde.«

Diese tatsächliche Verhöhnung des Friedensvorschlags fand die einstimmige Zustimmung des sauberen Ministerrats. Dass die deutsche Regierung auch für diese perfide Politik Österreichs, jede Friedensvermittlung scheitern zu lassen, verantwortlich gemacht wurde, darf nicht wundernehmen, angesichts ihres engen Zusammenarbeitens mit dem Bundesgenossen und ihrer anfänglichen Unterstützung seiner Friedenssabotierung. Aber an dieser Schlusssünde, die den Krieg unvermeidlich machte, ist sie unschuldig. Ihr Schuldkonto ist auch ohnedem schwer genug belastet.

Nach dem 29. suchte sie den Frieden zu retten. Das eine Hindernis, das sie dabei fand, war, wie wir gesehen, die österreichische Regierung. Aber sie fand noch ein anderes, mächtigeres und ihr näher liegendes.

Der letzte Auftrag des Reichskanzlers an Tschirschky, die Aufforderung, Österreich zur Nachgiebigkeit zu drängen, von dem wir hier gesprochen, kam nicht zur Ausführung. Am 30. Juli, 9 Uhr abends ging die Depesche ab, um 11 Uhr 20 Min. eilte ihr bereits eine zweite nach, die sagte:

> »Bitte Instruktion Nr. 200 vorläufig nicht auszuführen.«

Was war inzwischen geschehen?

Die Antwort gibt folgendes Telegramm des Reichskanzlers an den Botschafter in Wien:

> »Ich habe Ausführung der Instruktion Nr. 200 sistiert, weil mir *Generalstab* soeben mitteilt, dass militärische Vorbereitungen unserer Nachbarn namentlich im Osten *zu schleuniger Entscheidung* drängen, wenn wir uns nicht Überraschungen aussetzen wollen. Generalstab wünscht dringend über dortige Entschließungen namentlich über diejenigen militärischer Art in definitiver Weise möglichst unverzüglich unterrichtet zu werden. Bitte dringend vorstellig zu werden, dass wir Antwort morgen erhalten.«

Auch dieses Telegramm wurde nicht abgesandt, sondern durch ein anderes ersetzt, in dem das Sistieren der Instruktion mit dem Eintreffen eines Telegramms des Königs von England erklärt wurde. Aber es ist nicht daran zu zweifeln, dass die erste Erklärung die richtige war. Man scheute wohl davor zurück, eine derartige Einwirkung des *Generalstabs* auf die äußere Politik zuzugeben. In ihm tritt ein neuer Faktor hervor, der entscheidend wird für den Ausbruch des Krieges.

## 16. Die Mobilisierungen

Vom Beginn der Krise an hatte bei den meisten Regierungen ein gewisses Misstrauen nicht bloß gegen Österreich, sondern auch gegen Deutschland bestanden, trotz der lebhaften Beteuerungen Berlins, man sei durch das Wiener Ultimatum ebenso überrascht worden wie die übrige Welt.

Die Sabotierung aller Vermittlungsversuche durch Österreich und Deutschland bis zum 29. Juli, die dann durch Österreich fortgesetzt wurde, nun im Gegensatz zu Deutschland, der aber offen nicht zutage trat – alles dies ließ die Friedensliebe der Mittelmächte immer zweifelhafter erscheinen und befestigte bei der Entente immer mehr die Befürchtungen, dass sie eine »allgemeine Konflagration« wollten.

Nur wenige auswärtige Diplomaten waren am 30. Juli noch des Glaubens, Deutschland sei ernstlich bemüht, zu vermitteln. Zu diesen gehörte der belgische Gesandte in Petersburg, Herr de l'Escaille, der am 30. Juli berichtet:

> »Unbestreitbar bleibt nur, dass Deutschland sich hier ebenso wie in Wien bemüht hat, irgendein Mittel zu finden, um einen allgemeinen Konflikt zu vermeiden, dass es dabei aber einerseits auf die feste Entschlossenheit des Wiener Kabinetts gestoßen ist, keinen Schritt zurückzuweichen und anderseits auf das Misstrauen des Petersburger Kabinetts gegenüber den Versicherungen Österreich-Ungarns, dass es nur an eine Bestrafung, nicht an eine Besitzergreifung Serbiens denke.«

Die Depesche kam auf dem Weg durch Deutschland in die Hände der deutschen Regierung, die sich beeilte, sie zu veröffentlichen, weil sie beweise, dass Deutschland mit größter Hingebung für den Frieden gewirkt habe. Die deutsche Regierung hat später noch zahlreiche andere Berichte belgischer Diplomaten aus dem Jahrzehnt vor dem Krieg veröffentlicht, die alle sehr günstig von der Friedensliebe

Deutschlands sprachen. Was sie bezeugen, ist das eine, dass gerade unter den belgischen Diplomaten das Zutrauen zur deutschen Politik sehr stark war. Um so sonderbarer berührt es, dass die deutsche Regierung gleichzeitig mit diesen belgischen Zeugnissen andere veröffentlichte, die beweisen sollten, dass sich Belgien schon lange vor dem Krieg mit England und Frankreich gegen Deutschland verschworen hatte.

Was das von de l'Escaille berichtete Misstrauen des Petersburger Kabinetts gegenüber den Versicherungen Wiens anbelangt, es wolle Serbiens Integrität nicht antasten, so war dies Misstrauen nicht auf Petersburg beschränkt. Am 29. Juli schrieb Bethmann Hollweg nach Wien an Tschirschky:

> »Diese Äußerungen der österreichischen Diplomaten tragen nicht mehr den Charakter privater Äußerungen, sondern müssen als Reflexe von Wünschen und Aspirationen erscheinen. Ich betrachte die Haltung der dortigen Regierung und ihr ungleichartiges Vorgehen bei den verschiedenen Regierungen mit wachsendem Befremden. In Petersburg erklärt sie territoriales Desinteressement, uns lässt sie ganz im Unklaren über ihr Programm, Rom speist sie mit nichtssagenden Redensarten über die Kompensationsfrage ab, in London verschenkt Graf Mensdorff Teile Serbiens an Bulgarien und Albanien und setzt sich in Gegensatz zu den feierlichen Erklärungen Wiens in Petersburg. Aus diesen Widersprüchen muss ich den Schluss ziehen, dass die im Telegramm Nr. 83 mitgeteilte Desavouierung des Grafen Hoyos für die Galerie bestimmt war und dass die dortige Regierung sich mit Plänen trägt, deren Geheimhaltung vor uns sie für angezeigt hält, um sich auf alle Fälle der deutschen Unterstützung zu versichern und nicht durch offene Bekanntgabe eine eventuellen Refus auszusetzen.
> Vorstehende Bemerkungen sind *zunächst* zu Ew. Exz. persönlicher Orientierung bestimmt. Den Grafen Berchtold bitte ich nur darauf hinzuweisen, einem Misstrauen gegen seine über die Integrität Serbiens den Mächten abgegebenen Erklärungen vorzubeugen.«

Inzwischen hatte Bethmann Hollweg selbst schon begonnen, lebhaftes Misstrauen hervorzurufen. Immer allgemeiner wurde die Ansicht, Deutschland wolle den Krieg, und so geriet man in das verhängnisvolle Stadium, dass jeder sich zum Krieg vorbereitete – Vorbereitungen, die zunächst verstohlen betrieben werden konnten, in einem gewissen Stadium aber in offener Mobilisierung münden mussten.

Die Gefahren dieses Stadiums hatten die deutschen Staatsmänner selbst vorausgesehen. In dem so viel besprochenen Bericht der bayerischen Gesandtschaft vom 18. Juli hieß es:

> »Von einer Mobilmachung deutscher Truppen soll abgesehen werden und man will auch durch unsere militärischen Stellen dahin wirken, dass Österreich nicht die gesamte Armee und insbesondere die in Galizien stehenden Truppen mobilisiert, um nicht *automatisch* eine Gegenmobilisierung Russlands auszulösen, die dann auch uns und Frankreich zu gleichen Maßnahmen zwingen und damit den europäischen Krieg heraufbeschwören würde.«

Diese Stelle hat Eisner leider weggelassen. Sie soll die deutsche Friedensliebe bescheinigen. Und sie sagt allerdings, dass Deutschland nicht den *europäischen* Krieg um jeden Preis, sondern nur den *serbischen* wollte, sie sagt aber noch etwas anderes, nämlich, dass, wenn Österreich mobilisierte, dies »*automatisch*« die russische Mobilisierung nach sich ziehen musste, die dann den europäischen Krieg heraufbeschwören würde.

Dies »automatisch« mögen diejenigen beherzigen, die da behaupten, Russland habe ganz grundlos mobilisiert und damit gezeigt, dass es den Krieg wollte.

Wem es um den Frieden unter allen Umständen zu tun war, der durfte natürlich vor allem die Kriegserklärung an Serbien nicht zugeben. Hatte man einmal diesen verhängnisvollen Schritt getan, dann war eine Atmosphäre der Beunruhigung geschaffen, die allgemeines Mobilisieren nach sich zog. Wollte man das vermeiden, dann musste man sich zum Mindesten in dem Rahmen des Programms halten, das der bayrische Bericht entwickelte; man musste verhindern, dass Österreich in einer Weise mobilisierte, die Russland beunruhigte. Das geschah nicht.

Die österreichische Mobilisierung war ziemlich undurchsichtig, aber Bethmann Hollweg gestand selbst in seinen Kriegsreden am 4. August, als er von der russischen Mobilisierung sprach und diese für nicht gerechtfertigt erklärte:

> »Österreich-Ungarn hatte nur seine Armeekorps, die unmittelbar gegen Serbien gerichtet waren, mobilisiert und *im Norden* nur zwei Armeekorps und fern von der russischen Grenze.«

Schon am 25. Juli hatte Österreich die Mobilisierung von acht Armeekorps begonnen, die »automatisch« die russische nach sich ziehen musste, wie der deutschen Regierung selbst bewusst war.

Und sie musste auch wissen, dass die Teilmobilisierung, mit der man begann, ebenso automatisch die allgemeine nach sich zog. Sie erfolgte in Österreich und Russland fast gleichzeitig, am 31. Juli. Die Russen behaupteten, Österreich sei mit der Maßregel vorangegangen.

Der französische Gesandte in Petersburg, Paléologue, berichtete am 31. Juli:

> »Aufgrund der allgemeinen Mobilmachung Österreichs und der von Deutschland seit sechs Tagen geheim, aber unausgesetzt betriebenen Mobilisierungsmaßnahmen ist der Befehl zur allgemeinen Mobilisierung des russischen Heeres erlassen worden.«

Am 1. August mobilisierten dann England und Frankreich, genau so, wie es der bayerische Bericht vorausgesagt.

In deutschen Regierungskreisen selbst erklärte man die russische Mobilisierung nicht aus kriegerischen Absichten der russischen Regierung. Am 30. Juli telegraphierte der deutsche Militärbevollmächtigte in Petersburg:

> »Ich habe den Eindruck, dass man hier aus Angst vor kommenden Ereignissen mobilisiert hat, *ohne aggressive Absichten.*«

Selbst nach der allgemeinen russischen Mobilisierung vom 31. Juli bemerkte Bethmann zu Lichnowsky in London:

> »Ich halte es nicht für unmöglich, dass die russische Mobilmachung darauf zurückzuführen ist, dass gestern hier kursierende, absolut falsche und sofort amtlich dementierte Gerüchte über hier erfolgte Mobilmachung als Tatsache nach Petersburg gemeldet werden sind.«

Aber mochten die Mobilisierungen nur defensiven Zwecken entspringen, sie vermehrten enorm die allgemeine Spannung.

Damit wuchs gewaltig die Gefährlichkeit der Lage. Neben den Diplomaten bekamen nun die Generalstäbler das Wort, in derselben Zeit, in der sich beim »Zivil«kanzler ein Umschwung in der Richtung zum Frieden vollzog. Für den Generalstäbler bestand die Aufgabe nicht darin, den Krieg zu *verhüten*, den er bereits als unvermeidlich betrachtete, als vielmehr darin, den Krieg zu *gewinnen*. Die Aussichten auf Sieg waren aber um so größer, je schneller man losschlug, je weniger Zeit man dem Gegner ließ, seine Kräfte zu sammeln. So stellten sich die Versuche des Kanzlers, den Frieden zu retten, erst zu einem Zeitpunkt ein, als seine frühere Kriegspolitik bereits die stärkste Triebkraft zum Krieg in den Vordergrund gebracht hatte.

Schon vom 29. Juli liegen Belege für das Eingreifen des deutschen Generalstabs in die Politik vor. An diesem Tage sandte er dem Auswärtigen Amt ein Exposé, nicht über die *militärische*, sondern die *politische* Lage, die dem Reichskanzler zu erläutern doch nicht seines Amtes war. Der Titel hieß: »Zur Beurteilung der politischen Lage.« Es begann mit folgenden Ausführungen:

> »Es ist ohne Frage, dass kein Staat Europas den Konflikt zwischen Österreich und Serbien mit einem andern als wie menschlichen Interesse gegenüberstehen würde, wenn in ihn nicht die Gefahr einer allgemeinen politischen Verwicklung hineingetragen wäre, die heute bereits droht, einen Weltkrieg zu entfesseln. Seit mehr als fünf Jahren ist Serbien die Ursache einer europäischen Spannung, die mit nachgerade unerträglich werdendem Druck auf dem politischen und wirtschaftlichen Leben der Völker lastet. *Mit einer bis zur Schwäche gehenden Langmut* hat Österreich bisher die dauernden Provokationen und die auf Zersetzung seines staatlichen Bestandes gerichtete politische Wühlarbeit eines Volkes ertragen, das vom Königsmord im eigenen zum Fürstenmord im Nachbarland geschritten ist. Erst nach dem letzten scheußlichen Verbrechen hat es zum äußersten Mittel gegriffen, *um mit glühendem Eisen ein Geschwür auszubrennen*, das fortwährend den Körper Europas zu vergiften drohte. Man sollte meinen, dass ganz Europa ihm hätte Dank wissen müssen. Ganz Europa würde aufgeatmet haben, wenn sein Störenfried in gebührender Weise gezüchtigt und damit Ruhe und Ordnung auf dem Balkan hergestellt worden wäre. *Aber Russland stellte sich auf die Seite des verbrecherischen Landes*. Erst damit wurde die österreichisch-serbische Angelegenheit zu der Wetterwolke, die sich jeden Augenblick über Europa zu entladen drohte.«

Und so weiter. Derart waren die politischen Lektionen, die der Generalstab dem Reichskanzler erteilte und die dieser submissest entgegennahm. Über die generalstäbliche Geschichtsauffassung braucht man kein Wort zu verlieren. Nur darauf sei verwiesen, dass die deutschen Generalstäbler den serbischen Königsmord zu einer Tat des serbischen *Volkes* machten. Sie hatten schon vergessen, dass es ihre *Kollegen* waren, die dieses Verfahren anwandten.

Der Bericht weist dann darauf hin, dass Russland erklärt habe, mobilisieren zu wollen. Dadurch werde Österreich gezwungen, nicht bloß gegen Serbien, sondern auch gegen Russland zu mobilisieren. Damit werde der Zusammenstoß beider *unvermeidlich*.

> »Das ist aber für Deutschland der casus foederis. Nur ein Wunder könnte den Krieg noch verhindern.«
> »Deutschland will diesen schrecklichen Krieg nicht herbeiführen. Die deutsche Regierung weiß aber, dass sie die tiefgewurzelten Gefühle der Bundestreue, *eines der schönsten Züge des deutschen Gemütslebens*, in verhängnisvoller Weise verletzen und sich in Widerspruch mit allen Empfindungen ihres Volkes setzen würde, wenn sie ihrem Bundesgenossen in einem Augenblick nicht zu Hilfe kommen wollte, der über dessen Existenz entscheiden kann.«

Deutschland will also »diesen schrecklichen Krieg nicht herbeiführen«, aber »einer der schönsten Züge des deutschen Gemütslebens«, das der deutsche Generalstab so hervorragend repräsentierte, zwingt es dazu, nämlich die Treue gegen den Verschwörungspakt vom 5. Juli, der auch zu den »schönsten Zügen des deutschen Gemütslebens« gehört.

Nach diesem Appell an das deutsche Gemüt wird aber der Generalstab recht ungemütlich:

> »Nach den vorliegenden Nachrichten scheint auch Frankreich vorbereitende Maßnahmen für eine eventuelle Mobilmachung zu treffen. Es ist augenscheinlich, dass Russland und Frankreich in ihren Maßnahmen Hand in Hand gehen.
> Deutschland wird also, wenn der Zusammenstoß zwischen Österreich und Russland unvermeidlich ist, mobilmachen und bereit sein, den Krieg nach zwei Fronten aufzunehmen.
> Für die eintretendenfalls von uns beabsichtigten militärischen Maßnahmen ist es von größter Wichtigkeit, möglichst bald Klarheit darüber zu erhalten, ob Russland und Frankreich gewillt sind, es auf einen Krieg mit Deutschland ankommen zu lassen. Je weiter die Vorbereitungen unserer Nachbarn fortschreiten, um so schneller werden sie ihre Mobilmachung beendigen können. Die militärische Lage wird dadurch für uns von Tag zu Tag ungünstiger und kann, wenn unsere voraussichtlichen Gegner sich weiter in aller Ruhe vorbereiten, zu verhängnisvollen Folgen für uns führen.«

Man beachte diese Sprache! Der Generalstab teilt nicht etwa der Regierung mit, dass er alle Vorbereitungen getroffen habe, um zu mobilisieren, sobald sie es anordnet, sondern er kommandiert ohne Weiteres: Deutschland wird mobilmachen, sobald der Zusammenstoß zwischen Österreich und Russland unvermeidlich wird. Dabei erklärt er mit gleicher Bestimmtheit, dass dieser Zusammenstoß nur noch durch ein Wunder zu verhindern ist.

Mobilisierung bedeutet aber nach den Grundsätzen des deutschen Generalstabs den Krieg. Er proklamiert also schon den Krieg »nach zwei Fronten« und fordert raschestes Losschlagen, da die »militärische Lage für uns von Tag zu Tag ungünstiger wird«.

Das ist der Sinn dieser Proklamation des Generalstabs an den Reichskanzler. Damit erhebt die Zentralorganisation des Militärs den Anspruch, die Entscheidung über die auswärtige Politik in ihre Hand zu nehmen und eine kriegerische Lösung zu beschleunigen, eben in dem Moment, wo diese Zivilgewalt sich anschickt, nachzugeben, einen, wenn auch kleinen Schritt zum Frieden zu machen.

Ganz ohne Kampf dankte der Reichskanzler freilich nicht ab. Unter anderem hat uns darüber noch während des Krieges ein Schriftchen unterrichtet, dessen Verfasser sich hinter dem Pseudonym »Junius alter« verbarg und der den Standpunkt der Kriegspartei vertrat. Es heißt da:

> »Über die amtliche Tätigkeit des Kanzlers unmittelbar vor Kriegsausbruch ... ergibt sich als Gesamteindruck die Tatsache, dass sein Streben bis zur letzten Stunde – unbekümmert um die militärischen Folgen – darauf gerichtet ist, den Ausbruch des längst unvermeidlich gewordenen Krieges um jeden Preis zu verhindern. Umsonst drängten Generalstabschef, Kriegsminister und die maßgebenden Marinestellen auf den Befehl zur Mobilmachung; es gelang ihnen zwar, den Kaiser am Donnerstag (30. Juli) von der unabweisbaren Notwendigkeit dieser Maßnahme halb und halb zu überzeugen, so dass am Nachmittage Berliner Polizeiorgane und der ›Lokalanzeiger‹ die Mobilmachung bereits bekanntgaben. Aber dem Eingreifen Herrn v. Bethmanns gelang es, den entscheidenden und erlösenden (! K.) Befehl zu vereiteln. Nach wie vor und unerschütterlich hielt er an seiner Hoffnung fest, dass es ihm mit englischer Hilfe gelingen müsse, eine Einigung zwischen Wien und Petersburg herbeizuführen, und wiederum gingen zwei kostbare Tage verloren, die uns nicht nur einen Teil des Elsass, sondern auch Ströme von Blut gekostet haben. In gleicher Weise wäre auch der 1. August ungenützt vorübergegangen, wenn an ihm nicht schließlich die leitenden militärischen Stellen am Schluss erklärt hätten, dass sie bei längerer Hinauszögerung des Mobilmachungsbefehls nicht mehr imstande seien, die auf ihnen ruhende schwere Verantwortung zu tragen ... Auch nach erfolgter Mobilmachung hat Herr v. Bethmann

> Hollweg einen letzten Versuch unternommen, die Zurücknahme des Befehls zu erwirken, *aber es war glücklicherweise zu spät*: Die im kleinen Finger politisch einsichtsvolleren militärischen Stellen waren in zwölfter Stunde durchgedrungen.« (S. 19, 20)

Die Anklagen (!) des Herrn Junius alter bestätigen den Bericht des französischen Botschafters in Berlin vom 30. Juli, Herr Cambon teilt mit:

> »Einer der Botschafter, mit dem ich die engsten Beziehungen habe, hat um zwei Uhr Herrn Zimmermann gesehen. Nach Aussage des Unterstaatssekretärs drängen die militärischen Behörden sehr darauf an, dass die Mobilmachung angeordnet werde, da jede Verspätung Deutschland um einige seiner Vorteile bringe. Doch bis jetzt sei es gelungen, dem Drängen des Generalstabs, der in der Mobilisierung den Krieg erblickt, zu widerstehen ... Ich habe übrigens die triftigsten Gründe zu der Annahme, dass alle Mobilmachungsmaßregeln, die vor der Veröffentlichung des allgemeinen Mobilmachungsbefehls durchgeführt werden können, hier getroffen worden sind, wo man möchte, dass wir unsere Mobilisierung zuerst bekanntgeben, um uns die Verantwortung dafür zuzuschieben.«

Bethmann Hollweg kämpfte nicht allein gegen die vorzeitige Proklamation der Mobilisierung, das heißt, nach deutschen Begriffen, des Krieges. Mit ihm kämpften auch andere Mitglieder des Auswärtigen Amtes, die sehr wohl wussten, unter welchen ungünstigen internationalen Bedingungen Deutschland in den Krieg ging und die den dünnen Friedensfaden, der in letzter Minute endlich gesponnen worden war, nicht vorzeitig zerreißen wollten.

So berichtet der belgische Baron Beyens am 1. August aus Berlin nach Brüssel:

> »Um sechs Uhr abends (soll wohl heißen fünf Uhr. K.), da noch keine Antwort von Petersburg auf das Ultimatum der kaiserlichen Regierung eingelangt war, begaben sich die Herren v. Jagow und Zimmermann zum Kanzler und zum Kaiser, um zu erlangen, dass die Ordre zu allgemeiner Mobilisierung heute noch nicht ausgegeben würde. Aber sie stießen auf den unerschütterlichen Widerstand des Kriegsministers und der Häupter der Armee, die dem Kaiser die verderblichen Folgen einer Verzögerung von 24 Stunden darlegten. Die Ordre wurde sofort erteilt.«

In auffallendem Gegensatz zu diesen Berichten steht die Darstellung, die Tirpitz in seinen Erinnerungen gibt. Danach hätte Bethmann am letzten Tage selbst aufs Äußerste zur Mobilmachung gedrängt und hätte, im Gegensatz zu Moltke darauf bestanden, dass mit der Mobilmachung auch sofort die Kriegserklärung erfolgte. (S. 239–241)

Diese Widersprüche bedürfen noch der Aufklärung. Doch eines steht fest: Die Ratlosigkeit in den regierenden Stellen, die seit dem 29. Juli begonnen, hatte sich von Tag zu Tag rapid gesteigert. Und ebenso die Gegensätze unter ihnen. Bethmann wurde der Geister nicht mehr Herr, die er gerufen. Er wusste selbst nicht, wie recht er hatte, als er am 30. Juli im preußischen Ministerrat erklärte: Die Direktion sei verloren und der Stein ins Rollen geraten.

## 17. Die Kriegserklärung an Russland

### Die Vorbereitung der Kriegserklärung

Die allgemeine Kopflosigkeit trat deutlich zutage bei der Kriegserklärung an Russland. Dieses hatte gleichzeitig mit Österreich am Morgen des 31. Juli die allgemeine Mobilisierung angeordnet. Beide hatten erklärt, sie sei nur eine Vorsichtsmaßregel, bedeute noch nicht den Krieg. Die Verhandlungen sollten dadurch nicht unterbrochen werden.

So berichtete der russische Botschafter in Wien am 31. Juli nach Petersburg:

> »Ungeachtet der allgemeinen Mobilmachung setze ich den Gedankenaustausch mit dem Grafen Berchtold und seinen Mitarbeitern fort.«

Dass Deutschland seinerseits auf die russische Mobilmachung hin ebenfalls mobilisierte, war wohl begreiflich. Alles mobilisierte damals, selbst Holland. Hätte Deutschland wie alle andern Nationen, wie auch Frankreich, die Mobilisierung als bloße Vorsichtsmaßregel betrachtet, so ließ sich gegen diesen Schritt nichts einwenden.

Der deutsche Botschafter in Paris, Schön, berichtet am 1. August nach Berlin:

> »Ministerpräsident erklärte mir gegenüber, die soeben hier angeordnete Mobilmachung bedeute keineswegs aggressive Absichten, was auch in Proklamation betont werde. Es sei noch immer Raum für Fortsetzung der Verhandlungen auf Basis des

> Vorschlags Sir E. Greys, dem Frankreich zugestimmt habe und den es warm befürworte.
> Gegen Zusammenstöße an der Grenze sei französischerseits durch Zehnkilometerzone Vorsorge getroffen.
> Er könne Hoffnung auf Frieden nicht aufgeben.«

Wenn Deutschland seine Mobilisierung mit den gleichen Versicherungen begleitete, dann konnten die Verhandlungen tatsächlich noch weitergehen und schließlich friedlich enden. Hatten doch 1913 Russland und Österreich mobilisiert, ohne dass es zum Krieg gekommen war. Wir haben gesehen, dass einer der Gründe für Wilhelm, warum er den Krieg gegen Serbien für notwendig hielt, obwohl die serbische Antwort jeden Grund dazu beseitigt hatte, in der Tatsache lag, dass Österreich jetzt zum dritten Mal mobilisierte. Geschähe das wieder, ohne dass die »Armee«, das heißt, die Herren Offiziere, ihre »Waffenehre« befriedigt sähen, so würde das üble Folgen zeitigen.

Tirpitz hielt am 1. August die Kriegserklärung für einen Fehler. Moltke legt auf sie an jenem Tage »keinen Wert«, wie Tirpitz bemerkt.

Also Mobilisierung brauchte nicht Krieg zu bedeuten. Ihr konnte im letzten Moment noch ohne diesen blutigen Ausgang die Demobilisierung folgen, wenn man sich inzwischen verständigte.

In der Depesche nach Petersburg vom 31. Juli, in der Bethmann Deutschlands Mobilisierung in Aussicht stellte, beschwerte er sich darüber, dass Russland trotz der schwebenden Verhandlungen mobilisierte. Indes Österreich hatte trotz der schwebenden Verhandlungen nicht bloß mobilisiert, sondern Serbien den Krieg erklärt und Belgrad bombardiert. Wenn das die Verhandlungen nicht unmöglich machte, brauchte die bloße Mobilisierung Russlands nicht so peinlich genommen werden.

Doch nicht allein in diesem Punkte sah der Reichskanzler nur den Splitter im Auge Russlands und nicht den Balken im Auge Österreichs. Er forderte, dass Russland sofort jede Kriegsmaßnahme nicht bloß gegen Deutschland, sondern auch gegen Österreich einstelle, ohne das gleiche für Österreich in Aussicht zu stellen. Wenn er wollte, dass Russland seine Forderung ablehne, musste er sie in dieser Weise formulieren.

Nicht minder sonderbar aber erscheint die Depesche des Reichskanzlers, wenn man sie mit der zusammenhält, die er gleichzeitig für die französische Regierung an Schön schickte. Wir stellen beide nebeneinander:

| Note an Russland | Note für Frankreich |
| --- | --- |
| »Trotz noch schwebender Vermittlungsverhandlungen und obwohl wir selbst bis zur Stunde keinerlei Mobilmachungsmaßnahmen getroffen haben, hat Russland Mobilmachung seiner gesamten Armee und Flotte, also auch gegen uns verfügt. Durch diese russischen Maßnahmen sind wir gezwungen worden, zur Sicherung des Reiches die drohende Kriegsgefahr auszusprechen, die noch nicht Mobilisierung bedeutet. Die Mobilisierung muss aber folgen, falls nicht Russland binnen zwölf Stunden jede Kriegsmaßnahme gegen uns und Österreich einstellt und uns hierüber bestimmte Erklärung abgibt. Bitte das sofort Herrn Sasonow mitteilen und Stunde der Mitteilung drahten.« | »Russland hat trotz unserer noch schwebenden Vermittlungsaktion, und obwohl wir selbst keinerlei Mobilmachungsmaßnahmen getroffen haben, ganze Armee und Flotte, also auch gegen uns mobilisiert. Wir haben darauf drohenden Kriegszustand ausgesprochen, dem Mobilmachung folgen muss, falls nicht Russland binnen zwölf Stunden alle Kriegsmaßnahmen gegen uns und Österreich einstellt. *Die Mobilmachung bedeutet unvermeidlich Krieg*. Bitte französische Regierung fragen, ob sie in einem *russisch-deutschen Krieg* neutral bleiben will. Antwort muss binnen achtzehn Stunden erfolgen. Sofort Stunde der gestellten Anfrage drahten. Größte Eile geboten!« |

Man sieht die beiden Erklärungen stimmen, abgesehen von dem für Frankreich speziell bestimmten Schluss, fast wörtlich überein, bis auf einen Satz: Frankreich wird mitgeteilt, dass die Mobilmachung unvermeidlich den Krieg bedeutet. *In dem für Russland bestimmten Text fehlte dieser entscheidende Satz*, der erst die Mitteilung zu einem Ultimatum machte.

Warum das? Man kann das Wegbleiben aus zwei sehr verschiedenen Motiven erklären: einmal aus dem Wunsch des Generalstabs, Russland nicht vorzeitig aufzupeitschen, ihm noch den Glauben zu lassen, dass trotz der Mobilisierung weiter verhandelt werden könne und es dadurch davon abzuhalten, diese besonders zu beschleunigen. Das Wegbleiben konnte aber auch dem Wunsch des Zivilkanzlers entspringen, trotz der Mobilisierung nicht alle Brücken abzubrechen.
In der Tat fasste man die Mitteilung der deutschen Regierung in Russland noch nicht als ein Ultimatum auf.

Um 12 Uhr nachts teilt Pourtalès Herrn Sasonow die Depesche des Reichskanzlers mit.

Darauf antwortete am nächsten Tage, dem 1. August, um zwei Uhr nachmittags, der Zar in einem Telegramm an Wilhelm:

> »Ich habe Dein Telegramm erhalten. Ich verstehe, dass Du gezwungen bist, mobilzumachen, aber ich möchte von Dir dieselbe Garantie, die ich Dir gegeben habe, nämlich, dass diese Maßnahmen *nicht* Krieg bedeuten und dass wir fortfahren werden zu verhandeln zum Heile unserer beiden Länder und des allgemeinen Friedens, der unserem Herzen so teuer ist. Unserer langbewährten Freundschaft muss es mit Gottes Hilfe gelingen, Blutvergießen zu verhindern. Dringend erwarte ich voll Vertrauen Deine Antwort.«

Der ahnungslose Nicky ließ sich's nicht träumen, dass sein langbewährter Freund »Willy« um diese Zeit bereits die Kriegserklärung an ihn abgesandt und damit den Krieg eröffnet hatte.

## Die Begründung der Kriegserklärung

Wilhelm hatte es furchtbar eilig damit gehabt, ebenso eilig, wie am 25. Juli die Österreicher gegenüber den Serben.

Um 12 Uhr mittags endete die Frist, nach deren Ablauf, zufolge der Ankündigung des Reichskanzlers, Deutschland mobilmachen wollte, wenn Russland nicht unverzüglich nach allen Seiten hin demobilisierte, indes Österreichs allgemeine Mobilisierung fortschritt und der Krieg gegen Serbien weiterging.

Und um 1 Uhr schon wurde nicht die Mobilisierung angeordnet, sondern die *Kriegserklärung* nach Petersburg gesandt.

Das deutsche Weißbuch, das sonst alle Dokumente deutsch wiedergibt, auch die in fremden Sprachen abgefassten, z.B. den Telegrammwechsel zwischen dem Kaiser und dem Zaren, veröffentlicht die für jeden Deutschen doch so wichtige Kriegserklärung an Russland schamhafterweise nur in französischer Sprache. Sie ist danach. Deutsch lautet sie:

> »Von Anfang der Krise an war die kaiserliche Regierung bemüht, sie einer friedlichen Lösung zuzuführen. Einem ihm von S. M. dem Eifer von Russland ausgedrückten Wunsch zufolge hatte S. M. der Deutsche Kaiser im Einvernehmen mit England es übernommen, bei den Kabinetten von Wien und St. Petersburg als Vermittler zu wirken, als Russland, ohne das

> Ergebnis abzuwarten, zur Mobilmachung aller seiner Land- und Seestreitkräfte schritt.
> Infolge dieser drohenden, durch keinerlei militärische Vorbereitungen von deutscher Seite begründeten Maßnahmen sah sich das Deutsche Reich einer schweren und unmittelbar drohenden Gefahr gegenüber. Hätte die kaiserliche Regierung es unterlassen, dieser Gefahr entgegenzutreten, so würde sie die Sicherheit und selbst den Bestand Deutschlands gefährdet haben. Infolgedessen hat sich die deutsche Regierung gezwungen gesehen, sich an die Regierung S. M. des Kaisers aller Russen mit der dringenden Forderung zu wenden, die bezeichneten militärischen Maßnahmen einzustellen. Da Russland sich geweigert hat, dieser Forderung zu entsprechen (es nicht für notwendig befunden hat, unsere Forderung zu beantworten), und durch diese Weigerung (diese Haltung) bekundet hat, dass seine Aktion gegen Deutschland gerichtet ist, habe ich die Ehre, im Auftrage meiner Regierung Eure Exzellenz wissen zu lassen, was folgt:
> ›Seine Majestät, mein erhabener Gebieter, *nimmt* im Namen des Reiches *die Herausforderung* an und betrachtet sich als im Kriegszustand mit Russland befindlich.‹«

Begleitet wurde diese Kriegserklärung von folgendem Telegramm an Pourtalès:

> »Falls die russische Regierung keine befriedigende Antwort auf unsere Forderung erteilt, so wollen Ew. Exzellenz ihr heute Nachmittag 5 Uhr (mitteleuropäische Zeit) folgende Erklärung überreichen ...«

In der Erklärung selbst wurde ein Satz in zwei verschiedenen Fassungen mitgeteilt (die eine ist in der obigen Wiedergabe in Klammem angeführt), von denen diejenige gewählt werden sollte, die der Antwort Sasonows entsprach.

Was war inzwischen in Petersburg vorgegangen? Pourtalès hatte die Ankündigung des Reichskanzlers, Deutschland müsse mobilisieren, wenn Russland nicht gegen Deutschland und Österreich demobilisiere, in Petersburg mitgeteilt. Er telegraphierte darüber aus Petersburg, 1. August, 1 Uhr morgens:

> »Habe Auftrag soeben Mitternacht ausgeführt. Herr Sasonow verwies wieder auf technische Unmöglichkeit, Kriegsmaßnahmen einzustellen und versuchte mich von Neuem davon zu überzeugen, dass wir Bedeutung der russischen Mobilmachung, die mit der unsrigen nicht zu vergleichen sei, überschätzten. Er

> bat mich dringend, Ew. Exzellenz darauf hinzuweisen, dass die in heutigem Telegramm S. M. des Kaisers Nikolaus an S. M. den Kaiser und König auf Ehrenwort übernommene Verpflichtung des Zaren, uns über die Absichten Russlands beruhigen müsse. Ich wies darauf hin, dass der Zar sich keineswegs unter allen Umständen verpflichte, von kriegerischer Aktion abzusehen, sondern nur so lange, als noch Aussicht bestehe, die russisch-österreichische Differenz wegen Serbiens beizulegen. Ich legte dem Minister direkt die Frage vor, ob er mir garantieren kann, dass Russland auch, falls eine Einigung mit Österreich nicht erfolge, gewillt sei, Frieden zu halten. Der Minister vermochte mir auf diese Frage keine bejahende Antwort zu erteilen. In diesem Falle, entgegnete ich, könne man es uns nicht verdenken, dass wir nicht gesonnen seien, *Russland weiteren Vorsprung in der Mobilmachung zu lassen.*«

Das ist alles. Auch bei diesem Gespräch fehlt selbst der leiseste Hinweis auf den Frankreich gegenüber so schroff betonten Grundsatz, dass die Mobilisierung Deutschlands gleichbedeutend sei mit einer Kriegserklärung. Und nun das entscheidende Telegramm Pourtalès, das seinen Adressaten, das Auswärtige Amt in Berlin, nicht mehr erreichte, abgegangen in Petersburg am 1. August, 8 Uhr abends.

> »Ich habe nach Entzifferung um 7 Uhr russischer Zeit (6 Uhr mitteleuropäischer, K.) Herrn Sasonow dreimal hintereinander gefragt, ob er mir die im Telegramm Nr. 153 verlangte Erklärung betreffend Einstellung der Kriegsmaßnahmen gegen uns und Österreich geben könne. Nach dreimaliger Verneinung dieser Frage habe ich befohlene Note übergeben.«

So eilig hatte es Herr von Pourtalès mit deren Überreichung, dass er gar nicht merkte, sie enthalte eine doppelte Fassung, des Grundes, aus dem Deutschland den Krieg erklärte. Beide Fassungen wurden der russischen Regierung übergeben, wohl ein Unikum bei einer Kriegserklärung,

Indessen dürfte dem Reichskanzler etwas schwül geworden sein bei dieser Art, den Krieg zu entfesseln.

Schon die Fassung des letzten Satzes der Proklamierung des Krieges hatte Schwierigkeiten gemacht. Ein Vorschlag war dahin gegangen zu sagen:

> »S. M. l'Empereur, mon auguste Souverain au nom de l'Empire declare accepter la guerre, qui Lui est octroyée.« (S. M. der Kaiser, mein erhabener Gebieter, erklärt im Namen des Reiches, den Krieg aufzunehmen, der ihm *aufgezwungen* ist.)

Das war schlechtes Französisch, denn oktroyieren heißt nur im deutschen Sprachgebrauch »aufzwingen«, im französischen heißt es »gewähren« oder »bewilligen«.

Vielleicht aus diesem Grunde setzte man anstelle des »octroyée« »forcée sur lui«, was in besserem Französisch »aufgezwungen« sagte. Aber die Schwierigkeit lag nicht in den Worten, sondern in der Sache. Man fühlte, dass man nach dem ganzen Vorgang den Krieg unmöglich als einen aufgezwungenen bezeichnen könne. Erst später, als die nötige Hurrastimmung erzeugt war, fand man den Mut dazu. So wählte man die oben mitgeteilte verzwickte Form (»S.M. l'Empereur, mon auguste Souverain, au nom de l'Empire relève le défi et Se considère en état de guerre avec la Russie.«)

Aus dem »Aufzwingen des Krieges« wurde eine bloße »Herausforderung zum Krieg«, den der Kaiser als ausgebrochen »betrachtet«.

In dieser schwächlichen und verschrobenen Form wurde die Erklärung des furchtbarsten aller Kriege begründet, der nur durch die zwingendsten Motive zu rechtfertigen gewesen wäre. Aber die waren nicht aufzutreiben, obwohl seit dem Beginn der Krise Bethmanns dringendste Sorge die gewesen war, Russland ins Unrecht zu setzen und ihm die ganze Verantwortung für den kommenden Krieg zuzuschieben.

Als nun gar das Telegramm des Zaren kam, das die Berechtigung der deutschen Mobilisierung anerkannte, aber die Notwendigkeit bestritt, dass sie Krieg zu bedeuten hätte, muss den Herren vom Auswärtigen Amt ihre Kriegserklärung doppelt ungerechtfertigt erschienen sein, sonst wäre nicht zu begreifen, dass sie hinterdrein noch den Versuch machten, die Verkündung der Mobilisierung zu hindern, die noch nicht ausgesprochen war. Das gelang ihnen nicht, um 5 Uhr wurde sie befohlen. Noch immer beruhigte sich der »Zivilkanzler« nicht. Wir haben schon die Mitteilung »Junius alters« zitiert, dass »nach erfolgter Mobilmachung Herr von Bethmann Hollweg noch einen letzten Versuch machte, die Zurücknahme des Befehls zu erwirken; aber es war glücklicherweise zu spät«.

Das bezieht sich wohl auf Folgendes: Obwohl um 1 Uhr nachmittags schon die Kriegserklärung nach Petersburg gesandt worden war, legte der Kanzler noch um 9 Uhr 45 abends dem Kaiser ein Telegramm an den Zaren vor, in dem nochmals Verhandlungen angebahnt wurden, und »Willy«, wie Wilhelm auch jetzt noch unterzeichnet, erklärt:

> »eine sofortige klare und unmissverständliche Antwort Deiner (Nickys) Regierung ist der einzige Weg, um endloses Elend zu vermeiden ... Ich muss auf das ernsteste von Dir verlangen,

> dass Du unverzüglich Deinen Truppen den Befehl gibst, unter keinen Umständen auch nur die leiseste Verletzung unserer Grenzen zu begehen.«

Dieses Telegramm, zum Haupttelegraphenamt gegeben um 10 Uhr 30 abends, neun Stunden nach Absendung der Kriegserklärung, ist wohl eine der absonderlichsten Episoden in der entsetzlichen Komödie der Irrungen und Wirrungen des 1. August. Es erregte auch das lebhafteste Befremden in Petersburg. Pourtalès berichtet darüber noch von dort, drei Stunden vor seiner Abreise nach Stockholm:

> »Soeben fragt Herr Sasonow telefonisch bei mir an, wie Folgendes zu erklären sei: S. M. der Kaiser von Russland habe vor einigen Stunden ein Telegramm unseres Allergnädigsten Herrn erhalten, welches von 10 Uhr 45 Minuten abends datiert und in dessen Schlusssatz die Bitte ausgesprochen sei, Kaiser Nikolaus möge seinen Truppen befehlen, in keinem Falle die Grenze zu überschreiten. Herr Sasonow fragt, wie ich mir eine solche Bitte erkläre, nachdem ich gestern abends bekannte Note (Kriegserklärung, K.) übergeben hätte. Ich habe geantwortet, ich könnte keine andere Erklärung finden, als dass wahrscheinlich das Telegramm meines Kaisers schon *vorgestern* Abend 10 Uhr 45 Minuten aufgegeben sei.«

In der Tat war das Telegramm vom 1. August abends 10 Uhr 45 unerklärlich. Die einzige richtige Erklärung kam dem deutschen Botschafter natürlich nicht in den Sinn, und wenn sie ihm eingefallen wäre, hätte er sich gehütet sie kundzutun; die, dass *sein »allergnädigster Herr« mitsamt seinen Ratgebern sämtlich den Kopf verloren hatten.*

## Die Eröffnung des Krieges durch Russland

Da Wilhelm und seine Leute keine Möglichkeit mehr hatten, das Unheil rückgängig zu machen, das sie angerichtet, denn, wie der deutsche Patriot Junius alter triumphierend bemerkt: »Es war glücklicherweise zu spät« – und ihnen die eigene Motivierung der Kriegserklärung selbst völlig unzulänglich erscheinen musste, sahen sie sich nach einem Vorwand um, Russland zum Urheber des Weltkrieges zu machen. Dieses Kunststück wurde vollbracht in der Denkschrift, die der Reichskanzler am 3. August dem Reichstag vorlegte. Hier wird nur so nebenbei berichtet, dass Deutschland erklärte, wenn seiner Forderung auf Demobilisierung nicht genügt werde, betrachte es sich ›als im Kriegszustand befindlich‹ und dann fortgefahren:

> »Ehe jedoch eine Meldung über die Ausführung dieses Auftrages einlief, überschritten russische Truppen, und zwar schon am Nachmittag des 1. August, also desselben Nachmittags, an dem das oben erwähnte Telegramm des Zaren abgesandt war, unsere Grenzen und rückten auf deutschem Gebiete vor. *Hiermit hat Russland den Krieg gegen uns begonnen.*«

Von allen staunenswerten Argumenten, die das deutsche Auswärtige Amt damals zur Rechtfertigung des Krieges vorbrachte, ist dieses wohl das staunenswerteste. Man denke! Die deutsche Regierung erteilt ihrem Botschafter in Petersburg den Auftrag, um 5 Uhr Russland den Krieg zu erklären. Am »Nachmittag« des gleichen Tages überschreiten russische Truppen die deutsche Grenze, also, schließt dieselbe Regierung, hat Russland den Krieg *begonnen*, denn – das geschah zu einer Zeit, als in Berlin noch keine Meldung über die in Petersburg ausgesprochene Kriegserklärung vorlag!

Danach wird eine Kriegserklärung nicht von dem Moment an wirksam, in dem sie ausgesprochen ist, sondern erst von dem Moment an, wo der den Krieg Erklärende davon unterrichtet ist, dass der andere Teil die Erklärung empfangen hat.

Haben aber vielleicht die Russen die Grenze vor 6 Uhr überschritten, vor der Zeit, zu der die Kriegserklärung in Petersburg tatsächlich ausgesprochen wurde? Die deutsche Denkschrift will das glauben machen, wenn sie sagt, dass die Grenzverletzung »schon am Nachmittag« stattfand.

Für die Entscheidung, ob wirklich Russland den Krieg begonnen, wäre es von äußerster Wichtigkeit, die Details der Grenzverletzung genau zu wissen. Wenn etwa irgendwo zwei oder drei Kosaken eigenmächtig die Grenze überschritten, so war das noch kein Vorfall, der berechtigte, von einem Beginn des Krieges durch »Russland« zu sprechen. Derartige Zwischenfälle kommen auch im Frieden vor. Wie man solche Vorkommnisse behandelt, zeigt z.B. eine nach Berlin gerichtete Note Vivianis vom 2. August, in der Protest erhoben wird gegen Grenzverletzungen, die von deutschen Truppen an verschiedenen Stellen der französischen Grenzen verübt worden sein sollen. Es wurden genau die Ortschaften und die Truppen angegeben, die in Frage kamen. Es fiel Viviani nicht ein, gleich mehr als einen Protest auszusprechen und zu erklären, »Deutschland habe den Krieg gegen Frankreich begonnen.«

Doch es scheint, dass am 1. August an der russischen Grenze nicht einmal so geringfügige Grenzverletzungen vorgekommen sind, wenigstens nicht vor der Abgabe der Kriegserklärung.

Die deutsche Denkschrift spricht vom »Nachmittag«, legt auf diese Zeitbestimmung besonderen Wert, der in auffälligem Gegensatz zu ihrer Unbestimmtheit steht. Bei der Wichtigkeit der Sache wäre es doch geboten gewesen, genau die *Stunde* der Grenzverletzung zu nennen.

Dass es aber, wenn wirklich die deutsche Grenze am 1. August von russischen Truppen überschritten wurde, dies nicht am frühen Nachmittag geschehen sein konnte, erhellt schon daraus, dass am Abend um 9 Uhr 45 der Reichskanzler dem Kaiser noch ein Telegramm an den Zaren vorlegte, in dem dieser aufgefordert wird, seinen Truppen den Befehl zu geben, jede Grenzverletzung zu meiden. Diese Depesche wurde vom Auswärtigen Amt wie oben gezeigt, *nach zehn Uhr* befördert. Um diese Zeit kann es also noch keine Nachricht über eine Grenzüberschreitung gehabt haben, sonst wäre das Telegramm noch gegenstandsloser gewesen, als es durch die erfolgte Kriegserklärung ohnehin war.

In der Tat erhielt Wilhelm die ersten Nachrichten über russische Grenzüberschreitungen am Vormittag des 2. August. Da teilt ihm Bethmann mit:

> »Nach Meldung Generalstabs (heut 4 Uhr a.m.) Bahnzerstörungsversuch und Vormarsch zwei Schwadronen Kosaken auf Johannisburg. Dadurch tatsächlicher Kriegszustand.«

Hier endlich wird Ort und Zeit genannt. Und da stellt sich heraus, dass der »*Nachmittag des 1. August*« in Wirklichkeit der »*Morgen des 2. August*« war. Die russischen Feindseligkeiten begannen etwa zehn Stunden nach der Übergabe der deutschen Kriegserklärung in Petersburg. In dieser Weise hat »Russland den Krieg gegen uns begonnen«.

Wenn die deutsche Regierung trotzdem diesen Feindseligkeiten die entscheidende Rolle für den Ausbruch des Krieges beilegt, bezeugt sie damit nur, wie wenig begründet ihre Kriegserklärung den deutschen Staatsmännern selbst erschien.

In der mehrfach erwähnten Denkschrift der deutschen Regierung zum 3. August ist sie auch so viel als möglich in den Hintergrund gedrängt. Deren Darstellung ist ein Muster irreführender Berichterstattung. Sie sagt:

> »Der kaiserliche Botschafter in Petersburg hat die ihm aufgetragene Mitteilung an Herrn Sasonow am 31. Juli um 12 Uhr nachts gemacht.
> Eine Antwort der russischen Regierung hierauf hat uns nie erreicht.

> Zwei Stunden nach Ablauf der in dieser Mitteilung gestellten Frist hat der Zar an Seine Majestät den Kaiser telegraphiert.«

– Nun kommt das schon zitierte Telegramm. Eine vollständige Geschichtsdarstellung hätte natürlich bemerken müssen, dass *vor* dem Zarentelegramm und *eine* Stunde nach Ablauf der gestellten Frist die *Kriegserklärung* nach Petersburg geschickt wurde. Diese wird jedoch an dieser Stelle mit keinem Worte erwähnt. Eine so unbedeutende Kleinigkeit kann man offenbar leicht übersehen. Wirklich ein Wunder, dass sie in der Anlage als Nr. 25 abgedruckt ist. Ganz aus der Welt ließ sie sich eben leider nicht mehr schaffen.

Nach dem Abdruck des Telegramms des Zaren, das nach 2 Uhr ankam, heißt es in der Denkschrift weiter:

> »*Hierauf* hat Seine Majestät geantwortet.«

Und nun wird Wilhelms Telegramm abgedruckt. Aber während bei allen Telegrammen des Kaisers an den Zaren in der Denkschrift genau die Stunde der Absendung verzeichnet wird, *fehlt sie bei diesem einen.* Kein Leser ahnt, dass das »hierauf« nicht »sofort« bedeutet, sondern 8 Stunden später, 10 Uhr. Jeder muss glauben, das Telegramm sei vor 5 Uhr expediert worden. Denn nach seinem Abdruck fährt die Denkschrift fort:

> »Da die Russland gestellte Frist verstrichen war, ohne dass eine Antwort auf unsere Anfrage eingegangen wäre, hat Seine Majestät der Kaiser und König am 1. August, um 5 Uhr p.m. die Mobilmachung des gesamten deutschen Heeres und der Kaiserlichen Marine befohlen.
> Der Kaiserliche Botschafter in Petersburg hatte *inzwischen* (!! K.) den Auftrag erhalten, falls die russische Regierung innerhalb der ihr gestellten Frist keine befriedigende Antwort erteilen würde, ihr zu erklären, dass wir nach Ablehnung unserer Forderung uns als im Kriegszustand befindlich betrachten würden.«

Das nun im Text der Denkschrift folgende haben wir bereits oben abgedruckt.

Das »inzwischen« in dieser Darstellung ist sicher köstlich. Ein Muster präziser Zeitangabe. Es ist würdig der Aufeinanderfolge, in der die Ereignisse dargestellt werden. Es war

| die wirkliche Zeitfolge: | die Aufeinanderfolge in der Denkschrift: |
| --- | --- |
| * 1 Uhr Absendung der Kriegserklärung, | * 2 Uhr Zarentelegramm, |
| * 2 Uhr Zarentelegramm, | * ohne jede Zeitangabe: Kaisertelegramm, |
| * 5 Uhr Mobilmachung, | * 5 Uhr Mobilmachung, |
| * 10 Uhr Kaisertelegramm an Zaren. | * ohne Zeitangabe: Absendung der Kriegserklärung. |

Die chronologische Verwirrung in der Denkschrift war eben unerlässlich, wollte sie den Leser zu dem Schlusse bringen, zu dem sie kam und der seitdem das öffentliche Leben Deutschlands bis zum Weißbuch vom Juni 1919 beherrscht:

*Russland hat den Krieg gegen uns begonnen.*

In Wirklichkeit war es anders. Deutschland hat den Krieg gegen Russland begonnen. Die Darstellung des Kriegsbeginns durch die deutsche Regierung stellt die Dinge auf den Kopf.

## 18. Die Kriegserklärung an Frankreich

### Frankreichs Neutralisierung

Nach dem Ausbruch des Krieges zwischen Deutschland und Russland musste der Deutschlands mit Frankreich automatisch folgen. Die Franzosen zuerst zu erledigen, um dann mit den Russen abzurechnen, war der deutsche Kriegsplan. Den deutschen Armeen schleunigst den Beginn ihrer Aktionen gegen Frankreich zu ermöglichen, also raschest die Kriegserklärung im Westen herbeizuführen, war die Aufgabe, die der Generalstab dem Auswärtigen Amt stellte. Zu diesem Zwecke hatte dieses am 31. Juli gleichzeitig mit der Ankündigung der Mobilmachung, die in Petersburg übermittelt wurde, nach Paris eine fast gleichlautende Note gesandt, deren Ton aber viel drohender war, wie wir gesehen, da sie direkt sagte: »Die Mobilmachung bedeutet *unvermeidlich* Krieg«, und die von der französischen Regierung kategorisch forderte, sie solle erklären, ob sie in einem deutsch-russischen Krieg neutral bleiben wolle. Antwort binnen 18 Stunden.

Die Absicht war klar: Indem man Frankreich diese Frage stellt, wollte man es zwingen, sofort zu erklären, dass es auf Russlands Seite stehe: Damit wäre der Krieg ohne Weiteres gegeben gewesen und schon am 2. August hätte die Aktion gegen Frankreich beginnen können.

Vertrauensvolle deutsche Untertanen haben indes auch in dieser Aktion der deutschen Regierung einen Beweis ihrer Friedensliebe gesehen.

Dr. David z.B. meinte:

> »Die deutsche Regierung unternahm den Versuch, den Brand wenigstens auf den Osten zu beschränken. *Das ist kein kleiner Faktor auf ihrem Verdienstkonto.* Er war ernstlich gemeint. *Darüber konnte kein Zweifel bestehen.*« (»Die Sozialdemokratie im Weltkriege«, S. 80)

Ein Mann, der weniger vertrauensvoll der deutschen Regierung gegenüberstand, hätte wohl seine Zweifel hegen dürfen, ob die Form des Ultimatums, die Deutschland in dem oben abgedruckten Telegramm nach Paris mit der Forderung sandte, sofort über die Neutralität Auskunft zu geben, diejenige war, die jemand gewählt hätte, der wirklich diese Neutralität wünschte. Aber selbst dem Vertrauensseligsten muss jeder Zweifel schwinden, wenn ihm kund wird, dass jenes Telegramm an Schön noch eine Nachschrift hatte, die die deutsche Regierung wohlweislich nicht veröffentlichte, vielmehr mit der Bemerkung »Geheim« versah. Es lag nicht an ihr, wenn diese Nachschrift nach geraumer Zeit mitten im Krieg der französischen Regierung doch bekannt wurde. Sie lautete:

> »Wenn, *wie nicht anzunehmen*, französische Regierung erklärt, neutral zu bleiben, wollen Ew. Exzellenz französischer Regierung erklären, dass wir als *Pfand für Neutralität Überlassung der Festungen Toul und Verdun fordern müssen*, die wir besetzen und nach Beendigung des Krieges mit Russland zurückgeben würden. Antwort auf letztere Frage müsste bis morgen (1. August, K.) Nachmittag 4 Uhr, hier sein. v. Bethmann Hollweg.«

Dass keine französische Regierung, und wäre sie die friedfertigste eines Jaurès gewesen, diese Forderung bewilligen konnte, dass die Anfrage wegen der Neutralität also nicht den Zweck hatte, »den Brand auf den Osten zu beschränken«, sondern Frankreich sofort zum Krieg zu zwingen, liegt klar auf der Hand.

Um 4 Uhr Nachmittag« am 1. August erwartete man, bereits im Besitze des Kriegsgrundes gegen Frankreich zu sein, um 5 Uhr sollte die Kriegserklärung an Russland überreicht werden. So hoffte man, gleichzeitig den Krieg an beiden Fronten eröffnen zu können, und der gegen Frankreich erschien dem Generalstab noch dringender als der gegen Russland. Am 4. August erklärte Jagow dem belgischen Gesandten Baron Beyens:

> »Um nicht vernichtet zu werden, muss Deutschland *zuerst Frankreich vernichten* und dann sich gegen Russland wenden.«

Da wirkte es sehr störend, dass die Antwort, die Frankreich gab, eine ganz unerwartete war. Viviani lehnte nicht die Neutralität ab, wie Bethmann Hollweg voraussetzte, er versprach sie aber auch nicht, gab also keine Gelegenheit, mit der Forderung auf Auslieferung von Toul und Verdun herauszurücken, sondern Schön musste am 1. August telegraphieren:

> »Auf meine wiederholte bestimmte Frage, ob Frankreich im Falle eines deutsch-russischen Krieges neutral bleibe, erklärte der Ministerpräsident mir, dass Frankreich das tun werde, was seine Interessen ihm geböten.«

Für diese Antwort hatte Schön keine Instruktionen. Auch dem Auswärtigen Amt fiel es nicht leicht, sich durch sie zum »Kriege gezwungen«, von Frankreich »angefallen« zu erklären, was doch notwendig war, wollte man sich eine günstige moralische Atmosphäre für den Krieg schaffen.

Gleich nach dem Einlangen der Schönschen Antwort machte man sich im Auswärtigen Amt daran, eine Kriegserklärung auszuarbeiten, und brachte folgendes, noch vom 1. August datiertes Dokument zustande:

> »Die deutsche Regierung ist von Beginn der Krisis an um einen friedlichen Ausgleich bemüht gewesen. Aber während sie auf Wunsch S. M. des Kaisers von Russland und in Fühlung mit England noch zwischen Wien und St. Petersburg vermittelte, hat Russland sein gesamtes Heer und seine Flotte mobilisiert. Durch diese Maßregel, der keine außerordentlichen Kriegsvorbereitungen in Deutschland vorangegangen waren, ist das Deutsche Reich in seiner Sicherheit bedroht worden. Einer solchen Gefahr nicht entgegentreten, hieße um die Existenz des Reiches spielen. Die deutsche Regierung hat daher die russische Regierung zur sofortigen Einstellung der Mobilmachung gegen Deutschland und seinen Verbündeten aufgefordert. Gleichzeitig hat die deutsche Regierung die Regierung der französischen Republik hiervon in Kenntnis gesetzt und sie in Anbetracht der bekannten Beziehungen der Republik zu

> Russland um eine Erklärung darüber ersucht, ob Frankreich in einem russisch-deutschen Kriege neutral bleiben will. Hierauf hat die französische Regierung zweideutige und ausweichende Antwort gegeben, Frankreich werde das tun, was seine Interessen geböten. Mit dieser Antwort behält sich Frankreich vor, sich auf Seiten unserer Gegner zu stellen, und es ist in der Lage, uns jeden Augenblick mit seiner inzwischen mobilisierten Armee in den Rücken zu fallen. Deutschland muss in diesem Verhalten um so mehr eine Bedrohung erblicken, als auf die an Russland gerichtete Aufforderung, die Mobilisierung seiner Streitkräfte einzustellen, nach längst verstrichener Frist keine Antwort eingegangen und daher ein russisch-deutscher Krieg ausgebrochen ist. Deutschland kann die Wahl des Zeitpunktes, in dem die Bedrohung seiner westlichen Grenze zur Tat wird, nicht Frankreich überlassen, sondern muss, von zwei Seiten bedroht, sofort seine Verteidigung ins Werk setzen.
> Hiernach bin ich beauftragt, Ew. Exzellenz Folgendes zu eröffnen: S. M. der Deutsche Kaiser erklärt im Namen des Reichs, dass Deutschland sich als im Kriegszustand mit Frankreich befindlich erklärt.«

Diese Kriegserklärung wurde nicht abgeschickt. Die Gründe dafür sind nicht verzeichnet. Man scheute wohl davor zurück, der unzureichend begründeten Kriegserklärung an Russland eine zweite gleichen Kalibers an Frankreich nachzusenden. Mit welcher Verlegenheit man der eben ausgesprochenen Kriegserklärung an Russland gegenüberstand, bezeugt schon der Umstand, dass man sie auch in dem in Rede stehenden Schriftstück gar nicht zu erwähnen wagt, sondern einfach einen »russisch-deutschen Krieg ausgebrochen« sein lässt, als wäre das ein Elementarereignis wie ein Vulkanausbruch, unabhängig von allen menschlichen Entschließungen. Von der Triftigkeit der an Russland ergangenen Kriegserklärung hing aber die Frankreich gegenüber ausgesprochene ab. War Deutschland von Russland angegriffen, dann musste es sich dagegen schützen, dass es nicht auch von Frankreich nach Belieben angefallen wurde. War die deutsche Regierung dem russischen Reich gegenüber der Angreifer, dann wurde sie der Angreifer auch gegenüber Frankreich, sobald sie diesem bloß aus dem Grunde den Krieg erklärte, weil es das tun wollte, was seine Interessen geböten.

Zu diesen Erwägungen mochte sich vielleicht auch noch die gesellen, dass man aus dem gleichen Grunde, wie Frankreich, auch England und Italien gegenüber hätte den Krieg erklären können. Auch deren Neutralität stand nicht fest, auch sie konnten mit ihren inzwischen mobilisierten Armeen und Flotten den verbündeten Zentralmächten »jeden Augenblick in den Rücken fallen.« Es wäre doch gefährlich gewesen, dieses Motiv als ausreichenden Grund für eine Kriegserklärung gerade in den Moment auszusprechen, in dem man, in anderer Weise als Frankreich gegenüber, die Neutralität oder die Bundesgenossenschaft der beiden genannten Mächte zu erlangen trachtete.

Auf keinen Fall konnte man behaupten, dass durch die französische Erklärung allein schon Deutschland angegriffen, zum Krieg gezwungen worden sei. Und das wollte man doch der Welt einreden.

Aber welche Gründe immer maßgebend gewesen sein mögen, das Dokument nicht abzusenden, der Verzicht darauf beweist jedenfalls, dass man zur Überzeugung kam, die Antwort Frankreichs, es werde sich nur von seinen Interessen leiten lassen, biete keinen ausreichenden Grund für eine Kriegserklärung.

Die Kriegserklärung brauchte man aber dringend, nachdem der Krieg mit Russland schon im Gange war. In der Verlegenheit griff man schließlich zu demselben Mittel, zu dem man, nachdem man Russland den Krieg erklärt, seine Zuflucht nahm, um zu beweisen, dass es den Frieden gebrochen: Man berief sich auf kriegerische Aktionen, mit denen der Gegner angefangen habe.

## Die mysteriösen Flieger

Die schon mehrfach erwähnte Denkschrift der deutschen Regierung vom 3. August wurde, wie sie vermerkt, abgeschlossen am 2. August mittags. Die Kriegserklärung überreichte der deutsche Botschafter dem französischen Ministerpräsidenten am 3. August um 6 Uhr 45 Minuten abends. Die Denkschrift wusste aber schon zu melden:

> »Am Morgen des nächsten Tages (2. August) eröffnete Frankreich die Feindseligkeiten.«

Welcher Art waren diese? Die Kriegserklärung vom 3. August zählt sie auf:

> »Französische Truppen haben schon gestern bei Altmünsterol und auf Gebirgsstraßen in den Vogesen deutsche Grenze überschritten und stehen noch auf deutschem Gebiet. Französischer Flieger, der belgisches Gebiet überflogen haben muss, wurde bei Versuch, Eisenbahn bei Wesel zu zerstören, schon gestern herabgeschossen. Mehrere andere französische Flugzeuge sind gestern über Eifelgebiet zweifelsfrei festgestellt. Auch diese müssen belgisches Gebiet überflogen haben.

> Gestern warfen französische Flieger Bomben auf Bahnen bei Karlsruhe und Nürnberg. Frankreich hat uns somit in Kriegszustand versetzt.«

Jetzt hatte man endlich den ersehnten Kriegszustand. Frankreich konnte freilich gleichzeitig auch mit einer Reihe von Klagen über Grenzverletzungen aufwarten und Bethmann Hollweg musste am 4. August in seiner Kriegsrede sogar zugeben, dass sie nicht ganz ungerechtfertigt seien. Die französische Regierung hatte aber daraus keinen Anlass zum Krieg gezogen, sie hatte sogar, um ihrerseits Grenzverletzungen zu verhüten, getan, was die deutsche Regierung nicht tat; sie hatte schon am 30. Juli angeordnet:

> »Obgleich Deutschland seine Deckungsmaßnahmen einige hundert Meter von der Grenze an der ganzen Front von Luxemburg bis zu den Vogesen, getroffen und Deckungstruppen in ihre Kampfstellungen gebracht hat, haben wir unsere Truppen *zehn Kilometer von der Grenze ferngehalten* und ihnen *verboten, näher heranzurücken.*« (Gelbbuch von 1914, Nr. 106)

Man mag sich auf den Boden deutscher Politiker stellen, die annahmen, dass Frankreich diese Maßnahmen nicht im Interesse des Friedens, sondern nur deshalb traf, weil es noch nicht gerüstet war, also aus Heimtücke, um Zeit zu gewinnen und später dem Feind »in den Rücken zu fallen.« Aber gerade wer auf diesem Standpunkt steht, wird zugeben müssen, dass die französische Regierung ihre eigenen Intentionen durchkreuzt hätte, wenn sie die Feindseligkeiten vorzeitig begann.

Schon deshalb wird man den Behauptungen der Kriegserklärung mit äußerstem Misstrauen gegenüberstehen müssen. Auf welche Mitteilungen stützt sie sich?

Am 2. August, um Mitternacht, telegraphierte der Reichskanzler nach London:

> »Nach absolut zuverlässigen Meldungen hat sich Frankreich heute gegen uns folgende Übergriffe erlaubt:
> 1. Französische Kavalleriepatrouillen haben heute am frühen Nachmittag die Grenze bei Altmünsterol im Elsass überschritten.
> 2. Ein französischer Fliegeroffizier ist bei Wesel aus der Luft geschossen worden.
> 3. Zwei Franzosen haben versucht, Aachener Tunnel an der Moselbahn zu sprengen und sind dabei erschossen worden.
> 4. Französische Infanterie hat im Elsass Grenze überschritten und geschossen.

> Bitte das sofort dortiger Regierung mitteilen und Sir Edward Grey ernstlich vorhalten, in welche gefahrvolle Lage Deutschland durch diese wider Treu und Glauben erfolgenden Provokationen gebracht und zu den ernstesten Beschlüssen gedrängt werde. Ew. Exzellenz wird es, wie ich hoffe, gelingen, England davon zu überzeugen, dass Deutschland, nachdem es den Friedensgedanken bis an die äußerste Grenze des Möglichen vertreten hat, durch seine Gegner in die Rolle des Provozierten gedrängt wird, der, um seine Existenz zu wahren, zu den Waffen greifen muss.«

Am 3. August wurde dann im Auswärtigen Amt um 1 Uhr 45 nachmittags folgende Zusammenstellung französischer Grenzverletzungen verzeichnet, die der Generalstab berichtete:

> »1. Meldung des 15. Armeekorps (Generalkommando): Grenzverletzungen durch Franzosen am 1. August abends bei Metzeral und Schluchtpass zweifelsfrei festgestellt. Deutsche Postierungen wurden beschossen. Keine Verluste. Ab Straßburg, 2. August, um 9 Uhr 30 abends.
> 2. Meldung des 15. Armeekorps (Generalkommando): In der Nacht vom 1. zum 2. August Grenzverletzung durch französische Infanterie gegenüber Markirch stattgefunden. Franzosen eröffneten zuerst das Feuer. Keine Verluste. Ab Straßburg, 2. August, um 5 Uhr 55 nachmittags.
> 3. 50. Infanterie-Brigade meldet ab Mülhausen, 2. August. 12 Uhr 10 nachmittags: Feindliche Patrouillen haben Grenze bei Altmünsterol in Gegend bei Rath überschritten, sind aber wieder zurückgegangen.
> 4. Meldung der Linienkommandantur Köln ab 2. August, 11 Uhr 45 abends: Reger Flugzeugverkehr des Feindes über die Grenze aus Richtung Trier nach Jünkerath und aus Richtung Dahlheim nach Rheydt und auf rechtem Rheinufer bei Köln. Bei Rheydt signalisierten sie mit weißem, rotem, grünem Licht.
> 5. Telefonische Meldung des Chefs des Stabes vom 21. Armeekorps, 3. August, 9 Uhr 40 vormittags: Drei Flugzeuge und ein Luftschiff (vorn breit, hinten ganz spitz) heute früh über Bahnhof Saarburg, Lothringen, von Maschinengewehren beschossen. Die Flugzeuge gaben nicht die vorgeschriebenen Erkennungszeichen.
> 6. Meldung der Linienkommandantur in Ludwigshafen am Rhein vom 2. August, abends: Zwei feindliche Flugzeuge heute

> (2. Aug.) gegen 10 Uhr abends bei Neustadt a.d. Haardt gemeldet.
> 7. Meldung der Linienkommandantur Wesel (eingegangen 2. Aug. abends): Bei Wesel feindliches Flugzeug abgeschossen.«

In dieser Aufstellung vom 3. August fällt uns vor allem auf, dass in ihr die Nachricht von der Sprengung des Aachener Tunnels fehlt. Aus guten Gründen. Trotzdem sie aus »absolut zuverlässigen Meldungen« stammte, erwies sie sich eben schon tags darauf als falsch. Als eines der vielen Gerüchte, die in jenen aufgeregten Tagen die Luft durchschwirrten, aber von einem ernsten Staatsmann nicht ohne Prüfung als richtig hingenommen werden durften.

Auch die Berichte der Militärbehörden erwiesen sich nicht immer als richtig. So telegraphierte am 3. August, morgens um 10 Uhr, der luxemburgische Staatsminister Eyschen an Jagow:

> »Soeben verteilt man in der Stadt Luxemburg eine Proklamation des kommandierenden Generals des 8. Armeekorps Tulff von Tscheepe, die folgenden Wortlaut enthält:
> ›Nachdem Frankreich, die Neutralität Luxemburgs nicht achtend, wie *zweifelsfrei festgestellt*, die Feindseligkeiten von luxemburgischem Boden aus gegen Deutschland eröffnet, haben S. M. Befehl erteilt, dass auch deutsche Truppen in Luxemburg einrücken.‹
> Es beruht dies auf einem Irrtum. Es befindet sich auf luxemburgischem Boden absolut kein französisches Militär, noch gibt es irgendwelche Anzeichen einer Bedrohung der Neutralität von Seiten Frankreichs. Im Gegenteil, am 1. August, Samstag Abend, wurden auf französischem Boden bei Mont Saint Martin Longwy die Schienen der Eisenbahn aufgerissen. Das beweist, dass bereits damals die Absicht nicht vorlag, per Bahn nach Luxemburg vorzudringen.«

Tut nichts. Die deutschen Generäle fühlten sich offenbar befugt, überall, wo es ihnen passte, französische Feindseligkeiten »zweifelsfrei« festzustellen. Die Proklamation des Herrn Kommandierenden Generals Tulff zeigt übrigens »zweifelsfrei«, dass deutscherseits nicht einzelne Patrouillen, sondern das achte Armeekorps bereits am 3. August, vormittags, »auf Befehl S. M.« die Feindseligkeiten gegen Frankreich durch Eindringen auf luxemburgisches Gebiet begonnen hatte.

Dass der Herr General auf eigene Faust handelte, ist nicht anzunehmen, obwohl das Militär in jenen Tagen schon sehr selbstherrlich wurde. So wurde Jagow am 3. August vormittags folgende Aufzeichnung des Grafen Montgelas vorgelegt:

> »Der Oberkommandierende in den Marken hat mitgeteilt, dass er angesichts der authentisch nachgewiesenen Grenzverletzungen genötigt sei, gegenüber der französischen Botschaft und den Franzosen die gleichen Maßregeln zu ergreifen, wie sie gegenüber der russischen Botschaft und den Russen bereits ergriffen seien.«

Also der Herr Oberkommandierende in den Marken hielt sich für befugt, auf Grund der »authentisch nachgewiesenen Grenzverletzungen« wenigstens für Berlin gleich auf eigene Faust den Krieg an Frankreich zu erklären. Das wurde Jagow doch zu toll. Er schrieb zu der Aufzeichnung:

> »Was sind das für Maßregeln? Wir sind noch nicht im Kriegszustand. Diplomaten sind daher noch akkreditiert.«

Eine Kriegserklärung an den Oberkommandierenden in den Marken folgte daraus nicht, denn wenige Stunden danach verkündete Schön in Paris, dass Deutschland sich im Krieg mit Frankreich befinde.

Am meisten wurde in seiner Kriegserklärung Gewicht gelegt auf die Flieger. Die behaupteten Grenzverletzungen durch französische Truppen wurden zumindest kompensiert durch gleichzeitig gemeldete Grenzübergriffe deutscher Truppen, über die Viviani schon am 2. August sich beschwerte. Aber die Flieger!

Nun hatte in jenen Tagen eine seltsame Manie die Masse der Bevölkerung ergriffen. Bei Nacht sah sie überall Flieger und Luftschiffe über sich und hörte sie Bomben platzen. Der Stuttgarter Polizeidirektor erließ damals eine Mahnung zur Nüchternheit und Besonnenheit, in der er sagte:

> »Wolken werden für Flieger, Sterne für Luftschiffe, Fahrradlenkstangen für Bomben gehalten.«

Trotz der Geneigtheit, jede unter solchen Verhältnissen einlaufende Meldung über Flieger zu glauben, die man selbstverständlich auch in der finstersten Nacht sofort als »französische Militärflieger« erkannte, konnte doch der Reichskanzler sich nur auf drei Fälle berufen, von denen der eine, dass »Flieger über dem Eifelgebiet gesichtet« wurden, überhaupt keine Berücksichtigung verdient, denn Flieger gab es in Deutschland damals wohl viele, und wer hätte sagen können, dass die im Eifelgebiet, wenn sie wirklich »gesichtet« wurden, französische waren und nicht deutsche oder etwa belgische oder holländische, die sich verirrt hatten? Aber der Fall in Wesel!

Am 2. August berichtete der Reichskanzler:

> »Ein französischer Fliegeroffizier ist bei Wesel aus der Luft geschossen worden.«

Die offizielle militärische Meldung vom 3. August, mittags, sagt unbestimmter nur:

> »Bei Wesel ein feindliches Flugzeug abgeschossen.«

Nichts über den Insassen, nichts darüber, ob er eine Zivilperson oder ein Offizier war. In der Kriegserklärung aber heißt es, der Militärflieger habe versucht, die Eisenbahn bei Wesel zu zerstören.

Davon steht in dem Bericht der Linienkommandantur Wesel *kein Wort*. Was von den im Eifelgebiet gesichteten Fliegern und dem Weseler Attentat zu halten ist, haben wir eben gesehen. Was von den süddeutschen Militärfliegern gilt, auf deren Untaten die Kriegserklärung noch Bezug nahm, so sind sie seitdem schon längst als leere Erfindung gekennzeichnet worden.

Schon im April 1916 bestätigte der Magistrat von Nürnberg:

> »Dem stellvertretenden Generalkommando des 3. bayerischen Armeekorps hier, ist nicht davon bekannt, dass auf die Bahnstrecke Nürnberg–Kissingen und Nürnberg–Ansbach vor und nach Kriegsausbruch je Bomben von feindlichen Fliegern geworfen worden sind. Alle diesbezüglichen Behauptungen und Zeitungsnachrichten haben sich als falsch herausgestellt.«

Das konnte man im Berliner Auswärtigen Amt schon früher wissen. Bereits am 2. August 1914 sandte der preußische Gesandte in München an den Reichskanzler folgende Mitteilung, deren Eingang im Auswärtigen Amt am 3. August, um 3 Uhr nachmittags, vermerkt ist:

> »Die auch hier vom Süddeutschen Korrespondenzbüro verbreitete *militärische* Meldung, dass heute französische Flieger in der Umgebung von Nürnberg Bomben geworfen hätten, hat bisher keine Bestätigung gefunden. *Es sind lediglich unbekannte Flugzeuge gesichtet worden, die augenscheinlich keine Militärfahrzeuge waren.* Das Werfen von Bomben ist nicht festgestellt, noch weniger natürlich, dass die Flieger Franzosen.«

Vor allem auf diesen Fliegerbomben beruhte die Begründung der deutschen Kriegserklärung, die man in Paris übergab. Sie war in jeder Beziehung völlig aus der Luft gegriffen.

## 19. Die Kriegserklärung an Belgien

### Die politische Verfehltheit des Wortbruchs

Noch eine harte Nuss blieb dem Reichskanzler zu knacken, die die militärischen Stellen von ihm verlangten: die Begründung des Einfalls in Belgien.

Dieser Einfall war ebenso wie der Krieg gegen Frankreich beschlossene Sache, sobald die Feindseligkeiten gegen Russland ausgebrochen waren.

Im Jahre 1871 hatte Deutschland Elsass-Lothringen annektiert, nicht, um die Bevölkerung dieser Gebiete zu befreien. Sie wehrte sich vielmehr verzweifelt gegen ihre Losreißung von Frankreich. Nicht aus nationalen, sondern aus strategischen Gründen hatte Bismarck sie gefordert, um eine bessere strategische Grenze gegen Frankreich zu bekommen, um bei einem künftigen Krieg Paris näher zu sein und es rascher bedrohen zu können, als es 1870 beim Ausbruch des Krieges der Fall gewesen war.

Um dieses militärischen Vorteils willen hatte Deutschland damals seine internationale politische Position unendlich verschlechtert, hatte es ewige Feindschaft zwischen sich und Frankreich gesetzt, dieses in Russlands Arme gedrängt, Wettrüsten und ständige Kriegsgefahr über Europa heraufbeschworen und den Keim zu jener ungünstigen Situation gelegt, in der das Deutsche Reich 1914 in den Weltkrieg ging.

Das alles um eines strategischen Vorteils willen, der sich bald als völlig nichtig herausstellen sollte. Denn im Zeitalter der modernen Technik gibt es keine natürliche strategische Grenze, deren Nachteile nicht ein reicher, ökonomisch und technisch hochentwickelter Staat durch künstliche Maßnahmen wettmachen könnte.

Die neue deutsch-französische Grenze wurde so formidabel ausgebaut, dass für eine deutsche Armee keine Rede davon sein konnte, hier rasch durchzukommen. Und doch erschien das notwendig bei einem Krieg Deutschlands gegen zwei Fronten, wenn es galt, schleunigst Frankreich zu erledigen, um sich dann mit voller Kraft auf Russland allein werfen zu können.

An der elsässischen Front erschien der rasche Durchbruch nicht möglich. Um so mehr lockte die französische Nordgrenze. Merkwürdigerweise hatten die Franzosen bloß die elsässische Grenze aufs Stärkste ausgebaut. Dagegen fühlten sie sich durch Belgien so gesichert, dass sie die Nordgrenze nur ungenügend befestigten. Und selbst im Juli 1914, als die Kriegsgefahr auftauchte, alle Welt rüstete und Truppen zusammenzog, richtete die französische Armee ihr Augenmerk vornehmlich nach Ost, nicht nach Nord.

Die Nordgrenze war Frankreichs schwache Seite. Wenn Deutschland dort überraschend einbrach, durfte es hoffen, mit wenigen kraftvollen Schlägen allen Widerstand niederzuwerfen, Paris zu besetzen und nicht nur dieses, sondern auch Calais, das Ausfallstor nach England.

Rein militärisch betrachtet war also der Durchbruch durch Belgien sicher geboten. Freilich hätte schon das Beispiel Elsass-Lothringens zeigen können, wie schädlich es wirken kann, wenn militaristische Augenblickspolitik die Oberhand bekommt über eine weit schauende Völkerpolitik, die nicht bloß die militärischen, sondern auch die politischen und ökonomischen und über dem die moralischen Kräfteverhältnisse und Triebkräfte der Völker in Betracht zieht.

Die deutsche Politik war darauf ausgegangen, bei dem kriegerischen Austrag des Konfliktes der Zentralmächte mit Russland und Frankreich Englands Neutralität und Italiens Mitwirkung zu gewinnen.

Beides war bereits fraglich geworden, aber noch nicht entschieden, als der Krieg ausbrach. Wohl hatte Sir Ed. Grey Deutschland gewarnt, aber anderseits hatte er Frankreich seine Unterstützung nicht mit voller Sicherheit in Aussicht stellen können, trotz aller Sympathien für die französische Sache. Man hat ihm diese Unsicherheit sehr verübelt, die einen haben darin Haltlosigkeit, die andern Zweideutigkeit gesehen. Seine Kritiker vergessen, dass er Minister eines parlamentarischen und demokratischen Landes und der Zustimmung der Bevölkerung keineswegs sicher war. Auch wenn er im Parlament eine Mehrheit für einen Krieg gegen Deutschland fand, so wäre dieser eine sehr zweifelhafte Sache geworden, wenn die Masse der Arbeiter und der gerade in England sehr zahlreichen und einflussreichen bürgerlichen Pazifisten ihm energisch Widerstand geleistet hätte. Dagegen konnte für niemanden, der die Engländer nur einigermaßen kannte, ein Zweifel darüber bestehen, dass die große Mehrheit der Nation sich begeistert in den Krieg stürzte, sobald das waffengewaltige flottenbauende Deutschland sich Belgiens bemächtigte und damit England direkt bedrohte.

In engster Abhängigkeit von England aber stand Italien. Dass es sich an die Seite der Zentralmächte stellte, war allerdings Anfang August nicht mehr zu erwarten.

Am 3. August sandte Herr von Kleist, der nach Rom in besonderer Mission entsandt war, von dort folgendes Telegramm nach Berlin »an des Kaisers Majestät«:

> »Heute, Montag, 9 Uhr Vormittag, überbrachte ich Ew. Majestät Auftrag an König von Italien, wonach sofortige Mobilmachung der Armee und Flotte sowie vertragsmäßig festgelegte Bundeshilfe gefordert wurde.
> Der König erwiderte, dass er persönlich mit ganzem Herzen bei uns sei und noch vor Wochen keinen Augenblick zweifelte, dass bei Krieg Italien treu den Verbündeten helfen werde. Die für italienisches Volksempfinden unglaubliche Ungeschicklichkeit Österreichs habe in den letzten Wochen öffentliche Meinung derart gegen Österreich aufgebracht, dass jetzt aktives Zusammengehen mit Österreich Sturm entfesseln würde. Einen Aufstand wolle Ministerium nicht riskieren. Er, der König habe leider keine Macht, nur Einfluss. Entließe er das jetzige Ministerium, werde kein anderes Verantwortung übernehmen. Alles hauptsächlich, weil Österreich sich nicht bereitfand, irgendeine bestimmte Versprechung für die Zukunft zu geben, wodurch vielleicht bisher ein Umschwung der Volksstimmung erreicht werden konnte. Ob dies jetzt noch möglich, sei sehr zweifelhaft.
> Da Volk Unterschied nicht begreife, versage infolge österreichischer Ungeschicklichkeit leider auch Italien Deutschland gegenüber, was ihn, König, tief schmerze. Er werde nochmals seinen Einfluss auf Ministerium einsetzen und über Erfolg bescheiden.«

Am nächsten Tage hat Herr v. Kleist nichts Tröstlicheres zu melden:

> »S. M. der König empfing mich heute Vormittag und sagte:
> ›Trotz seiner gestrigen mehrfachen Bemühungen verbleibt Regierung auf ihrem Standpunkt der Neutralität. Aktive Hilfeleistung an Verbündeten würde Volk augenblicklich nur als Hilfe für Österreichs Vergrößerungspläne auf dem Balkan auffassen (*Unser Kampf gegen Frankreich hat nichts damit zu tun. Es ficht doch auch an unserer und nicht Österreichs Seite. W.*), da Österreich sich bisher nicht einmal definitiv verpflichtet habe, hierauf zu verzichten. Volk werde Deutschland stets mit Österreich zusammenwerfen (*wenn die Regierung nichts dagegen tut, natürlich, aber unsinnig. W.*), daher riskiere Regierung bei aktiver Hilfeleistung selbst für Deutschland im jetzigen Augenblick Aufstand (***bestimmt gelogen**, W.*). Er, König, müsse wiederholen, dass er leider machtlos sei, da Regierungsansicht von Mehrzahl der Deputierten geteilt werde. Selbst soeben zurückgekehrter dreibundfreundlicher (*?? W.*) Giolitti habe Ansicht, dass casus foederis nicht vorläge, son-

> dern Land Ruhe brauche, neutral bleiben müsse, da keine Verpflichtung zu aktiver Hilfeleistung vorliege. (*Unerhörter Schuft! W.*) … Regierung beabsichtige, für alle Eventualitäten gerüstet zu sein. Auf meine Antwort, dass, da Eventualität der Hilfeleistung ausscheide, doch offenbar an aktive Bedrohung Österreichs gedacht werden müsse, eine andere Eventualität gebe es doch nicht, sagte König: Man wisse nie, was die Männer der Regierung tun würden. (*Also er scheidet ganz aus! W.*) Für den Augenblick rechne der König damit, dass nichts geschähe.‹«

Die Titulierung Giolittis als »unerhörter Schuft« wird fast noch übertroffen durch die Titulierung des Königs selbst, der am 3. August in einem Handschreiben dem deutschen Kaiser mitteilte, dass die italienische Regierung den casus foederis im eben ausgebrochenen Krieg nicht anerkenne. Unterschrieben war der Brief:

> »Dein Bruder und Verbündeter
> Vittorio Emanuele.«

Zum »Verbündeten« fügte Wilhelm hinzu: »Frechheit« und zum Namen des Königs das kleine aber vielsagende Wörtchen: »Schurke!«

Auf Italiens tätige Mithilfe konnte am 3. August auch der leichtfertigste und unwissendste Optimist nicht mehr rechnen. Die Schlussbemerkungen Vittorio Emanueles ließen aber sogar befürchten, Italien könne aktiv gegen Österreich und Deutschland auftreten. Auf Italiens Haltung musste die Stellungnahme Englands von größtem Einfluss werden, von dem es in so vielen Dingen abhing.

Dies war ein weiteres Moment, das veranlassen musste, England durch die Besetzung Belgiens nicht zu reizen. Dazu gesellte sich die Erwägung, dass durch diese Besetzung das Ansehen Deutschlands in der ganzen Welt enorm leiden musste. Denn die Neutralität Belgiens war nicht gewöhnlicher Art, wie etwa die Griechenlands, sie war eine feierlich verbriefte und garantierte und Preußen eine der Garantiemächte. Mit seinem Einmarsch in Belgien beging es nicht bloß eine Verletzung der *Neutralität*, sondern einen *Wortbruch*.

Je größer das Vertrauen, das man früher zu dem gehegt hat, der sein Wort verpfändet, um so größer die Wut und die Missachtung gegen ihn, wenn er es bricht. Die Belgier waren in ihrer Mehrzahl bis zum August 1914 Deutschland vertrauensvoll und freundschaftlich gegenübergestanden. Nach dem Einbruch wurden sie seine wildesten Feinde.

Aber nicht nur in Belgien hat der Wortbruch, dem die Hinschlachtung tausender von Belgiern, die grauenhafte Verwüstung des ganzen Landes folgte, die tiefste Empörung hervorgerufen, sie erfasste alle Länder der europäischen Kultur und raubte Deutschland die letzten Freunde, die es dort noch hatte.

## Die Rechtfertigung des Wortbruchs

So sehr der Einbruch in Belgien militärisch begreiflich war, so sehr war er nicht nur moralisch verwerflich, sondern auch politisch völlig verfehlt.

Aber das Militär kommandierte, die Zivilpolitiker hatten zu gehorchen. Ihnen fiel nur das undankbare Amt zu, den Wortbruch vor der Öffentlichkeit zu rechtfertigen. Sie haben sich dabei geistig nicht angestrengt. Auch diesmal hielt man sich an die bequeme Schablone Berchtolds, die er Franz Josef gegenüber angewandt, die Vortäuschung feindlicher Handlungen der andern, durch die man zum Krieg gezwungen wurde.

Und im belgischen Falle hatte der Reichskanzler nur das edle Amt eines Briefträgers. Am 29. Juli ging dem Auswärtigen Amt ein vom Generalstabschef Moltke selbst unter dem Datum 26. Juli geschriebener Entwurf eines Schreibens an die belgische Regierung zu, das nach einigen redaktionellen Änderungen, die der Reichskanzler, sowie Stumm und Zimmermann vornahmen, von Jagow nicht an diese Regierung, sondern an den deutschen Gesandten in Brüssel am gleichen Tage gesandt wurde. Es lautete:

> »Der Kaiserl. Regierung liegen zuverlässige Nachrichten vor über den beabsichtigten Aufmarsch französischer Streitkräfte an der Maas-Strecke Givet – Namur. Sie lassen keinen Zweifel über die Absicht Frankreichs (nach Vereinigung mit einem englischen Expeditionskorps) durch belgische Gebiete gegen Deutschland vorzugehen.
> Die Kaiserl. Regierung kann sich der Besorgnis nicht erwehren, dass Belgien trotz besten Willens nicht imstande sein wird, ohne Hilfe einen französisch-(englischen) Vormarsch mit so großer Aussicht auf Erfolg abzuwehren, dass darin eine ausreichende Sicherheit gegen die Bedrohung Deutschlands gefunden werden kann. Es ist ein Gebot der Selbsterhaltung für Deutschland, dem feindlichen Angriff zuvorzukommen. Mit dem größten Bedauern würde es daher die deutsche Regierung erfüllen, wenn Belgien einen Akt der Feindseligkeit gegen sich darin erblicken würde, dass die Maßnahmen seiner Gegner Deutschland zwingen, zur Gegenwehr auch seinerseits belgisches Gebiet zu betreten. Um jede Missdeutung auszuschlie-

ßen, erklärt die Kaiserl. Regierung das Folgende: 1. Deutschland beabsichtigt keinerlei Feindseligkeiten gegen Belgien. Ist Belgien gewillt, in dem bevorstehenden Kriege Deutschland gegenüber eine wohlwollende Neutralität einzunehmen, so verpflichtet sich die deutsche Regierung beim Friedensschluss *nicht nur* Besitzstand und Unabhängigkeit des Königreichs in vollem Umfang zu garantieren, *sie ist sogar bereit, etwaigen territorialen Kompensationsansprüchen des Königreichs auf Kosten Frankreichs in wohlwollendster Weise entgegenzukommen.* 2. Deutschland verpflichtet sich unter obiger Voraussetzung das Gebiet des Königreichs wieder zu räumen, sobald der Friede geschlossen ist. 3. Bei einer freundschaftlichen Haltung Belgiens ist Deutschland bereit, im Einvernehmen mit den königl. belgischen Behörden alle Bedürfnisse seiner Truppen gegen Barzahlung anzukaufen und jeden Schaden zu ersetzen, der etwa durch deutsche Truppen verursacht werden könnte.

Sollte Belgien den deutschen Truppen feindlich entgegentreten, insbesondere ihrem Vorgehen durch Widerstand der Maasbefestigungen oder durch Zerstörung von Eisenbahnen, Straßen, Tunneln, oder sonstigen Kunstbauten Schwierigkeiten bereiten, so wird Deutschland zu seinem Bedauern gezwungen sein, das Königreich als Feind zu betrachten. In diesem Falle würde Deutschland dem Königreich gegenüber keine Verpflichtungen übernehmen können, sondern müsste die spätere Regelung des Verhältnisses beider Staaten zueinander der Entscheidung der Waffen überlassen.

Die Kaiserl. Regierung gibt sich der bestimmten Hoffnung hin, dass die Eventualität nicht eintreten und dass die Königl. belgische Regierung die geeigneten Maßnahmen zu treffen wissen wird, um zu verhindern, dass Vorkommnisse, wie die vorstehend erwähnten, sich ereignen. In diesem Falle würden die freundschaftlichen Bande, die beide Nachbarstaaten verbinden, eine weitere und dauernde Festigung erfahren.«

An diesen Text schloss sich im Entwurf Moltkes folgender Passus an:

»Eine unzweideutige Antwort auf dies Schreiben muss innerhalb 24 Stunden nach Überreichung erfolgen, *widrigenfalls die Feindseligkeiten sofort eröffnet werden.*«

Das erschien Jagow doch zu grob. Er strich diesen Satz in dem Schreiben an die belgische Regierung und setzte an seine Stelle folgende Weisung für den deutschen Gesandten in Brüssel:

> »Ew. Hochwohlgeb. wollen umgehend der Königl. belgischen Regierung hiervon streng vertraulich Mitteilung machen und sie um Erteilung einer unzweideutigen Antwort binnen 24 Stunden ersuchen.
> Von der Aufnahme, welche Ihre Eröffnungen finden werden und der definitiven Antwort der Kgl. belgischen Regierung wollen Ew. Hochwohlgeb. mir umgehend telegraphische Mitteilung zugehen lassen.«

Das Schriftstück des Herrn v. Moltke wurde, wie schon bemerkt, vom Auswärtigen Amt ohne Weiteres akzeptiert und mit wenigen redaktionellen Änderungen abgesandt. Sie sind unbedeutender Art, bloß eine ist bemerkenswert. Der Generalstabschef ging offenbar von der Ansicht aus, dass England gleichzeitig mit Frankreich in den Krieg eintreten werde, daher sprach er von Nachrichten, die wie alle ähnlichen dieser Art, natürlich »keinen Zweifel lassen« über die Absicht eines »französisch-englischen« Vormarschs durch belgisches Gebiet. Das erschien dem Auswärtigen Amt doch zu gewagt. Noch hoffte es auf die Neutralität Englands. Stumm strich daher die in dem obigen Abdruck in Klammern gesetzten Worte und begnügte sich mit der »unzweifelhaften« Feststellung der Absicht eines französischen Vormarsches durch Belgien. Es sind nur ein paar Wörtchen, um die es sich da handelte, doch das Verfahren mit ihnen ist sehr lehrreich. Es zeigte, wie der Generalstab es verstand. Beschwerden über französische oder französisch-englische Feindseligkeiten, die den Krieg oder den Neutralitätsbruch unvermeidlich machten, *auf Vorrat zu fabrizieren,* ehe solche Feindseligkeiten auch nur möglich waren, um die Beschwerde dann vorzuzeigen, sobald man sie brauchte. Dieser Weg wurde in der Tat eingeschlagen. Das am 26. Juli abgefasste, am 29. redigierte und abgesandte Dokument wurde nicht sofort der Brüssler Regierung vorgelegt. Damals war die Welt noch nicht vorbereitet auf den französisch-deutschen Krieg.

Jagow schickte das Dokument in verschlossenem Couvert durch einen Feldjäger nach Brüssel an den deutschen Gesandten, Herrn v. Below-Saleske, mit folgendem Begleitschreiben:

> »Die diesem Erlass beigefügte Anlage ersuche ich Ew. Hochwohlgeb. ergebenst, sicher verschlossen aufzubewahren *und erst zu eröffnen, wenn Sie telegraphisch von hier aus dazu angewiesen werden.* Den Empfang dieses Erlasses und der Anlage wollen Sie mir telegraphisch bestätigen.«

Also die Not, die nach Bethmanns pathetischer Versicherung in seiner großen Kriegsrede vom 4. August kein Gebot kennt, sie wurde schon am 29. Juli wohl überlegt zurechtgemacht, und »sicher verschlossen« auf Eis gelegt, damit man sie später hervorhole, wenn man ihrer bedurfte.

Das trat am 2. August ein. Da erst wurde es für den Generalstab dringend nötig, dass Deutschlands Sicherheit durch das beabsichtigte Eindringen der Franzosen in Belgien aufs Äußerste bedroht wurde. Da telegraphierte Jagow an den Gesandten in Brüssel:

> »Ew. Hochwohlgeb. wollen Anlage Erlasses Nr. 88 sofort öffnen und darin enthaltene Weisung heute Abend acht Uhr deutscher Zeit ausführen. Jedoch sind in der Erklärung der Kaiserl. Regierung unter Nr. 1 die Worte ›nicht nur‹ und der mit ›sie ist sogar bereit‹ beginnende Satz fortzulassen. (Die betreffenden Worte sind in der obigen Wiedergabe kursiv. K.)
> Auch ist die Antwort binnen 12 Stunden, nicht binnen 24 Stunden, also bis morgen früh 8 Uhr, zu verlangen. Bitte belgischer Regierung *eindringlichst versichern, dass an Richtigkeit unserer Nachricht über französischen Plan trotz Versprechungen jeder Zweifel ausgeschlossen ist.*
> Belgische Antwort muss bis morgen Nachmittag 2 Uhr deutscher Zeit hier vorliegen. Ew. Hochwohlgeb. wollen daher Antwort schleunig hierher drahten und sie außerdem unmittelbar nach Empfang durch Mitglied kaiserlicher Gesandtschaft, am besten wohl Militärattaché mit Automobil nach Aachen an General von Emmich, Union-Hotel, übermitteln.
> *Dortige Regierung muss Eindruck erhalten, als seien Ihnen sämtliche Weisungen in dieser Angelegenheit erst heute zugegangen.* Stelle ferner anheim, belgischen Regierung zu suggerieren, dass sie sich mit Truppen auf Antwerpen zurückziehen kann, und dass wir, falls dort erwünscht, Schutz Brüssels gegen innere Unruhen übernehmen könnten.«

Die Geschichte des Ultimatums an Belgien enthüllt deutlich den Mechanismus, mit dessen Hilfe die Begründungen der deutschen Kriegserklärungen in den ersten Augusttagen fertiggestellt wurden.

Wer sein Wirken verfolgt, muss »den Eindruck erhalten«, als seien »sämtliche« Feststellungen der deutschen Regierung aus jenen Tagen um so mehr erlogen, je mehr sie durch die wiederholten Beteuerungen ihrer absoluten »Zuverlässigkeit« und »Zweifelslosigkeit« bekräftigt werden. Es ist eine furchtbare Tragödie sittlichen Zusammenbruchs, die den Krieg einleitete. Doch sollte dabei das Satyrspiel nicht fehlen.

Mit den »Ansammlungen« französischer Truppen an der belgischen Grenze mochte man auf den naiven Deutschen Eindruck machen, dem der Kriegsrausch in den Augusttagen bereits die Sinne benebelte. Aber man wollte doch auch England davon überzeugen, dass man zum Einbruch in Belgien gezwungen sei. Dazu brauchte man stärkere Argumente. Wonach haschte man damals nicht! Die sagenhaften Flieger mussten auch da wieder aushelfen. Wir haben den Text der deutschen Kriegserklärung an Frankreich bereits mitgeteilt. In ihr fällt es auf, dass sie betont, mehrere der Flieger hätten offenkundig die belgische Neutralität verletzt, indem sie belgisches Gebiet überflogen.

Dass diese unfassbaren Flieger in England besonderen Eindruck machen würden, war indes nicht zu erwarten. Man musste trachten, auf festen Boden zu kommen. Vielleicht brachte das Automobil, was der Flieger versagte.

Am 2. August telegraphierte der Regierungspräsident in Düsseldorf an den Reichskanzler:

> »Landrat Geldern telegraphiert gestern, hiesiges Bataillon meldet, dass heute früh 80 französische Offiziere in preußischer Offiziersuniform mit 12 Autos Grenzüberschreitung nach hier bei Walbeck vergeblich versuchten. Auf Anfrage teilt Landrat ferner mit, Adjutant dortigen Bataillons meldet nachträglich, dass Meldung bezüglich der 80 französischen Offiziere in der Hauptsache bestätigt sei. Autos seien auf *holländischem* Gebiet zurückgeblieben. Ein Offizier, der vorgegangen war, sei vor bewaffnetem Widerstand zurückgegangen.«

Nehmen wir einen Moment an, die Meldung sei »in der Hauptsache« richtig, nicht das Produkt der erhitzten Phantasie einiger aufgeregter Grenzwächter.

Dann lag vor allem eine Verletzung nicht der *belgischen*, sondern der *holländischen* Neutralität vor.

Weiter aber, was hatten nach der Meldung die Grenzwächter gesehen? 12 Autos mit 80 Insassen in preußischer Offiziersuniform. Einer von ihnen, der ausstieg und die Grenze überschritt, wurde merkwürdigerweise von den Grenzwächtern nicht gleich dem Hauptmann von Köpenick angesichts seiner Uniform mit Respekt, sondern mit bewaffnetem Widerstand empfangen. Dabei sahen die Wächter sofort, dass die achtzig Mann in den Automobilen ihre Uniform zu Unrecht trugen. Sie wussten aber auch ohne weitere Untersuchung, dass die verkleideten Leute nicht etwa Holländer waren, sondern Franzosen, ja französische Offiziere, die durch Belgien nach Holland und dann an die deutsche Grenze gefahren waren. Diese Herren hatten offenbar, um unauffällig durch Belgien und Holland durchzukommen, es vorgezogen, statt in Zivil zu reisen, preußische Uniform anzuziehen!

Die ganze Geschichte war ebenso sinnlos wie die am gleichen Tage berichtete von dem französischen Arzt, der mit zwei anderen Franzosen in Metz dabei ertappt wurde, wie er Brunnen mit Cholerabazillen infizierte. Man wagte später nicht mehr, von diesen Geschichten Gebrauch zu machen. Am 2. August aber brachte Jagow es fertig, sie nicht nur ernst zu nehmen, sondern sogar eine diplomatische Aktion daran zu knüpfen. Er telegraphierte die Historie von den Cholerabazillen nach Rom mit dem Auftrag, sie in der dortigen Presse zu verbreiten. Und an den Botschafter in London und die Gesandten in Brüssel und dem Haag sandte er folgende Depesche:

> »Bitte dortiger Regierung mitzuteilen, dass heute früh 80 französische Offiziere in preußischer Offiziersuniform mit 12 Autos deutsche Grenze bei Walbeck westlich Geldern zu überschreiten verbuchten. *Dies bedeutet denkbar schwerste Neutralitätsverletzung durch Frankreich.*«

Man musste völlig den Kopf verloren haben, um sich in dieser Weise vor dem Ausland lächerlich zu machen. Geldern liegt übrigens nahe bei Wesel, wo man den französischen Flieger heruntergeholt haben wollte. Das Militär in jener Grenzgegend scheint besonders schreckhaft und zur Gespensterseherei geneigt gewesen zu sein.

Noch weiter als Jagow ging dann der General Emmich. Er begründete den Einfall in Belgien mit einer Proklamation, in der es hieß:

> »Unsere Truppen handelten unter dem *Zwang einer unabweisbaren Notwendigkeit*, da die belgische Neutralität durch französische Offiziere verletzt worden ist, die verkleidet das belgische Gebiet in Automobilen betreten haben, um nach Deutschland zu gelangen.« (Zitiert von Dr. E. J. Gumbel in seiner Schrift: »Vier Jahre Lüge«, S. 9)

In seiner Kriegsrede vom 4. August schämte sich Bethmann Hollweg, von dieser albernen Begründung des Einfalls Gebrauch zu machen. Er gab zu, dass der Überfall über Belgien »den Geboten des Völkerrechts widerspricht«, sowie dass die französische Regierung in Brüssel erklärt hatte, die Neutralität Belgiens respektieren zu wollen, solange sie der Gegner respektiere. Er vergaß, zu bemerken, dass Jagow es abgelehnt hatte, die gleiche Erklärung abzugeben. Er fuhr fort:

> »Wir wussten aber, dass Frankreich zum Einfall bereitstand.«

Jawohl, wir wussten schon am 29. Juli, dass Frankreich am 1. August zum Einfall bereitstand.

> »Frankreich konnte warten, wir aber nicht, und ein französischer Einfall in unsere Flanke am Unterrhein hätte verhängnisvoll werden können. So waren wir gezwungen, uns über die Proteste der luxemburgischen und belgischen Regierung hinwegzusetzen.«

Hier ist von *bereits erfolgten* Verletzungen der belgischen Neutralität keine Rede mehr. Der deutsche Einmarsch wird im Grunde nur noch damit begründet, dass »wir nicht warten können«, und das war auch der einzige Grund.

Mit Lüge und Perfidie wurde der Krieg im Anfang Juli eingeleitet, mit Lüge und Perfidie wurde er in den ersten Augusttagen begonnen. Letzteres war die unvermeidliche Konsequenz der Einleitung. Auch diesmal erwies es sich als der Fluch der bösen Tat, dass sie fortzeugend immer Böses gebären musste. Regierung und Heeresleitung wurden die Lüge nicht mehr los, der sie sich einmal ergeben hatten, und sie mussten das Lügengebäude immer höher auftürmen, bis es am 9. November 1918 krachend zusammenbrach.

## 20. Die Revolutionierung der Welt

Die ganze Kriegspolitik Wilhelms und seiner Leute war von Anfang an auf falschen Voraussetzungen aufgebaut gewesen. Sie hatten sich zur Teilnahme an dem serbischen Abenteuer entschlossen in der Erwartung, es werde den Mittelmächten einen leichten Triumph über Russland und wohl auch Frankreich bringen. Beide Mächte unzureichend gerüstet, würden entweder den Schlag, den Österreich der russischen Macht auf dem Balkan versetzte, ruhig hinnehmen; oder, wenn sie sich zu einem Krieg hinreißen ließen, würden sie leicht besiegt werden, da Italien und Rumänien hinter Deutschland ständen und England neutral bleiben werde. So würde Deutschland auf jeden Fall Ruhm und Macht gewinnen. Wenn der Konflikt zum Krieg würde, stand auch Landgewinn in Aussicht.

Da, am 29. Juli, stellte sich heraus, dass die Rechnung falsch war. Es war zu befürchten, dass im Falle des Krieges gegen Russland und Frankreich Rumänien und Italien nicht mittaten, und vor allem Englands aktive Gegnerschaft eintrat. Nun drohte das Spiel gefährlich zu werden. Von da an trachtete Bethmann aus ihm mit heiler Haut herauszukommen, aber nun war's zu spät. Österreich hatte den Krieg gegen Serbien bereits begonnen, und mit seiner eigenen Mobilisierung den Wettlauf der Kriegsvorbereitungen eröffnet, und als er aus diesem gefährlichen Stadium herauswollte, stieß Bethmann auf den Widerstand der österreichischen Regierung und des eigenen Generalstabs, der aus jener gespannten Situation nur noch *einen* Ausweg sah: raschestes Losschlagen. Und schließlich verlor er völlig den Kopf und goss Öl ins Feuer, das er zu löschen wünschte. So wurde aus dem frivolen serbischen Abenteuer die entsetzliche Tragödie des Weltkriegs. Aber wie die diplomatische Berechnung Bethmann Hollwegs vom Anfang Juli, erwies sich die militärische Moltkes vom Ende des gleichen Monats als falsch.

Das rasche Losschlagen konnte den Sieg nur sichern unter der Voraussetzung, dass Belgien sich widerstandslos unterwarf und den deutschen Durchzug ohne Gegenwehr gestattet. Dann lag der Erfolg Deutschlands nahe, gerade deswegen, weil die Begründung des deutschen Einfalls in Belgien eine erfundene war, das heißt, weil die Franzosen an ihrer Nordgrenze keine starken Truppenaufgebote stehen hatten.

Wehrte sich Belgien nicht, dann durfte die deutsche Heeresleitung erwarten, mit einigen entscheidenden Schlägen schleunigst bis nach Paris und Calais zu dringen, Frankreich zum Frieden zu zwingen und nicht minder England, dessen Eingangstor, Dover, in das Bereich der weittragenden deutschen Geschütze geriet, die dort die Passage über den Kanal beherrschten. Mit Russland fertig zu werden, war keine schwere Aufgabe mehr.

Aber Belgien leistete Widerstand. Er wurde natürlich gebrochen, gab aber den Franzosen Zeit, ihre Nordgrenze besser zu bewehren. In der Marneschlacht kam der deutsche Vormarsch zum Stehen und damit war die militärische Voraussicht des Sieges ebenso zunichtegemacht, wie früher schon die politische. Die Fortsetzung des Krieges gegen die Übermacht, die von da an von Tag zu Tag wuchs, musste nun zu jenem Verbluten Deutschlands führen, das Wilhelm schon am 30. Juli 1914 vorausgesehen, zwei Tage bevor er Russland den Krieg erklärte. Das furchtbare Ringen ging nur noch darum, ob mit Deutschland auch seine Gegner verbluten sollten oder nicht. Bei Russland ist dies edle Ziel vollauf erreicht worden. Nicht ganz so gelang es mit Frankreich und Italien, noch weniger mit England und schon ganz und gar nicht mit Amerika und Japan, die im Gegenteil enorm gewannen.

Und es ist ein Glück, dass der Krieg nicht zum Verbluten der ganzen Welt führte, denn wer wäre dann übrig geblieben, den Verblutenden die Wunden zu verbinden und ihnen Nahrung einzuflößen?

Von dem Tage an, dass Belgien sich zum Widerstand entschloss und England in den Krieg eintrat, wurde Deutschlands Lage eine verzweifelte.

Das erkannte man sofort im deutschen Generalstab und er zog ohne Weiteres in seiner Art die Konsequenzen daraus. Das bezeugt unter anderem eine Denkschrift, die der Chef des Generalstabs dem Auswärtigen Amt am 5. August zusandte und in der die Kriegspolitik festgelegt wird – ein neuer Beweis dafür, dass der Leiter der deutschen Politik nunmehr der Chef des Generalstabs war und nicht der Reichskanzler, der nur noch des ersteren Aufträge auszuführen hatte. Die Denkschrift lautete:

> »Die Kriegserklärung Englands, die nach sichern Nachrichten von Beginn des Konflikts an beabsichtigt war, zwingt uns, alle Mittel zu erschöpfen, die zum Siege beitragen können. Die ernste Lage, in der das Vaterland sich befindet, macht die Anwendung jedes Mittels zur Pflicht, das geeignet ist, den Feind zu schädigen. Die skrupellose Politik, die unsere Gegner gegen uns führen, berechtigt zu rücksichtslosem Vorgehen.
> Die Insurrektion Polens ist eingeleitet. Sie wird auf fruchtbaren Boden fallen, denn schon jetzt werden unsere Truppen in Polen fast als Freunde begrüßt. In Wloclavek z.B. sind sie mit Salz und Brot empfangen.
> Die Stimmung Amerikas ist Deutschland freundlich. Die amerikanische öffentliche Meinung ist empört über die schmachvolle Art, in der man gegen uns vorgegangen ist. Diese Stimmung gilt es nach Kräften auszunutzen. Die einflussreichen Persönlichkeiten der deutschen Kolonie müssen aufgefordert werden, die Presse weiter in unserem Sinne zu beeinflussen. Vielleicht lassen sich die Vereinigten Staaten zu einer Flottenaktion gegen England veranlassen, für die ihnen als Siegespreis Kanada winkt.
> Von höchster Wichtigkeit ist, wie ich schon in meinem Schreiben vom 2. d. Mts. Nr. 1 P ausführte, die Insurrektion von Indien und Ägypten, auch im Kaukasus. – Durch den Vertrag mit der Türkei wird das Auswärtige Amt in der Lage sein, diesen Gedanken zu verwirklichen und den Fanatismus des Islam zu erregen.
> (gez.) v. Moltke«

Wir sehen davon ab, dass Herr v. Moltke dem Reichskanzler sogar zumutete, ohne jeden Beweis, auf das bloße Vorgeben »sicherer Nachrichten« hin, eine Behauptung gläubig hinzunehmen, wie die, dass »Englands Kriegserklärung von Beginn des Konflikts an beabsichtigt war«.

Furchtbarer ist es, dass der Generalstab schon im Anfange des Krieges aus der verzweifelten Lage, in die er Deutschland durch seine eigene Politik gebracht hatte, nicht den Schluss zog, den jeder vernünftige Zivilist gezogen hätte, wenigstens solange, als er nicht selbst vom militaristischen Kriegsfieber angesteckt war, dass man trachten müsse, das Reich so rasch als möglich durch eine Politik der Versöhnlichkeit und des ausgesprochenen Verzichts auf jegliche Eroberung aus dieser gefahrvollen Lage zu befreien, sondern dass er Schloss, nun gelte es, *jedes* Mittel in Anwendung zu bringen, das den Feind schädigen konnte, ohne Rücksicht auf die Konsequenzen, und aufs *Schonungsloseste* vorzugehen. Damit beschritt er jene Bahn wohlüberlegter Scheußlichkeiten, die militärisch nichts halfen, da sie vom Gegner nachgeahmt werden konnten und dann oft mit verstärkter Wucht auf die Armee und das Volk Deutschlands zurückfielen, die aber vor allem das Ansehen Deutschlands in der Welt vollends ruinierten. Hatte ihm der Einfall in Belgien die letzten Freunde geraubt, so verwandelten die sofort gerade in Belgien einsetzenden Scheußlichkeiten der deutschen Kriegführung den Respekt, den ehemals Deutschlands Leistungen sogar bei seinen Gegnern erzeugt hatten, in wütenden Hass und wegwerfende Verachtung selbst bei den Neutralen, und erzeugten jene Stimmung, die es schließlich ermöglichte, dass nicht nur Amerika in den Krieg eintrat, sondern dass die Sieger am Ende uns Friedensbedingungen von ausschweifendster Härte auferlegen durften, ohne ausreichenden Widerstand bei ihren Völkern zu finden.

Aus einer selbst herbeigeführten Not geboren, die glaubte, kein Gebot anerkennen zu müssen, hat diese Kriegführung die deutsche Not auf den Gipfel gesteigert.

Noch eines ist an den Ausführungen Moltkes bemerkenswert. Sie spinnen einen Gedanken weiter, der Wilhelm bereits am 30. Juli in seiner ersten Bestürzung über Englands Warnung aufgedämmert war. Schon damals hatte er die Revolutionierung der Mohammedaner und Indiens, wenn nicht zur Rettung Deutschlands, so zur Ruinierung Englands ins Auge gefasst. Moltke fügt hinzu die Insurrektion Polens. Und er hofft die Vereinigten Staaten zu gewinnen, indem er ihnen Kanada in Aussicht stellt! Diese sinnreiche Politik wurde im Krieg immer weiter getrieben. Da die Vereinigten Staaten nicht zu gewinnen waren, stellte man nun Mexiko einige Staaten der Union in Aussicht. Gleichzeitig aber suchte man Rettung bei den Rebellen Irlands, bei Anarchisten Italiens, Dynamitern in Amerika und schließlich bei den Bolschewisten Russlands, die alle nach Kräften vom deutschen Generalstab gefördert wurden.

Man sieht, Lenin und Trotzki sind nicht die ersten, die in der durch ihre Emissäre herbeigeführten Weltrevolution die Rettung aus einer unmöglichen Situation sahen. Wilhelm und Moltke waren ihnen damit vorausgegangen.

Wie jede Aktion ihrer Weltpolitik vollzogen sie auch diese ohne jegliche tiefere Kenntnis der Welt, die sie beherrschen oder bewegen wollten. Sie wendeten die ungeeignetsten Mittel an, riefen die ungeeignetsten Faktoren zu Hilfe, ließen sich von den unerfüllbarsten Erwartungen leiten.

Ein Pröbchen der Art, wie man die mohammedanische Welt zu rebellieren suchte, erzählt Bernhard Shaw in seinen »Peace conference Hints« (London 1919, S. 90):

> »In der ersten Zeit des Krieges wünschte die deutsche Regierung eine Rebellion gegen die Franzosen in Marokko und Algier hervorzurufen und verbreitete zu diesem Zweck eine Flugschrift in bestem Arabisch, in der es hieß, ich (Shaw) sei ein großer Prophet und ich hätte einmal einem amerikanischen Senator gesagt, die Verletzung der belgischen Neutralität sei eine Episode des Krieges und nicht seine Ursache. Es ist mir ganz unmöglich, jenen Weg des deutschen Denkens zu verfolgen, der zu dem Schluss führte, irgendein maurischer Scheik könnte veranlasst werden, die Waffen zu ergreifen, weil irgendein Hund von einem Ungläubigen zu einem andern Hund von einem Ungläubigen eine Bemerkung machte, die für einen Marokkaner weder von Interesse noch überhaupt verständlich sein konnte. Aber die Deutschen waren dieser Meinung und gaben Geld dafür aus.«

Sie verloren dabei leider nicht nur Geld, sondern auch ihren guten Namen, denn sie beschränkten sich nicht darauf, Flugblätter bei den Feinden zu verbreiten, sie benutzten auch den Schutz der Exterritorialität ihrer Vertretungen bei den Neutralen, um Attentate der verschiedensten Art auf Leben und Eigentum der feindlichen Zivilbevölkerung hervorzurufen.

Erfolg hatten sie nicht, außer im Osten. Wie die deutsche Politik, mit Deutschland zusammen auch seine Gegner verbluten zu lassen, nur in Russland zu dem angestrebten Ziel gelangte, so erreichte sie auch nur dort ihr Ziel der Revolutionierung der Bevölkerung. Die beiden Ziele hingen eben aufs Engste miteinander zusammen, und dem russischen militärischen Zusammenbruch wäre der Sturz des

Zarismus gefolgt auch ohne die Förderung des Bolschewismus durch die deutsche Regierung.

Die Borniertheit der deutschen Politik zeigte sich hier auch wieder darin, dass sie nicht merkte, wie sie in dem Bestreben, das Haus des Nachbarn anzuzünden, das eigene in Flammen steckte.

Sie huldigte dem Aberglauben, den sie allerdings mit vielen Anhängern der Weltrevolution gemein hat, als ließen sich Revolutionen durch geschickte und rührige Emissäre, die über die nötigen Geldmittel verfügen, nach Belieben hervorrufen. Sie fügte dem aber noch den weiteren Aberglauben hinzu, als könne man die Geister, die man rief, nach Belieben kommandieren und, nachdem sie ihre Schuldigkeit getan, wieder in die Ecke stellen.

Es war unglaublich kurzsichtig von einer deutschen kapitalistisch-großagrarischen Militärmonarchie, die den Antimilitarismus und die proletarische Revolution hasste wie die Sünde, die schärfsten Verfechter der proletarischen Revolution und der Auflösung der militärischen Subordination zu fördern, wie es die Bolschewiki im Stadium ihres Kampfes um die politische Macht waren. Die russische Revolution und namentlich ihr zweiter Akt, der Sieg des Bolschewismus, hat auf das deutsche Proletariat und auch auf die deutsche Armee den tiefsten Eindruck gemacht und ihre revolutionäre Entschlossenheit gewaltig erhöht.

Dass bei den deutschen Generalstäblern ihre frühere Liebe zu den Bolschewisten sich dann in den grimmigsten Hass verwandelte, hat die revolutionäre Rückwirkung des Bolschewismus auf Deutschland nicht vermindert, sondern vielmehr gesteigert.

So sind die Machthaber, die den Weltkrieg entzündet haben, schließlich mit ihren eigenen Waffen geschlagen worden. Insofern war die Weltgeschichte wieder einmal das Weltgericht, was ihr nicht oft passiert, denn die Welt ist durchaus nicht teleologisch eingerichtet.

Wilhelm hatte den Zusammenbruch bereits am 30. Juli geahnt, ehe von ihm noch der Krieg erklärt war. Wenn die Pompadour das Wort gesprochen haben soll: »*Nach* uns die Sintflut«, so dürfte man bei Wilhelm das Wort dahin variieren: »*Durchhalten* bis zur Sintflut«.

## 21. Der Weltkrieg und das deutsche Volk

Dass die Machthaber Deutschlands, die den Krieg entfesselten, dabei unsäglich leichtfertig, kurzsichtig, kopflos gehandelt haben, darin ist alle Welt seit dem Erscheinen der österreichischen Dokumente einig. Bloß über die moralischen Qualitäten der Schuldigen wird noch gestritten. Die Frage darüber ist wichtig für die Beurteilung der *Personen*, die in Frage kommen, nicht der *Institutionen*. Wie immer das *moralische* Urteil ausfallen mag – es dürfte nach der Kenntnisnahme der deutschen Akten nicht sehr strittig sein, – das *politische* war schon längst möglich. Es lautete auf Verurteilung der Unterwerfung der Zivilgewalt unter die Militärgewalt und auf Verurteilung der Monarchie.

Wir haben schon vorher bei der Behandlung des Falls Szögyeny bemerkt, dass ein Idiot als leitender Staatsmann für das Gemeinwesen gefährlicher ist als ein Schurke.

Dass Schurken an die Spitze des Staats kommen, kann keine Verfassung verhindern, mag sie noch so fein ausgetüftelt sein, keine Demokratie, kein Rätesystem, aber auch keine Aristokratie und wäre sie eine von Philosophen nach platonischem Muster. Aber bei jeder Verfassung eines Staates ebenso wie einer Partei, einer Gemeinde, einer Kirche, einer sonstigen Organisation, deren Leitung nur solchen anvertraut wird, die sich das allgemeine Vertrauen der Beteiligten erworben haben, wird ein Halunke an die Spitze nur gelangen können durch große Dienste, die er dem Gemeinwesen erweist, durch eine überlegene Intelligenz, durch die er imponiert. Dass gelegentlich nicht bloß Halunken, sondern auch Trottel oder Verrückte den Staat beherrschen, das wird nur möglich in der Erbmonarchie, die die Persönlichkeit des Staatsoberhaupts abhängig macht nicht von den Diensten, die es dem Staat erweist, sondern den Zufälligkeiten des landesväterlichen Ehebetts.

Indes vollständig kopflos handelte das Regime nicht, das den Krieg über uns hereinbrachte. So unfähig und unwissend sich die Reichsregierung in ihrer äußeren Politik erwies, so meisterhaft verstand sie in den entscheidenden Tagen im Innern sich das Vertrauen des deutschen Volkes in demselben Maße steigend zu gewinnen, in dem sie das der übrigen Völker verlor.

Wir haben gesehen, wie entschieden die deutsche Sozialdemokratie gegen die frivole Herausforderung des Weltkrieges auftrat, die im österreichischen Ultimatum an Serbien lag, und wie Wilhelm Demonstrationen der »Sozi« für den Frieden übel vermerkte und Gewaltmaßregeln gegen sie in Aussicht stellte.

Hätte die deutsche Sozialdemokratie gewusst, dass ihre Regierung von dem österreichischen Ultimatum nicht überrascht wurde, dass sie seine praktische Tendenz, wenn auch vielleicht nicht seinen Wortlaut schon vor seiner Überreichung in Belgrad wohl kannte und dass sie nicht der friedliche Dritte war, der zwischen dem Bundesgenossen und dessen Gegner zu vermitteln suchte, sondern der Mitverschworene Österreichs, dann hätte unsere Partei – das konnte man bei ihrer damaligen Haltung bestimmt erwarten – sich mit derselben Schärfe gegen die deutsche wie gegen die österreichische Regierung gewendet. Dann musste Wilhelm entweder auf den Krieg verzichten oder ihn damit beginnen, dass er sämtliche Führer der Sozialdemokratie hinter Schloss und Riegel steckte, das beißt, dass er gleichzeitig der Entente und dem deutschen Proletariat den Krieg erklärte. Das herrschende System wäre dann von vornherein verloren, freilich aber das deutsche Volk gerettet gewesen. Diese Gefahr für die Regenten des Reichs erkannte denn auch Bethmann Hollweg von vornherein und sein Bestreben ging viel weniger darauf aus, den Krieg zu verhindern, als eine günstige moralische Basis für ihn im deutschen Volke zu schaffen. Dem galt sein vornehmstes Interesse, sein ganzer Scharfsinn. Und diese Aufgabe ist ihm gelungen. Zu diesem Zwecke durfte das deutsche Volk nichts von alledem erfahren, was sich seit der Tat von Sarajevo zwischen Österreich und Deutschland tatsächlich abgespielt hat. Wohl konnte man es nicht verhindern, dass sich starke Entrüstung gegen das österreichische Vorgehen entwickelte, aber man verstand es, den eigenen Nimbus des Friedensfreundes zu bewahren, dessen Aufgabe nur erschwert wurde durch eine zweite Eigentümlichkeit des »deutschen Gemüts«, die ebenso preiswert war, wie die Friedlichkeit, durch die Treue gegen den Freund, die sich auch dort bewährt, wo er stolpert.

Das Ausland freilich war sofort misstrauisch gewesen. Wir haben Proben davon schon bei französischen und englischen Staatsmännern gesehen. Der belgische Baron Beyens schrieb am 26. Juli von Berlin nach Brüssel:

> »Das Bestehen eines zwischen Berlin und Wien abgekarteten Planes wird in den Augen meiner Kollegen und den eigenen bewiesen durch die Hartnäckigkeit, mit der man sich in der Wilhelmstraße bemüht, zu leugnen, man habe vor dem letzten Donnerstag (dem 23. Juli) von dem Inhalt der österreichischen Note Kenntnis gehabt.«

Indes auch die misstrauischsten Elemente ahnten nicht, wie weit dieser »abgekartete Plan« ging. Im deutschen Volke selbst war man weniger kritisch. Wohl wurden auch in seinen Reihen Zweifel wach, doch im Allgemeinen glaubten selbst nicht diejenigen, die der Regierung Wilhelm jede Schlechtigkeit zutrauten, sie könnte so unendlich dumm sein, um Österreichs serbischer Schmerzen willen den Weltfrieden und Deutschlands Zukunft aufs Spiel zu setzen.

Und während im Ausland das Misstrauen gegen Deutschland durch seine befremdliche Haltung wuchs, erstand im deutschen Volke eine rasch steigende Erregung gegen Russland. Denn die deutsche Regierung wusste ihren Nachrichtenapparat auf das Geschickteste zu handhaben, der in jenen Tagen der beginnenden Absperrung vom Ausland für die Masse des deutschen Volkes die einzige Quelle der Erkenntnis in der äußeren Politik wurde. Wer nur diese Nachrichten kannte, der musste steif und fest glauben, Deutschland arbeite fieberhaft daran, den Frieden zu erhalten, es gelinge ihm, auch Österreich dafür zu gewinnen, aber Russland sei entschlossen, die Gelegenheit zu einem Krieg zu benutzen. So stand in den Augen des deutschen Volkes schließlich Russland als der Friedensstörer dar, als der Angreifer, und Frankreich sowie schließlich England als seine verbrecherischen Komplizen.

Wie tief sich diese Auffassung eingewurzelt hat, bezeugt die Tatsache, dass am 7. Juni 1915 der König von Bayern den schon zitierten Ausspruch wagen durfte:

»Auf die *Kriegserklärung* Russlands folgte die Frankreichs!«

Und in unseren Tagen noch haben im Weißbuch vom Juni dieses Jahres die vier »unabhängigen Deutschen« nach vollzogener Einsicht in die Akten bezeugt, dass der Krieg für Deutschland ein »unvermeidlicher *Abwehrkrieg*« gegen Russland war. (S. 44)

Da schien nun jener Moment einzutreten, den die deutsche Sozialdemokratie schon öfters ins Auge gefasst hatte, und für den auch die internationalsten ihrer Mitglieder keinen Zweifel darüber gelassen hatten, dass sie es für unerlässlich hielten, sich gegen Russland zu wenden, und wenn dieses durch Frankreich unterstützt werde, auch gegen dieses.

Um das Jahr 1900 erklärte Bebel, wenn es zum Krieg mit Russland käme, dem »Feind aller Kultur und aller Unterdrückten, nicht nur im eigenen Land, sondern auch dem gefährlichsten Feind von Europa und speziell für uns Deutsche«, dann würde er »die Flinte auf den Buckel nehmen.« Er zitierte und bekräftigte dieses Wort 1907 auf dem Parteitag in Essen (Protokoll, S. 255)

Schon viel früher hatte Friedrich Engels sich zu der Frage geäußert, im Jahre 1891, als der »Champagnerrausch von Kronstadt die Köpfe der französischen Bourgeoisie erhitzt hielt«, die französisch-russische Allianz angebahnt wurde und Frankreich ihm »reif für ziemlich ungemessene Dummheiten im Dienste Russlands« schien. Damals hielt er es für notwendig, damit im Falle eines Krieges »kein Missverständnis im letzten Moment zwischen die französischen und die deutschen Sozialisten trete, den ersteren klarzumachen, welches nach meiner Überzeugung die notwendige Haltung der letzteren sein würde gegenüber einem solchen Kriege.«

Diesem Zweck diente ein Artikel, den er im »Almanach du parti ouvrier pour 1892« veröffentlichte.

Er ging dort von der Ansicht aus, weder Deutschland noch Frankreich würden den Krieg provozieren, denn er würde beide verwüsten, ohne jeglichen Nutzen.

> »Russland dagegen, durch seine geographische und ökonomische Lage gedeckt gegen die vernichtendsten Folgen einer Niederlage, Russland, das offizielle Russland allein kann bei einem so furchtbaren Kriege sein Interesse finden und direkt darauf hinarbeiten ... Aber in jedem Fall, wie die politischen Dinge heute liegen, ist zehn gegen eins zu wetten, dass beim ersten Kanonenschuss an der Weichsel die französischen Armeen an den Rhein marschieren.
> Und dann kämpft Deutschland einfach um seine Existenz ...
> Was würde unter solchen Umständen (wenn Deutschland besiegt würde) aus der deutschen sozialdemokratischen Partei? Soviel ist sicher: Weder der Zar, noch die französischen Bourgeoisrepublikaner, noch die deutsche Regierung selbst würden eine so schöne Gelegenheit vorübergehen lassen zur Erdrückung der einzigen Partei, die für sie alle drei *›der Feind‹* ist ...
> Wenn aber der Sieg der Russen über Deutschland die Erdrükkung des deutschen Sozialismus bedeutet, was wird dann gegenüber einer solchen Aussicht, die Pflicht der deutschen Sozialisten sein? Sollen sie die Ereignisse passiv über sich ergehen lassen, die ihnen Vernichtung drohen? ...
> Keineswegs. Im Interesse der europäischen Revolution sind sie verbunden, alle eroberten Stellungen zu behaupten, nicht zu kapitulieren, ebenso wenig vor dem äußeren, wie vor dem inneren Feind. Und das können sie nur, indem sie *bis aufs Äußerste Russland bekämpfen* und *alle seine Bundesgenossen*, wer sie auch seien. Sollte die französische Republik sich in den Dienst Seiner Majestät des Zaren und Selbstherrschers aller Reußen stellen, so würden die deutschen Sozialisten sie mit Leidwesen bekämpfen, aber bekämpfen würden wir sie.« (Deutsch unter dem Titel: »Der Sozialismus in Deutschland«, Neue Zeit, X, 2, S. 585, 586)

Diese Gedankengänge wirkten noch 1914 in der deutschen Sozialdemokratie nach. Sie gingen von der Anschauung aus, nur von Russland könne der Anstoß zum Krieg kommen, nicht von Deutschland. Noch zehn Jahre nach dem Engelsschen Artikel hatte ich Russland unter den europäischen Friedensstörern genannt, nicht Deutschland. Später hatte ich diese Bemerkung allerdings nicht wiederholt. Seitdem hatten sich auf der einen Seite in Russland die Niederlage im Krieg gegen Japan und die Revolution, und hatte sich auf der andern Seite Deutschlands Flottenrüsten und seine aktive Politik in der mohammedanischen Welt eingestellt.

Russland, mit der Revolution im Leibe, war jetzt der Demokratie Europas weniger gefährlich geworden als die noch unerschütterte, übermächtige deutsche Militärmonarchie.

Und schon gar nicht konnte man die deutsche sowie die österreichische Regierung, die 1914 ohne Parlament regierte, was damals der Zar nicht mehr zu tun wagte, als Vorkämpfer gegen den zarischen Absolutismus betrachten.

Ein revolutionäres Russland wäre ihnen weit gefährlicher erschienen als ein zaristisches, ebenso wie ein freies Serbien ihnen als schlimmster Gegner galt.

Bezeichnend in dieser Beziehung sind die Randnoten Wilhelms zu einem Bericht, den Pourtalès aus Petersburg am 25. Juli über eine Besprechung mit Sasonow machte. Pourtalès schreibt:

> »Mein Hinweis auf das monarchische Prinzip (das durch die Serben verletzt sei, K.) machte auf den Minister wenig Eindruck. Russland wisse, was es dem monarchischen Prinzip schulde.«

Wozu Wilhelm hinzufügt:

> »Nach seiner Verbrüderung mit der französischen Sozialrepublik nicht mehr.«

Außer dieser strengen Zensur, die der Deutsche Kaiser dem russischen wegen übermäßiger republikanischer und sogar » sozialrepublikanischer« Sympathien ausspricht, ist in den Randglossen zu dem Pourtalèsschen Bericht noch eine bemerkenswert, die bezeugt, mit welcher Sorglosigkeit Wilhelm noch am 25. dem Krieg mit Russland entgegensah. Pourtalès meldet:

> »Sasonow rief aus: Wenn Österreich-Ungarn Serbien verschlingt, werden wir mit ihm Krieg führen.«

Was Wilhelm mit dem Ausruf quittiert:

> »Na, dann zu!«

Durch die Revolution in Russland und durch Deutschlands Weltpolitik war eine gegen 1891 ganz veränderte Situation geschaffen. Aber die alte Auffassung, der Krieg gegen Russland sei der »heilige Krieg« der deutschen Sozialdemokratie war in ihr noch stark lebendig, und sie hat im Verein mit der deutschen Nachrichtenfärbung gar manchen guten Sozialisten und Internationalisten bewogen, am 4. August für die Kriegskredite zu stimmen, nicht unter Verleugnung seiner Grundsätze, sondern in dem Glauben, sie dadurch am besten zu betätigen.

Es wäre freilich übertrieben, zu glauben, alle unter den deutschen Sozialdemokraten wären durch solche Erwägungen bestimmt worden. Gar mancher unter ihnen hatte schon vor dem Krieg stark nationalistisch gedacht – nationalistisch im Unterschied zu national. Unter letzterem kann man eine Verfechtung der Selbstbestimmung des eigenen Volkes verstehen, die Respekt hat vor der Selbstbestimmung jedes andern und die das nationale Interesse ebenso wie das private Interesse unterordnet dem Gesamtinteresse des internationalen Proletariats und der Menschheit. Ein Nationalist dagegen ist jener, dem die eigene Nation höher steht, als die anderen, dem die Interessen der Klassengegner der eigenen Nation mehr am Herzen liegen als die der eigenen Klasse in den anderen Nationen.

Solche Elemente gab es in der deutschen Sozialdemokratie schon vor dem Krieg, wie wohl fast in jeder sozialistischen Partei. Der Krieg und schon die beginnende Kriegsstimmung haben mit einem Schlag den Nationalismus mächtig in den sozialistischen Reihen anschwellen lassen – auch das wieder nicht in Deutschland allein.

Der Nationalismus wurde um so stärker, je mehr eine sozialistische Partei Massenpartei, je rascher ihr Anwachsen vor dem Krieg gewesen, je weniger daher die Möglichkeit für sie, ihren Anhang zu schulen.

Nirgends war sie so sprunghaft angewachsen, wie in Deutschland, wo die Zahl der sozialdemokratischen Wähler von 1907–1912 um eine Million zunahm. Wir stark das nationale Denken allenthalben ist, das haben der Krieg und seine Folgen aufs Deutlichste gezeigt. Für die große ungeschulte Masse schlägt es aber leicht ins Nationalistische um, namentlich bei starker Gefährdung des Landes, wenn dieses Denken nicht paralysiert wird durch andere naheliegende und kräftig wirkende Momente, zum Beispiel eine rücksichtslose Politik der Verfolgung der Sozialisten durch ihre Regierung.

Wilhelm war zu einer solchen Politik gewillt. Dass dieser Wille nicht zur Tat wurde, ist wohl Bethmann zuzuschreiben. Es dürfte seine einzige kluge Handlung in jener Zeit gewesen sein.

Zu alledem kam, dass die Menge der Gedankenlosen, und die rekrutierten sich aus allen Kreisen und nicht zum wenigsten aus denen der Dichter und Denker, dem Krieg zujubelten, weil sie erwarteten, er werde kurz sein und sie den Sieg schon in der Tasche zu haben glaubten, während aus Petersburg bei Ausbruch des Krieges »Katerstimmung« gemeldet wird und die Franzosen mit düsterem Schweigen und zusammengebissenen Zähnen ins Feld zogen.

Über Nacht loderte die Stimmung des deutschen Volkes auf in kriegerischem Enthusiasmus zur Abwehr des Landesfeindes, von dem man sich schnöde überfallen und mit Vernichtung bedroht wähnte.

Allen diesen Einflüssen erlag der größte Teil der deutschen Sozialdemokratie und erst recht des übrigen Volkes. Hatte Wilhelm am 28. Juli noch den »Sozis« mit Verhaftung gedroht, so konnte er am 1. August schon verkünden, dass er keine Parteien mehr kenne, das heißt, dass sie sämtlich vor ihm kapituliert hätten.

So ist der Bethmannschen Taktik die große Tat gelingen, das deutsche Volk zum Mitschuldigen an der Kriegspolitik der Regierung zu machen in dem Sinne, dass es ihr zustimmte und sie stützte bis zum militärischen Zusammenbruch.

Aber es war nicht die *wirkliche* Politik Wilhelms und seiner Regierung, für die es enthusiastisch Gut und Blut einsetzte, sondern eine Politik, die tatsächlich gar nicht bestand, die dem deutschen Volke bloß vorgeschwindelt und mit allen Mitteln der Lüge bis zum schmählichen Ende plausibel gemacht wurde.

Gerade das geht aus den Akten des Auswärtigen Amtes mit der größten Deutlichkeit hervor. Sie zeigen, dass unter den Völkern, die der wilhelminischen Kriegspolitik als Opfer dargebracht wurden, das deutsche in erster Linie steht. Je mehr sie das wilhelminische Regime belasten, desto mehr entlasten sie das deutsche Volk, denn sie bezeugen auf das Deutlichste, dass es vom tatsächlichen Verlauf der Dinge, die zum Krieg führten, keine Ahnung hatte, weit weniger als die anderen Völker, weil jede Möglichkeit der Kritik der Vorgänge und der Aufklärung der Massen durch jene Politiker, die aus den reinen Anzeichen auf die Wahrheit schlossen, im Deutschen Reich während des Krieges abgeschnitten war.

Haben aber die anderen Regierungen nicht auch über den Kriegsausbruch irreführende Behauptungen aufgestellt?

Das ist nicht ausgeschlossen. Nach dem bekannten Worte Bismarcks wird nie so viel gelogen, wie vor einem Krieg, während einer Wahl und nach einer Jagd. Und gerade das zaristische Regime hat nie als Fanatiker der Wahrheit gegolten. Aber die Regierungen der Entente hatten 1914 keinen Grund, die Völker derartig hinters Licht zu führen, wie die der beiden Mittelmächte. Denn weder Frankreich noch England oder Russland wollten damals den Krieg, den sie fürchteten, und mit Recht, angesichts ihrer inneren Schwierigkeiten und unzureichenden Rüstungen.

Außerdem begann die Periode der Kriegsvorbereitungen, die Unwahrheiten und Verschleierungen notwendig machen konnten, für

Deutschlands Gegner erst mit dem 24. Juli, als sie von dem österreichischen Ultimatum erfuhren, das zuerst die Kriegsgefahr auftauchen ließ. Für die Mittelmächte begann die Zeit des Verschleierns, Verschweigens, Irreführens schon mit dem 5. Juli. In der Zeit vom 5. bis zum 23. Juli schufen sie völlig ungestört vom Ausland und ohne jeden zwingenden Grund jenes Fundament von Verlogenheit, auf dem die ganze Kriegführung aufgebaut wurde.

Man kann dem deutschen Volke keinen größeren Dienst erweisen, als indem man die Lügen aufdeckt, die es irreführten. Es wird dadurch *moralisch* vor aller Welt in jeder Weise entlastet.

Doch die *moralische* Entlastung bleibt unvollkommen ohne die *politische.*

Irregeführt durch die Staatsmänner der Hohenzollern und der Habsburger, wurde das deutsche Volk zum willigen Werkzeug ihrer Pläne gemacht und dadurch in eine falsche Position versetzt. Die große Mehrheit des deutschen Volkes fühlte sich fast bis zum Ende des Krieges und vielfach noch bis in unsere Tage solidarisch mit denjenigen, die es betrogen und es mit ganz Europa dem Ruin entgegenführten. Es wurde blind für ihre Verbrechen und Vergehen, es deckte sie und verfocht leidenschaftlich ihre Unschuld.

So wurde es trotz seiner moralischen Schuldlosigkeit doch belastet mit der politischen Schuld seiner Dynasten und ihrer Handlanger, wurde es zum Objekt des wildesten Hasses und Abscheus der ganzen Welt, der ihm nach seiner Niederlage die furchtbarsten Friedensbedingungen aufzwang und es wie eine Rasse von Aussätzigen behandelte.

Wer das deutsche Volk liebt, nicht nur der nationale Deutsche, sondern auch der internationale Sozialist und Demokrat, dem jede Nation gleich teuer ist, muss danach trachten, es von diesem furchtbaren Banne zu erlösen, es von der grauenvollen Last zu befreien, die ihm das alte Regime aufgebürdet hat.

Dieser Prozess der Wiedererhebung des deutschen Volkes in der internationalen Achtung wird immer wieder gehindert, nicht bloß von jenen, die dem gestürzten Regime nach wie vor anhangen oder gar seine wirklichen Mitschuldigen sind, sondern auch von Politikern, die jetzt seine Verderblichkeit erkannt haben, die sich aber trotzdem immer noch nicht entschließen können, die Dinge zu sehen, wie sie wirklich waren.

Sie glauben damit dem deutschen Volke zu dienen, seine eigene Schuldlosigkeit durch die Entschuldigung seiner früheren Herren zu erweisen. Aber sie konservieren dadurch nur den Anschein seiner Schuld, da die seiner ehemaligen Regenten von Tag zu Tag immer offenkundiger wird.

Hoffentlich machen die jetzt mitgeteilten deutschen und österreichischen Akten die Fortführung dieser verkehrten Politik ebenso unmöglich, wie sie im Innern eine Wiederkehr der Militärmonarchien der Hohenzollern und Habsburger unmöglich machen müssen.

Was einzelne tapfere und klarsehende deutsche Sozialisten und Pazifisten schon während des Krieges erkannten und offen proklamierten, dass das deutsche Volk von seiner Regierung aufs Schmählichste betrogen und belogen worden ist und dass es nur dadurch in den Krieg hineingetrieben werden konnte, das sollte doch endlich einmal rückhaltlos, ohne jegliches Wenn und Aber und beschönigendes Suchen nach Schuldigen im Ausland, von allen ehrlichen Elementen in Deutschland zugestanden werden, die nicht auf die Gottähnlichkeit der Hohenzollern eingeschworen sind.

Das wird das beste Mittel sein, das Vertrauen der Völker für Deutschland wieder zu gewinnen und dadurch den Einfluss der militaristischen Gewaltpolitik bei den Siegern zurückzudrängen, die jetzt die größte Gefahr für den Frieden und die Freiheit der Welt geworden ist.

## Nachbemerkung

Die vorliegende Schrift war bereits im Druck, als mir die Ergebnisse der Nachforschungen zu Gesicht kamen, die das Auswärtige Amt im Laufe des Oktober, veranlasst durch die Herren Montgelas und Schücking in der Sache der Aufzeichnung Bussches über die Vorgänge vom 5. und 6. Juli in Potsdam vorgenommen hat.

Ich konnte sie im Texte nicht mehr berücksichtigen, halte es aber doch für notwendig, hier zu bemerken, dass sie an meiner Auffassung jener Vorgänge nichts ändern.

Sie ergeben, dass der Kaiser am 6. Juli morgens, den Admiral v. Capelle als Vertreter des von Berlin abwesenden Tirpitz nach Potsdam kommen ließ und ihm »von der gespannten Situation Mitteilung machte, damit er sich das weitere überlegen könne.«

Außerdem ließ Kaiser Wilhelm zur gleichen Zeit nach Potsdam einen Vertreter des Generalstabs kommen. Als solcher erschien der General v. Bertrab, der in seiner Zuschrift ans Auswärtige Amt auch heute noch vom Kaiser als »S. M.« spricht. Nach einem Bericht dos Grafen Waldersee habe der Kaiser dem General

> »zur Mitteilung an den Chef des Generalstabs – General v. Moltke weilte damals in Karlsbad – eröffnet, dass er, der Kaiser,

> dem Kaiser Franz Josef zugesagt habe, *mit der deutschen Macht hinter ihm zu stehen, wenn aus dem seitens Österreich-Ungarns geplanten Vorgehen gegen Serbien Verwickelungen entstünden.*«

Graf Waldersee fügt hinzu:

> »Für mich, der ich den General v. Moltke in allen auf den Krieg bezüglichen Angelegenheiten vertrat, gab es infolge der Audienz des Generals v. Bertrab in Potsdam nichts zu veranlassen. Die planmäßigen Mobilmachungsarbeiten waren am 31. März 1914 abgeschlossen. Das Heer war, wie immer bereit.«

Das ist sicher eine sehr interessante Mitteilung vom rein militärischen Standpunkte aus. Die *politische* Bedeutung dieser Zusammenkünfte wird dadurch ebenso wenig verringert wie dadurch, dass man sich gegen ihre Bezeichnung als »Beratungen mit militärischen Stellen« wehrt und sie bloß »Audienzen« nennt.

Es ist auch nicht recht einzusehen, warum man sich so sehr dagegen sträubt, jene Besprechungen zuzugeben. Es wäre ja geradezu der Gipfel der Leichtfertigkeit gewesen, hätte Wilhelm sie nicht abgehalten, nachdem er einmal Franz Josef versprochen, »mit der deutschen Macht hinter ihm zu stehen«, was immer das serbische Abenteuer nach sich ziehen möge.

Nachdem er einmal das zugesagt hatte und gleich darauf seine Nordlandfahrt antrat, war doch eine Verständigung der Chefs der Armee und der Marine das Mindeste, wozu Wilhelm als oberster Kriegsherr damals geradezu verpflichtet war. In dieser Zusage, nicht in den militärischen Beratungen lag Wilhelms Schuld. Diese waren nur die Konsequenzen der verhängnisvollen Zusage, die jetzt durch das Zeugnis des Grafen Waldersee von Neuem bestätigt wird.

Im Übrigen bekräftigen die Mitteilungen der Herren Capelle, Bertrab und Waldersee den Charakter der *Heimlichkeit*, den die militärischen Besprechungen hatten. Sowohl Capelle wie Bertrab wurden vom Kaiser im Garten »persönlich ohne Zeugen« empfangen. Jeder sprach besonders mit ihm unter vier Augen. Das war allerdings kein *Kriegsrat* gewöhnlicher Art. Um so mehr gemahnte es an eine *Verschwörung*.

Hoffentlich wird es dem Untersuchungsausschuss gelingen, volles Licht in diese dunkle Sache zu bringen. Aber für die politische Beurteilung der damaligen Vorgänge weiß man bereits genug über sie.